KB047512

학습장애 및 학습부진 학생을 위한
교육과정중심총괄평가
-효과적인 3단계 지도방법-

The ABCs of Curriculum–Based Evaluation:

A Practical Guide to Effective Decision Making

by John L. Hosp PhD, Michelle K. Hosp PhD, Kenneth W. Howell PhD,

and Randy Allison EdS

학습장애 및 학습부진 학생을 위한

교육과정중심총괄평가

– 효과적인 3단계 지도전략 –

John L. Hosp · Michelle K. Hosp · Kenneth W. Howell · Randy Allison 공저
여승수 역

The ABCs of
Curriculum-Based Evaluation

학지사

역자 서문

현재 한국 교육현장에는 상반된 두 가지 현상이 공존하고 있다. 매년 국가 간 학업성취도에서 두각을 나타내고 있는 뛰어난 교육 성취와 함께 수포자, 영포자와 같은 감추고 싶은 한국 교육의 어두운 그늘이 공존한다. 그동안의 한국 교육제도는 교육의 수월성에 방점을 찍고 있었기에 공교육 자체도 소위 명문 대학 진학에만 초점을 맞춰 왔던 것이 사실이다. 이러한 교육 풍토 속에 정규교육과정을 따라오지 못한 대다수의 학생은 자연스럽게 소외되었고, 적절한 지원과 관심을 받지 못한 채 긴 의무교육 기간을 끝마쳤을 것이다.

이들에게 적절한 교육을 제공하지 못한 교육현장에서 자주 듣는 말이 있다. "공부가 인생의 전부는 아니며, 아이들이 행복한 것이 더 중요하다. 못하는 공부를 하느라 스트레스받느니 우리 아이들이 행복한 것이 더 중요하다." 동의하는 부분도 있지만, 한편으로는 아이들을 제대로 교육하지 못한 어른들의 변명은 아닐까 하는 반성도 해 보게 된다. 초·중·고 12년이라는 긴 세월 동안 학교에서 온종일 이해할 수 없는 수업에 참여하면서 아이들은 과연 행복할 수 있을까? 매 학년마다 학습부진아로 낙인찍히면서도 아이들은 그래도 자신의 인생이 행복하다고 느낄까?

이 책은 "소위 공부 못하는 학생을 잘 지도할 수 있는 방법은 무엇인가?"라는 질문에 대한 답변을 제공하고 있다. 물론 이러한 학생을 잘 지도하면 문제는 쉽게 해결될 것이다. 하지만 잘 지도한다는 것이 말처럼 쉽지가 않다. 현장 경력이 많은 교사조차 이들을 만나 힘겨워하는 모습을 보면 비단 교육 경력만으로 해결할 수 있는 문제는 아닌 것 같다. 지금은 기존의 방법과는 다른 접근방법, 좀 더 체계적인 지도방법이 필요한 시점이다. 독자들이 이러한 관점에서 이 책을 읽는다면 실질적인 도움을 얻을 수 있을 것이다.

이 책은 교사나 교육 전문가들이 쉽게 이해하고 적용할 수 있는 워크북 형태로 저술된 장점을 갖고 있다. 현실과 괴리가 있는 이론이나 추상적인 내용으로 학업부진 문제를 거시적으로 설명하기보다는 실질적으로 적용 가능한 실천전략인 교육과정중심총괄평가(Curriculum-Based Evaluation: CBE)의 3단계를 자세히 설명하고 있다. 이 책을 끝까지 읽는다면 저자들이 CBE의 3단계를 얼마나 구체적으로 설명하고 있는지 이해할 수 있을 것이다. 따라서 이 책은 직접 학생을 지도해야 할 현장교사나 예비교사, 혹은 부모들에게 매우 유용할 것으로 생각된다. 하지만 미국 교육현장을 바탕으로 저술되었기에 모든 내용을 수정 없이 곧바로 우리 교육현장에 적용하기에는 무리가 있을 것이다. 이러한 번역서의 단점에도 독자들이 이 책의 핵심 내용을 잘 파악한 후에 자신의 학교현장에 적합하게 수정하고 조정한다면 많은 도움을 얻을 것이라 생각한다. 아무쪼록 이 책이 학교현장에서 고군분투하고 있는 교육 전문가들에게 조금이라도 도움이 되었으면 한다.

이 책을 처음 번역할 시점에 딸 서연이는 이제 막 걸음마를 하고 말을 배우기 시작하는 어린 아기였지만, 시간이 훌쩍 흘러 번역을 마무리해야 할 지금은 몇 달 후면 초등학교에 입학할 어린이로 성장하였다. 공교육의 출발점인 초등학교에 아이를 입학시키는 부모의 마음은 모두 같을 것이다. 그것은 아이들이 학교라는 공교육 속에서 행복한 인생의 순간순간을 경험하길 바란다는 점이다. 모든 아이는 학교에서 행복해야 한다. 그것이 바로 어른이 아닌 아이를 위한 교육의 목적일 것이다.

끝으로 이 책의 출판에 아낌없는 도움을 주신 학지사의 모든 직원 여러분께 진심 어린 감사의 말씀을 드린다.

캘리포니아 Irvine에서
여승수

차례

CHAPTER 02
CBE의 기초 지식　　　　　　　　　　59

CHAPTER 03
CBE 수행절차의 전반적인 개요　　　　　105

CHAPTER 04
CBE 1단계 과정: 사실 확인하기   129

CHAPTER 05
CBE 2단계 과정: 진단적 의사결정   173

CHAPTER **09**

결론

315

CHAPTER 01

교육과정중심총괄평가란 무엇이며, 왜 사용해야만 하는가

          교육과정중심총괄평가(Curriculum-Based Evaluation: CBE, 이하 CBE라 칭함)와 문제해결(problem solving)이라는 세계에 첫발을 내딛는 독자 여러분 모두를 환영한다. 만약 당신이 재미있거나 문학 관련 서적을 찾고 있었다면 아마도 이 분야의 세계로 첫발을 내딛지는 않았을 것이다. 대신 당신은 주요 과목, 특히 읽기와 수학 영역에서 향상된 중재전략 서비스가 필요하다는 것을 듣거나(혹은 경험하거나) 관련된 글을 읽어 보았을 것이다. 이러한 중재전략은 학업을 중도에 포기하거나 실패할 가능성이 높은 고도 위험군 학생들에게 특별히 더욱 중요하다.

  미국의 경우 수백만의 학생들이 낮은 학업성취의 문제로 어려움을 겪고 있다. 이들에게 특별한 교수전략을 제공해야 하는 상황 속에서 교육자들은 이들을 교육할 방법과 교육내용을 결정해야 하는 가중된 책무성을 감당해야 한다. 만약 당신이 이러한 교육자 중 한 명이라면 이 책은 당신에게 도움을 줄 수 있을 것이다. 즉, CBE를 사용한다면 간단하면서 효율적인 방법으로 의사결정에 필요한 정보를 얻을 수 있을 것이다. 이 책은 CBE의 사용방법에 대해서 설명하고 있다.

  만약 당신이 매우 희귀한 10원짜리 동전을 발견했다고 가정해 보자. 당신은 이 동전의 가치를 추후에 평가받기 위해서 다른 장소에 따로 소중하게 보관하고 싶을 것이다. 이 동전을 안전하게 보관하기 위하여 당신의 주머니에 넣었지만, 집으로 돌아온 후에 부주의하게 다른 종류의 동전들이 포함된 큰 통에 이 희귀한 동전을 넣었다고 생각해 보자. 일단 당신이 이러한 실수를 깨달았다면 바로 이 동전 통을 철저히 조사하여 희귀한 동전을 찾으려고 노력할 것이다. 이러한 희귀한 동전을 찾기 위해서는 우선 모든 동전을 확인해야 하기 때문에 많은 시간을 소요할 수 있으며, 아마도 그 동전을 찾기 전에 이미 녹초가 되어 포기하고 싶을 것이다. 이와 달리 체계적인 방법으로 희귀한 동전을 찾을 수도 있다. 체계적인 방법이란 찾고자 하는 전 과정을 좀 더 다루기 쉬운 영역으로 세분화하는 것으로, 예를 들어 희귀한 10원짜리 동전을 찾기 위해서 먼저 10원짜리 이외의 50원, 100원, 500원 같은 동전을 제외하는 전략을 사용하는 것이다. 이러한 문제에 직면했을 때 CBE를 사용할 수 있다. 학교에서 생산하는 정보와 교사들이 사용할 수 있는 정보의 수는 실로 매우 방대하다(실상 정보의 더미라고 표현할 수 있을 것이다). CBE에서는 이러한 방대한 양의 정보를 체계적인 단계로 구분하여 분석한다. 교육자들에게 부담이 될 수 있는 의사결정의 과정을 최소화하기 위해서 CBE에서는 체계적인 분석방법을 활용하고 있다.

이 책을 통해서 배울 수 있는 것은 무엇인가

이 책은 학생들이 겪고 있는 학업 및 행동의 문제를 좀 더 효율적이면서 정확한 방법으로 해결할 수 있는 체계적인 절차들을 설명하고 있다. 먼저 CBE의 단계를 소개할 것이다. CBE 단계를 소개한 후에는 CBE를 사용할 때 필요한 구체적인 세부 단계들을 설명할 것이다. 제1장에서는 CBE의 역사와 CBE를 사용하는 시기와 그 이유에 대해서 설명할 것이다(즉, 배경지식과 관련된 내용을 배우게 된다). 제1장 이후의 나머지 장은 CBE의 직접적인 활용에 초점을 맞추고 있다. 각각의 세부적인 의사결정과 단계들을 설명하기에 앞서서 전반적인 CBE 단계와 의사결정과정을 소개하려고 한다. 모든 장에서는 중요 내용을 쉽게 설명하기 위해서 그림과 예시들을 제공하고 있으며, 독자의 학교나 학급에서 CBE를 활용할 때 도움을 줄 수 있는 다양한 서류 양식과 과제들을 제공하고 있다. CBE란 학업의 문제점을 고찰하고, 조사하며, 관련된 의사결정을 수행할 수 있는 논리적인 시스템이다. 또한 문제해결과 관련된 최선의 해결방법과 교육방법을 선택할 수 있는 시스템이기도 하다. 만약 독자들이 이 책에서 배운 내용을 실제 교육상황에 적용해 본다면, 심각한 학업부진의 원인을 찾을 수 있는 전문성을 함양할 수 있을 것이다. 또한 학생에게 필요한 교육내용과 중재전략을 효율적으로 일치시킬 수 있는 의사결정의 과정을 배우게 될 것이다. 게다가 교수전략으로 소요된 시간은 학생들의 향상된 학업성취와 관련되어 있기 때문에 헛되지 않다고 확신할 수 있을 것이다. 이 책에서는 일반 서적보다 더 많은 실행절차와 가이드라인을 제공하고 있다. 즉, CBE의 활용에 필요한 이론적인 근거 혹은 필요한 배경지식보다는 구체적인 실행 절차에 주된 초점을 맞추고 있다.

이 책을 이해하기 위해서 필요한 사전지식은 무엇인가

이 책을 읽는 독자는 현재 가르치고 있거나 향후에 가르칠 주요 교과(예: 읽기, 수학, 쓰기)의 교육내용, 교육과정 및 교육성취기준과 관련된 전문적인 배경지식을 갖고 있어야 한다. 여기서 이러한 배경지식을 **사전지식**(prior knowledge)이라 하며, 이 책에서는 사전지식의 중요성을 여러 번 강조하고 있다. 사전지식(즉, 수업 전에 이미 특정한 과제에 대해서 알고 있는 지식의 정도)은 얼마나 빠른 속도로 이 책의 내용을 학습할 수 있는지를 결정하는 중요한 요인 중 하나이다. 학생에게 사전지식이 중요한 만큼 이 책을 읽는 독자에게도 중요하다.

이 책은 읽기, 수학, 쓰기 혹은 다른 교과의 내용을 직접적으로 다루지 않는다. 게다가 평가에 관한 기본 입문서의 내용도 제공하지 않는다. 이 책에서는 혼동되거나 특별히 중요한 일부 전문 용어 및 설명들을 명확히 설명하고 있지만 독자들은 이미 기본적인 평가지식과 함께 주요 교과영역에 대한 전문적인 지식을 충분히 갖추고 있다는 가정하에 책을 집필하였다. 따라서 혹시 일부 독자들의 경우 이러한 사전지식의 내용을 다시 상기할 필요가 있다면, 이러한 부분에 대한 추가적인 학습이 필요하다. 독자들이 준비될 때까지 이 책의 저자들은 여기서 계속 기다릴 것이다.

(……휘파람을 불며)

다시 돌아온 독자 여러분을 환영한다. 이 책은 교수전략을 계획하는 데 필요한 의사결정의 절차를 설명하고 있다. 특히 학업에 어려움이 있는 학생들의 문제가 무엇인지를 확인하고 이러한 문제들을 해결하기 위해서 무엇을 할 수 있는지를 생각해 보는 것이 중요하다. 즉, 독자들은 평가(assessment), 총괄평가(evaluation) 및 교수전략에 대한 접근방법과 함께 학생들이 현재 직면하고 있는 '학업의 어려움(learning problems)'에 대한 현재의 사고를 재고할 필요가 있다. 또한 이 책에서는 독자들이 지닌 교과영역의 전문적인 지식을 활용하도록 요구하고 있다. 이 책에서는 CBE의 단계와 그 단계에서 수행하는 절차를 설명하고 있으며, CBE를 실행하는 데 도움이 되는 가이드라인과 관련 서식을 제공한다. 하지만 용어의 혼동이 있을 수 있기 때문에 일부 용어들을 명확히 정의할 필요가 있다.

자주 사용하는 용어 정의

일상적인 대화에서 우리는 측정(measurement), 검사(testing), 평가(assessment), 그리고 총괄평가(evaluation)라는 용어를 동일한 의미로 생각하며, 자주 혼용하여 사용하고 있다. 하지만 이 책에서는 해당 용어들을 혼용하여 사용하지 않고 있다. 즉, 각각의 용어는 서로 다른 개념을 갖고 있으며 서로 다른 행동을 요구하고 있다. 따라서 소위 전문가라면 이러한 용어의 차이를 명확히 이해하고 있어야 한다. 이 책에서는 다소 다른 관점으로 기존의 의사결정과정을 설명하고 있기 때문에, 특정 용어의 사용에 있어서 일관성을 유지할 필요가 있었다. 이러한 점을 고려하여 이 책에서는 용어가 지닌 원래의 의미를 그대로 사용하려고 노력하였다(즉, 용어를 새롭게 만들기보다는 기존의 용어 정의를 그대로 사용하려고 노력하였다).

측정(measurement)이란 정해진 규정에 따라 대상자 혹은 성과에 대해서 수량적인 가치를 부여하는 것을 의미한다(Campbell, 1940). 1940년에 Campbell이 제안한 이 정의는 충분히 타당하며 지금 사용하더라도 손색이 없다. 하지만 이 용어는 일반적으로 무엇인가를 측정할 수 있는 다양한 **도구**(tools)를 지칭할 때 자주 사용된다. 교육학 분야에서 측정을 위한 목적으로 사용할 수 있는 도구에는 검사지, 관찰도구, 인터뷰, 검토 기술(review technique)이 포함된다 (이러한 방법들을 사용하면 학생의 학업성취 결과나 기록들을 좀 더 면밀히 분석할 수 있음). 향후에 이러한 방법들을 좀 더 자세히 설명할 것이다.

측정의 결과물은 숫자로 표현된다. 글로 설명하면 많은 시간이 소요될 수 있는 양적 및 질적 정보를 요약하고자 할 때 숫자는 유용하게 사용될 수 있다. 예를 들어, "다이어트 펩시는 매우 비싸다. 다이어트 펩시는 사탕보다 비싸지만 책보다는 낮은 가격이다. 다이어트 펩시는 사탕의 가격과 유사하지만 가격이 정확히 동일하지는 않다."라는 문장과 "다이어트 펩시는 1.49달러이다."라는 문장을 비교해 보면 쉽게 이해할 수 있다. 이러한 숫자를 사용하면 수치화된 타당한 지표로 행동에 관한 정보(혹은 행동의 결과물)를 표현하고 의사소통할 수 있다. 모두가 동의할 수 있는 측정규칙(measurement rules)을 사용한다면 좀 더 빠르게 의사소통을 할 수 있으며 좀 더 정확하게 비교할 수 있다.

정보의 정확성과 유용성은 검사, 인터뷰, 검토 및 관찰에서 사용한 측정규칙에 따라 달라질 수 있다. 측정 대상에 숫자를 부여하는 방법을 측정규칙으로 제공할 수 있다니 놀랍지 않은가! 이러한 측정규칙은 **측정학적 적합성**(technical adequacy)을 수행하는 모든 과정에서 중요한 부분을 차지하고 있다. 우수한 수준의 측정학적 적합성을 갖춘 검사들은 신뢰할 수 있고 타당한 의사결정을 도출하는 데 있어서 매우 중요한데, 그 이유는 검사, 관찰, 점수 검토 및 인터뷰를 통하여 얻은 점수(예: 측정의 결과들)는 결국 교사의 판단에 영향을 미칠 수 있기 때문이다. 다르게 표현하면, 만약 교사가 측정학적으로 적합하지 않은 데이터를 이용한다면 잘못된 의사결정을 하게 될 것이다. 즉, 규칙을 준수하여 검사도구를 올바르게 사용해야 한다. 체계적인 방법을 준수하여 표준화검사를 실시한 경우에만 그 검사결과를 신뢰할 수 있으며, 그렇지 않은 조건에서 산출한 검사점수는 해석하거나 사용해서는 안 될 것이다.

평가(assessment)란 **정보**(information)를 수집하는 데 필요한 다양한 모든 절차를 나타내는 일반적인 용어이다. 평가는 다양한 방법으로 사용될 수 있다. 이 책에서는 다음과 같은 네 가지 목적을 지닌 평가방법을 제안하고 있다.

1. 학생의 결과물, 학업성취물의 예시, 파일, 기록물을 검토하기 (**R**eviewing)
2. 학생, 교사, 동료, 부모, 혹은 기타 다른 관련자를 인터뷰하기 (**I**nterviewing)
3. 중재전략을 제공하는 동안 학생과(혹은) 교사를 관찰하기 (**O**bserving)
4. 의도적인 노력 없이는 확인하기 어려운 수행능력이나 일정한 조건하에서 측정할 필요가 있는 수행능력을 검사하기(**T**esting)

이 네 가지를 영어의 앞 철자를 따서 간단히 RIOT 절차라고 명명하였다. RIOT의 활용은 이 책의 후반부에서 다시 설명할 것이다.

평가 수행 시 가장 중요한 전문성 중 한 가지는 특정 목적에 적합한 **검사도구**(instrument)를 선택하는 능력이다. 또 다른 중요한 전문성은 평가를 실시하여 답변이 가능한 타당한 질문을 만들 수 있는 능력이다. 데이터를 갖고 있다면 중요한 **평가 질문**(assessment question)에 대한 답변을 찾을 수 있다. 그렇기 때문에 데이터는 힘을 갖고 있다고 말할 수 있다. 물론 한 가지 이상의 평가방법을 사용하면 학생들의 능력을 좀 더 폭넓고 세밀하게 평가할 수 있다. 그러나 RIOT의 모든 절차를 사용한다고 해서 읽기 혹은 사회성 영역에서 완벽한 평가를 수행한다고 장담할 수는 없을 것이다. 그렇기 때문에 모든 학생에게 동일한 검사를 실시할 필요는 없을 것이다. 그러한 활동으로 결국 시간만 낭비할 수 있음을 명심하자! 중복되거나 관련 없는 평가를 실시할 필요는 없을 것이다. **개별화 평가**(individualized assessment) 결과에 따라 **개별화 교수전략**(individualized instruction)도 달라질 수 있을 것이다.

총괄평가(evaluation)란 정보를 통합한 후에 신중하게 정보의 의미를 탐색하는 과정을 말한다. 총괄평가에서는 정보를 수집하게 되며, 이렇게 수집된 정보는 교육자가 직면한 중요한 질문에 답변을 찾고자 할 때 활용될 수 있다. 또한 이러한 정보는 학생에게 필요한 교수내용과 교수방법을 결정할 때에도 도움을 줄 수 있다. 따라서 교육자는 이러한 목적을 고려하여 총괄평가를 사용해야 한다.

총괄평가를 실시할 때 교육자는 가능한 모든 정보를 조사하게 되며, 이러한 정보는 자료에 근거한 **의사결정**(decision)을 실시할 때 사용된다. 따라서 교육자는 우선적으로 유용한 정보를 그렇지 않은 정보와 구별할 수 있어야 한다. 총괄평가를 실시한다는 의미를 반드시 검사, 관찰 혹은 인터뷰를 통해서 더 많은 정보를 추가적으로 수집해야 한다는 것으로 오해해서는 안 된다. 총괄평가에서는 그동안 수집된 정보를 바탕으로 타당한 결론을 도출하고 자료에 근거한 의사결정만을 수행할 수 있다. 수집된 자료를 정확히 해석하는 것은 총괄평가와 평가의 과정에서 매우 중요하다.

　이 책에서는 측정, 평가, 총괄평가의 용어를 구분하여 사용하지만, 한편으로 해당 용어는 서로 밀접하게 관련되어 있다. [그림 1-1]은 이러한 용어 간의 관련성을 보여 준다. 측정이란 자료를 수집하는 한 가지 방법을 말하며, 평가란 자료를 수집하는 일련의 과정을 말하며, 총괄평가란 평가를 통하여 수집한 정보를 이용하여 의사결정을 수행하는 과정으로 정의할 수 있다. 이러한 관련성 때문에 평가는 총괄평가의 하위요인이 되며, 같은 논리로 측정은 평가의 하위요인이 된다.

　일부 독자는 교육과정중심측정(Curriculum-Based Measurement: 이하 CBM이라 칭함), 교육과정중심평가(Curriculum-Based Assessment: 이하 CBA이라 칭함), 교육과정중심총괄평가(Curriculum-Based Evaluation: CBE, 이하 CBE라 칭함)의 용어처럼 교육과정이라는 용어를 포함하고 있는 측정, 평가, 총괄평가의 용어를 한 번 정도는 들

[그림 1-1] 측정, 평가, 총괄평가의 관계도

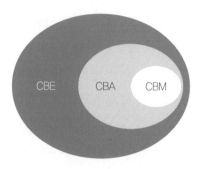

[그림 1-2] CBM, CBA, CBE의 관계도

어 봤을 것이다. CBM, CBA, CBE는 앞에 설명된 용어들과 유사한 관련성을 갖고 있다([그림 1-2]). CBM(측정)은 학생들이 교과의 핵심 내용을 어느 정도 습득하고 있는지를 측정할 수 있는 구체적인 전략이다. CBM은 CBA(Assessment, 평가)의 하위유형에 포함된다. CBA란 가르치거나 배워야만 하는 교육내용(교육과정 혹은 성취기준)과 평가 절차를 일치시키는 것을 말한다. CBE를 수행할 때 CBA는 정보 수집을 위한 목적으로 사용할 수 있다. CBE와 CBA는 서로 다른 목적을 갖고 있지만 서로 연관되어 있다. 이러한 특성을 좀 더 자세히 설명하기 위해서 CBE에 대한 설명을 지금부터 시작하고자 한다.

CBE란 무엇인가

CBE란 조사방법에 해당되며, 문제해결 및 의사결정의 과정이기도 하다. CBE를 사용할 경우 교사는 **무엇**(what)을 **어떻게**(how) 가르칠지에 관한 최선의 판단이 가능하기 때문에 교사가 직면한 학업 및 행동의 문제를 해결하는 데 있어서 도움을 얻을 수 있다. CBE는 효율적인 총괄평가와 효과적인 교수전략을 함께 사용하여 학생의 학업성취를 향상시킬 수 있도록 설계되어 있다. CBE를 사용하면 학생이 학습할 교육내용(예: 교육과정의 목표 혹은 성취기준)을 분석하고 파악할 수 있기 때문에 교사는 교수-학습 활동에서 발생하는 문제를 좀 더 쉽게 이해할 수 있다. 또한 CBE에서는 '교육내용(what to)'과 '교수방법(how to)'에 관한 명료한 의사결정 절차를 사용한다.

CBE를 교실에서 지속적으로 사용하면 학생의 학업성취와 함께 교수전략의 수준도 함께 향상시킬 수 있다. 예를 들어, CBE에서는 학생의 특정 장애를 찾기 위해서 시간을 낭비하지 않으며, 학급에서 사용하는 교육과정과 교수절차에서 직접적으로 도출한 수업과제를 CBE에서 사용한다. 즉, CBE에서는 평가와 교육과정을 반드시 **일치**(alignment)시키는 것이 매우 중요하다. 왜냐하면 담임교사와 특수교사는 모두 학업에 어려움이 있는 학생에게 관심을 갖고 있기 때문이다. 교육자들은 학업에 어려움이 있는 학생을 쉽게 인지할 수 있지만(실제로 대부분의 교사는 위험군 학생을 정확히 선별하고 있다), 대신 이러한 학생에게 필요한 정확한 교육이 무엇인지를 파악하는 것은 매우 어려워한다.

학생은 교사가 실시하는 많은 시험에 참여하고 있다. 실제로 모든 학생이 참여해야 하는 국가성취도검사(공교육의 책무성을 점검하기 위한 검사)와 학점이수를 위한 검사를 제외하면, 대부분의 모든 검사는 학생들의 학업문제를 점검하기 위한 목적을 갖고 있다. 학업에 어려움이 있는 학생들은 기대되는 교육과정의 내용을 이해하지 못하거나 교육과정보다 뒤처져 있는 상황이기 때문에 학업문제의 대부분(약 85%)은 쉽게 확인될 수 있을 것이다. **교육과정**이란 해당 학년에서 도달해야 하는 기본적인 성취**준거**이며, 교사가 학생의 학업성취를 교육과정에 근거하여 평가한다는 점을 고려한다면, 교육과정에 기반을 둔 평가를 사용한다는 논리는 명백히 타당해 보인다. 교육과정을 제대로 이수하지 못하고 있는 상황에서 교육과정과 관련 없는 검사는 (필요한 경우에만) 예외적인 상황에서만 사용해야 한다.

오늘날에는 수많은 유형의 측정방법과 평가방법이 존재하지만, 동시에 **데이터 풍요**(data rich)라는 말과 **데이터 빈곤**(data poor)이라는 말을 들어 본 적이 있을 것이다. 즉, 데이터를 수집하고 있지만 그러한 데이터를 의사결정의 과정에서 유용하게 활용하지 못하는 경우가 있다. 이러한 문제가 발생하는 이유 중 한 가지는 검사도구를 사용하는 목적이 명확하지 않기 때문이다. 또한 검사도구를 단순히 잘못 사용하거나 적합한 목적으로 사용하지 않아서 이러한 문제가 발생할 수도 있다. 이러한 문제로 인하여 검사결과를 확신할 수 없으며, 결국 잘못된 판단에 도달할 수 있다. 다음의 예를 생각해 보면 좀 더 쉽게 이해할 수 있다. 만약 누군가의 골프 능력을 평가한다면 골프와 관련된 기술을 피험자에게 요구해야 하며, 실제 필드에서 기록한 타수를 측정해야 한다. 피험자에게 농구공으로 슛을 요구하고, 축구공을 차게 하고, 혹은 3미터 높이에서 뛰게 요구하고, 4분의 1마일을 뛰도록 요구해서는 안 될 것이다! 마찬가지로 학교현장에서도 빈번히 읽기능력과 관련이 없는 정보를 수집하여 읽기문제의 해결방안을 모색하고자 한다. 이와 달리 CBE의 조사(inquiry) 과정에서는 학생들이 배웠어야 하는 능력을 조사할 수 있는 측정방법을 사용하고 있기 때문에 직접적인 측정이 가능하다.

학습부진 학생들에게 사용했던 전통적인 검사는 주로 인지 및 감각적인 측면의 강점과 약점에 초점을 맞추고 있다. 하지만 최근에는 증거기반교수(evidence based practice)와 교육과정 성취준거의 일치 정도를 강조하고 있기 때문에 교육과정에 기반을 둔 검사방법으로 대치되고 있는 상황이다. 학교는 오랫동안 **종합평가방법**(summative way, 예: 교육을 제공한 이후에 평가를 실시)으로 학생들의 성취수준을 측정하였다. 이러한 방법은 학생이 해당 학년의 성취기준에 도달했는지의 여부를 평가하기 위하여 주로 사용된다. 하지만 이러한 검사도구의 대부분은 다른 학생과의 성취수준을 비교하기 위한 목적으로 개발되었다[예: 이러한 검사들은 **규준참조**(norm referenced)검사에 해당된다]. 현재까지 소수의 검사만이 학생의 진전도를 고려하여 학업성취를 평가할 수 있도록 개발되었다. 결과적으로 학생이 현재 배우고/습득한 학습내용은 무엇이고 향후에 무엇을 가르쳐야 하는지를 결정하고자 할 때 사용할 수 있는 검사는 매우 부족한 상황이다. CBE에서는 교과영역(예를 들어, 읽기 혹은 수학)의 기술을 좀 더 세분화하여 구분하게 되며, 학년의 성취준거에 도달하기 위해서 필요한 세부적인 기술과 지식은 무엇인지를 파악할 수 있다. 이러한 특성에 초점을 맞춘다면 향상된 학업성취를 기대할 수 있을 것이다. 따라서 CBE에서는 주로 CBA를 사용하여 의사결정에 필요한 **데이터**를 수집하며, 부분적으로 CBM을 함께 사용한다.

CBA란 무엇인가

CBA라는 용어는 현재 다양한 의미로 사용되고 있다. 이 책에서는 교육과정에서 직접 도출한 교육내용이거나 이와 연관된 내용으로 개발한 검사를 이용하는 평가방법을 CBA로 정의하고 있다. CBA는 **숙달도 측정**(mastery measure)의 특성을 갖고 있다. 숙달도 측정이란 교육과정에 포함된 하위기술을 측정하는 문항으로 구성된 검사도구를 말한다. 이러한 특성 때문에 **정밀교수**(precision teaching)와 같은 교수전략과 함께 사용될 때 CBA를 유용하게 활용할 수 있다(Johnson & Street, 2012 참고).

사실, CBA는 초기에 교수적 설계를 위한 교육과정중심평가(Curriculum-Based Assessment for Instructional Design: CBA-ID)라는 특정한 평가방법을 언급하기 위한 목적으로 사용되었다. CBA-ID에서는 중재전략과 직접적으로 일치된 평가방법을 사용하고 있으며, 이와 함께 습득율, 즉 새로운 지식을 학습한 정도에 초점을 맞추고 있다(CBA-ID에 관한 더 많은 정보를 얻기 위해서는 Burns & Parker, 2014 참고).

CBA-ID와 CBE는 놀라울 정도로 유사한 특성을 공유하고 있다. 왜냐하면 이 둘 모두 의사결정에 관한 규칙과 교수전략의 계획을 포함하고 있기 때문이다. 실제로 많은 특성을 서로 공유하고 있지만(CBA-ID와 CBE는 모두 교육과정에 기반을 두고 있음), 차이점도 존재한다. 첫째, CBA-ID에서는 학생의 교수수준을 결정하는 데 초점을 맞추고 있기 때문에 도전적이지만 지나치게 어렵지 않은 검사문항을 사용했을 때에만 학생에게 유용할 것이다. 도전적인 수준이란 과제를 수행하는 정확도의 일정한 수준(읽기 이해에 대한 93~97%의 정확도; 연습과제에서 70%, 85%, 혹은 90%의 정확도) 이상으로 정의된다. 사실, 모든 의사결정과정에서 적합한 교수수준에 해당하는 검사를 사용하는 것은 중요하다. 다만, CBE에서는 추가적으로 학업성취 증가율과 함께 외부 성취준거와 비교한 결과에 초점을 맞추고 있다. 이러한 이유로 CBE에서는 학습부진의 원인을 파악하는 것이 중요하다. 교사가 사용한 수업 교재의 적합성과 학습활동과 관련된 다양한 요인이 학습부진의 원인으로 고려될 수 있다.

둘째, CBA-ID에서는 평가를 할 때 표준화 방법으로 교실에서 사용하는 수업 교재(평가와 교수전략은 주로 통합되어 있기 때문에)를 사용한다. 이를 교육과정에 기반을 둔(curriculum-derived) 교재라고 명명하기도 하는데, 그 이유는 수업 교재(즉, 교육과정)에서 직접 필요한 자료들을 뽑아 왔기 때문이다. 이와 달리, CBE에서는 교실에서 사용하는 수업 교재와 함께 교육과정과는 독립된(curriculum-independent) 교재를 모두 사용하고 있다. 여기서 교육과정과는 독립된 과제란 학생에게는 새로운 유형(즉, 이전에 이러한 동일한 문제를 풀어 본 경험이 없기 때문에 연습의 효과가 없음)이지만, 그 내용은 이미 교육과정에서 학습된 기술 혹은 내용으로 구성된 자료를 말한다. 이러한 이유로 CBE에서는 CBM을 더 많이 활용하고 있다.

CBM이란 무엇인가

CBM이란 사용 가능한 특정 교과영역에서 증거기반평가(evidence based assessment)를 일관되게 사용하는 체계적인 방법을 말한다.

이와 같은 검사도구는 교수전략과 연관되도록 개발되었다. 즉, CBM에서는 학생의 학습능력을 직접적으로 측정할 수 있는 검사방법을 사용할 수 있고, 학생들의 개별 진전도를 모니터링할 수 있기 때문에 효과적인 중재전략은 무엇인지를 확인하고 특정 중재전략이 실제로 학습 증진에 효과적인지를 점검할 수 있는 직접적인 정보를 얻을 수 있다. 다음은 CBM 검사의 공통된 구성요소이다.

- 표준화된 검사 실시방법과 점수 채점방법
- 초시계
- 교육과정에 기반한 다수의 과제(예: 읽기 지문, 수학 검사지)
- 수행수준을 평가할 수 있는 명확한 기준
- 결과를 기록하고, 요약하며, 해석할 수 있는 공통된 서류형식과 차트

너무도 당연한 말이지만 모든 평가/측정은 정확한 방법으로 사용되어야 한다! CBM은 이러한 준거를 쉽게 충족시킬 수 있는데, 그 이유는 교실에서 공통적으로 사용하고 있는 수행과제와 검사방법을 CBM에서도 그대로 사용하고 있기 때문이다. 예를 들어, 검사 실시방법은 매우 간편하며 누구나 쉽게 이해할 수 있다. CBM은 학생들이 교실 안에서 일반적으로 배우고 경험하는 교육내용과 별다른 차이가 없는 과제(예: 지문 읽기, 문단 작성하기, 수학문제 풀기)를 학생들에게 요구한다. 학생들이 과제를 수행할 때에는 초시계를 이용하여 시간을 제한하는데, 그 이유는 현재의 수행수준에 대해 분(minute) 단위로 정답과 오답을 점수화하기 위함이다. 마지막으로 학생의 결과는 차트 상의 그래프로 표현되거나 그래픽 소프트

웨어를 이용하여 그래프로 작성된다. 이러한 결과를 바탕으로 학습의 변화추세를 지속적으로 분석할 수 있다. 현재 사용이 가능한 CBM의 정보들이 넘쳐나며, CBM 평가 절차에 익숙하지 않은 사람들에게 도움을 줄 수 있는 CBM 관련 책(예: Hosp, Hosp, & Howell, 2007)은 수없이 많기 때문에 추가적인 관심을 갖고 있는 독자들은 관련된 자료를 참고하길 바란다.

CBE는 CBM과 어떠한 관련성을 갖고 있는가

CBE에서는 CBM이 가진 특성, 즉 CBM 검사결과를 활용하고 해석할 수 있는 검증된 가이드라인을 제공하는 특성을 활용하고 있다. CBM 검사의 경우 누구나 쉽게 구할 수 있으며(예: 온라인 구매나 직접 구매가 가능함) 손쉽게 사용이 가능한 장점을 갖고 있다. 또한 교사가 사용하는 교육과정과 CBM 과제는 서로 일치하고 있기 때문에 CBM 검사결과를 해석하는 것은 어렵지 않을 것이다. 따라서 CBM 검사를 반복적으로 측정한다면 교수전략의 효과성을 손쉽게 모니터링할 수 있다. 이러한 장점들 때문에 CBM은 CBE와 완벽한 조합을 이루어 활용될 수 있다.

다음과 같은 비유로 CBM과 CBE 간의 차이점을 쉽게 설명할 수 있을 것이다. 우리의 오랜 친구인 Marty는 CBE와 CBM의 관계를 골프게임으로 설명하였다(그 당시 Marty는 골프를 더 잘하려고 꾸준히 노력하고 있었다). 대부분의 사람은 어느 정도 골프에 대한 경험을 갖고 있을 것이다. 골프 한 경기에서의 타수(the number of stroke)가 골프 기량의 정확성을 측정하는 방법이라는 것은 일반적인 상식이다. 골프에서 기량은 '파(par)'라는 단위로 표현된다. 파란 한 개의 홀 혹은 전체의 홀에서 기대되는 성취수준을 의미한다. 파 이상의 타수를 기록할수록 '망친' 경기가 된다(왜냐하면 이 경기를 마무리 짓기 위해서 더 많은 타수가 필요하기 때문이다). 당신의 타수가 증가할수록 골프 능력은 반비례하여 감소하게 된다.

Marty는 골프를 잘하기 위해서 본인이 무엇을 해야 하는지 알게 되었다. 그가 알게 된 사실이란 단순히 열심히 운동하고 열심히 노력하는 것만으로는 원하는 결과를 얻을 수 없다는 점이다. 이러한 이유로 Marty는 프로 골프선수를 만나기로 했다. 우수한 레슨을 통하여 골프 실력을 향상시키길 원했기 때문이다. 프로 골프선수는 Marty가 골프의 핵심 기술을 제대로 습득하지 못했기 때문에 기대 이하의 경기를 하는 것이라고 조언하였다. 프로 골프선수는 Marty가 그립을 잡는 방법, 백스윙을 하는 방법, 엉덩이의 움직임, 볼과 스탠스의 거리를 꼼꼼히 조사하였다. 프로 골프선수가 Marty의 골프 실력을 평가한 후에 레슨의 방향을 선택하였다. 이러한 레슨을 제공하는 목적은 Marty의 약점을 극복하기 위함이다. 이러한 레슨을 통해서 배우게 되는 모든 기술들은 실제 골프 경기와 직접적인 관련성을 갖고 있지 않을 수 있다. 그러나 부족한 기술들을 하나씩 배우게 됨으로써 전체 타수가 감소할 것으로 기대할 수 있을 것이다. Marty는 프로 골프선수가 집중적으로 지도한 기술에 초점을 맞출 수 있기 때문에 이미 습득한 기술을 다시 연습하는 시간 낭비 없이 골프 실력을 향상시킬 수 있을 것이다. 실제로 이러한 결과가 현실이 되었다. Marty는 이미 습득한 기술을 연습하느라 시간을 낭비하지 않았다. 또한 Marty는 습득하기 어려운 고난이도의 기술을 배우느라 시간을 낭비하지도 않았다. Marty는 해당 기술을 습득할 만큼의 수준에 아직 도달하지 못했기 때문이다. 즉, 적합한 수준의 난이도(correct level of difficulty)에 초점을 맞춘 레슨 덕분에 Marty의 레슨 진도는 빠르게 진행되었다.

이러한 시나리오에서 Marty의 경기당 골프점수(타수)는 CBM의 점수와 유사하다. 이러한 점수를 **전반적인 성취측정**(General Outcome Measures: GOM)이라고 명명하고 있다. GOM은 상위수준의 기술(지금의 예에서는 전반적인 골프 실력)을 향상시키는 데 필요한 수많은 하위수준의 기능들을 개별적으로 측정하지 않으면서도 하위수준의 능력을 가늠해 볼 수 있다. 그러나 프로골프 코치는 Marty를 집중적으로 지도하기 위해서 먼저 **과제분석**(task analysis)을 실시하였고, 이와 함께 Marty가 아직 습득하지 못한 중요한 하위 기술[예: 그립을 잡는 방법, 두발의 폭(stance), 폴로스루(follow-through) 등]을 향상시킬 수 있는 중재전략을 연속적으로 제공하였다. 이러한 과정은 수학이나 쓰기 교과에서 확인된 문제를 해결할 수 있는 CBE의 하위기술분석(subskills analysis)과 유사하다. Marty가 골프를 완전히 마스터하기 위해서는 부족한 기술을 반드시 습득해야 한다. 각각의 하위 기술들은 그 자체로 매우 중요하다. 결론적으로 이러한 하위 기술의 향상 덕분에 Marty의 타수는 감소하였고, 결국 골프 실력이 향상되었다.

여기서 중요한 점은 프로 골프 코치가 Marty에게 무작위로 선택하여 하위 기술을 연습하도록 지도하지 않았다는 점이다. Marty가 집중적으로 연습했던 특정한 하위 기술은 더 나은 골프 경기를 위해서 반드시 필요했던 기술이며, 이러한 기술은 중재전략을 통해서 변화할 수 있는 가변적인 특성을 지니고 있다. Marty의 경제적 수준, 인종, 골프장에 오는 방법, 신발 사이즈, 혹은 골프 실력과 전

혀 관련이 없는 특성을 확인하는 것은 중요하지 않다. 그러한 특성
은 골프 실력을 향상시키는 것과는 관련이 없으며, 중요하지도 않
다. 또한 그러한 특성을 열심히 가르친다는 것도 아무런 의미가 없
다. 이러한 논리는 학습에서도 마찬가지이다. 일부 가변적인 변인
에 해당되는 요인들은 중요하게 고려될 수 있지만 그 이외의 요인
들은 제외하는 것이 바람직하다. 이 책에서는 이러한 부분을 집중
적으로 설명할 것이다. 독자들은 이 책을 통해서 **가변적**(alterable)
이고 **관련된**(relevant) 요인에 대해서 자세히 배울 수 있을 것이다.
이러한 요인은 학교에 재학 중인 학생들의 학업성취에 직접적으로
영향을 줄 수 있기 때문에 중요하다. 이 책에서는 CBE 단계의 중요
한 특성을 설명하고, CBE와 관련된 데이터 수집과의 관련성을 설
명할 때 다시 이러한 내용을 언급할 것이다.

CBE의 주요 장점은 무엇인가

앞서 설명한 것처럼, 학업에 어려움이 있는 학생을 선별하는 것
은 그다지 어려운 일은 아닐 것이다. 실제로 대부분의 교사는 이러
한 과제를 잘 수행하고 있다. 반면에 교사들이 직면한 가장 어려
운 문제는 이러한 학생들을 성공적으로 지도할 수 있는 방법을 찾
는 일이다. 이러한 문제에 직면했을 때 해결방법으로 사용할 수 있
는 것이 CBE이다. CBE를 사용하면 이전보다는 더 큰 확신을 갖
고 가르칠 교육 '**내용**(what)'과 학습을 향상시킬 수 있는 교육 '**방법**
(how)'을 결정할 수 있으며, 이와 관련된 핵심적인 제반사항에 초
점을 맞출 수 있다. CBE에서는 학교 교육과정에서 직접적으로 도

출한 수업 교재와 함께 효율적으로 사용할 수 있는 검사도구를 사용한다. 이와 같은 일치성을 갖고 있기 때문에 CBE 결과를 교사가 가르쳤던 교육과정과 교수전략 간의 관계로 직접적으로 해석할 수 있다. 또한 학습의 결과를 직접적으로 모니터링할 수 있기 때문에 기대했던 학업성취가 나타나고 있는지를 확인할 수 있다. CBE의 또 다른 장점은 학업문제의 심각성과 복잡성을 고려하여 사용할 수 있다는 점이다. 또 다른 주요한 장점으로는 **의사결정의 피로감**(decision fatigue)이라고 불리는 문제를 해결할 수 있다는 점이다. 학교의 하루 일과 동안 수행하는 간단한 의사결정조차도 쉽지 않다는 점을 인지하고 있는가? 해야 할 의사결정의 수가 증가할수록 이러한 문제는 점점 더 어려울 수 있다(Hosp, 2012). 이러한 현상은 팔굽혀펴기를 하면 할수록 점점 더 팔굽혀펴기가 어려운 이유와 매우 유사하다. 즉, 팔굽혀펴기의 횟수가 증가할수록 피로감은 더욱 증가할 것이다. 이와 같은 피로감을 완화시킬 수 있는 좋은 방법은 구조화된 절차를 활용하는 것이며, 동시에 반복적인 의사결정의 횟수를 감소시키는 것이다. 우리는 CBE를 이러한 목적을 위해서 사용한다.

누가 CBE를 사용할 수 있나

CBE는 중재전략의 평가와 계획에 관한 의사결정을 위해 사용되고 있기 때문에 이러한 과제를 수행할 모든 사람들이 CBE를 사용할 수 있다. 우리의 경험으로 비추어 봤을 때, 학생들을 위한 교수전략을 가장 자주 계획하는 집단, 즉 전 연령 및 전 학년의 일반교사와 특수교사가 CBE를 사용할 수 있을 것이다. CBE는 특별히 학업문제를 해결하기 위한 의사결정에서 사용되기 때문에 이러한 일련의 과정을 수행할 때 다른 교육 전문가들도 포함시키는 것은 매우 중요하다. 실제로 교수방법 전문가 혹은 코치(수학 전문가 혹은 읽기 코치), 교육 전문가(학교 심리학자, 언어 치료사, 행정가와 다른 학습지도 전문가) 등이 이러한 과정에 참여할 수 있다. 또한 학부모와 함께 당사자인 학생들도 이러한 과정에 참여시키는 것이 매우 중요할 수 있다(모든 분을 한꺼번에 열거하니 숨이 찹니다!).

이처럼 CBE의 과정에서는 다양한 전문가들이 참여할 수 있기 때문에 개인이 단독으로 CBE의 절차를 수행해서는 안 될 것이다. 설령 전문가 혼자서 CBE의 절차를 수행하고 있다 하더라도 여전히 다른 전문가와의 협업과 함께 다양한 정보를 수집하는 것은 매우 중요하다. 또한 실제 중재전략을 수립하고자 할 때 특정한 영역을 담당할 수 있는 전문가를 참여시키는 것도 매우 중요하다. 이처럼 CBE를 수행하고자 할 때 다양한 정보를 고려하면서 다양한 전문가들의 참여가 필요한 이유는 **공통된 틀**(heuristic overlay)로 CBE를 활용하고 있기 때문이다. 즉, CBE는 반드시 수행해야 하는 구체적인 단계와 활동계획을 갖기도 하지만, 다양한 영역(교과 및 행동 영역), 다양한 연령 및 학년, 통합의 정도(예: 개별 학생, 전체 학급), 그리고 개별 혹은 집단을 대상으로 모두 적용이 가능한 일반적인 특성을 갖고 있기 때문이다.

CBE는 문제해결모형과 어떠한 관련성이 있는가

누구나 한번쯤은 문제해결이라는 단어를 들어 봤을 것이다. **문제해결방법**(problem solving)이란 용어를 간단히 설명하면 문제에 대한 해결방안을 찾는 방법으로 정의할 수 있을 것이다(간략히 설명하지 않았나요? 쉽죠?). CBE는 문제해결을 위한 체계적인 접근방법으로 사용할 수 있다. 이러한 접근방법은 특별히 학업에 어려움을 갖고 있는 학생에게 필요한 교수전략을 계획하고자 할 때 사용될 수 있다. CBE에서는 교육분야의 의사결정시 필요한 사고과정에 초점을 맞추고 있다. 문제해결의 과정은 다양한 개념으로 정의할 수 있지만, 일반적으로 **문제확인**(problem identification), **문제분석**(problem analysis), **문제해결**(problem solution)과 같은 세 가지 요소로 요약할 수 있다([그림 1-3] 참조).

모든 개별 과정에서는 총괄평가와 타당화 검증작업을 수반하고 있기 때문에 추론을 최소화하면서 자료에 근거한 의사결정을 수행할 수 있다. CBE에서는 학업과 관련된 다양한 질문을 제기할 수 있

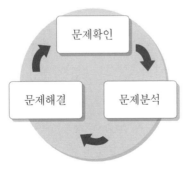

[그림 1-3] 문제해결과정의 주요 3요소

으며, 이 질문과 관련된 정보를 수집할 수 있다. 또한 지속적으로 학생의 성취결과와 진전도를 평가할 수 있으며, 일정한 기준을 바탕으로 학생의 성취 정도를 비교 평가할 수 있는 체계적인 의사결정을 수행할 수 있다. 이러한 절차를 CBE에서 사용한다면, 궁극적으로 학생의 학업성취 결과를 극대화할 수 있을 것이다.

CBE는 형성평가방법과 어떠한 관련성을 갖고 있는가

교육분야에서 주목을 받고 있는 또 다른 용어 중 하나는 **형성평가**(formative assessment) 혹은 **형성총괄평가**(formative evaluation)로 불리는 평가방법일 것이다. 다른 용어와 마찬가지로, 이 용어 또한 전문가마다 다른 의미로 사용하고 있지만, 대부분의 전문가는 형성평가를 학습을 위한 평가(중재전략을 계획하는 데 필요한 정보를 수집하는 방법)방법이라는 점에 전반적으로 동의한다. 형성평가는 일반적으로 중재전략의 일부분으로 고려할 수 있기 때문에, '민호는 주의집중을 하고 있는가?' '수지는 혼자서 과제를 할 수 있는가?' 혹은 '학급의 학생들은 교사의 지시사항을 이해하고 있는가?'와 같은 질문에 대한 답변을 찾고자 할 때 사용할 수 있다. 형성평가로 산출한 정보는, ① 민호를 돕기 위해 중재전략을 실시할 필요가 있는지, ② 수지에게 교사의 도움이 포함된 추가적인 연습을 제공해야 하는지, ③ 학생들에게 지시사항을 반복적으로 설명해야 하는지의 여부를 결정하고자 할 때 도움을 줄 수 있다. 이 책에서 다시 한번 명확히 설명하겠지만, 형성평가는 교수전략을 제공하는 CBE의 활동 중 가장 필수적인 요소이다. 학업능력의 향상 정도는 형성평가를 통하여 확인할 수 있기 때문에(Black & Wiliam, 1998) 학생에게 제공하는 모든 중재전략에서는 반드시 형성평가를 실시해야 한다.

형성평가의 반대말은 **종합평가**(summative assessment) 혹은 학습평가(assessment of learning)이다. 종합평가에서는 학생이 배운 내용은 무엇이며 배우지 못한 것은 무엇인지를 종합적으로 평가하기 위하여 자료를 수집한다. 교육자는 종합평가와 형성평가와 관련된 수많은 중요한 정보를 수집하게 하고 있다. CBE의 의사결정에서 형성평가와 종합평가는 모두 필수적인 요인으로 고려되고 있다.

CBE는 RTI, PBIS, 혹은 MTSS와 어떠한 관련성을 갖고 있는가

중재반응모형(Response to Instruction or Intervention: RTI), **긍정적 행동중재와 지원**(Positive Behavioral Interventions and Supports: PBIS), **다층지원체계**(Multi-Tier Systems of Supports: MTSS)라는 용어는 자주 혼용되고 있다. RTI는 학업영역에 초점을 맞춘 모형이며, PBIS는 문제 행동에 초점을 맞춘 모형이다. MTSS는 학업과 행동문제를 모두 다루는 통합 모형이다. 용어 사용에 있어서 약간의 차이가 있지만 일반적으로 이러한 용어들은 몇 가지 공통적인 요인이나 특징을 포함하고 있다. 보편적 선별, 다층으로 제공하는 중재전략(자료에 기반을 둔 의사결정을 사용하여 중요한 학습영역을 결정함), 진전도 모니터링의 사용이 공통된 특징에 해당된다. 열거된 특징들은 그다지 어려운 과제는 아닐 것으로 생각할 수도 있을 것이다. 하지만 다음과 같은 질문, 즉 해당 특징들이 지닌 중요한 의미는 무엇인가와 CBE의 어떠한 단계에서 해당 특징을 사용해야 하는가에 대한 답변을 찾는 것은 쉽지 않을 수 있다.

보편적 선별(universal screening)은 미래의 성공적인 학업성취를 예측할 수 있는 기준을 바탕으로 학생의 현재 학업성취 수준을 평가하기 위한 목적으로 사용된다. 교사는 모든 학생이 일정한 수준의 학업성취를 이루고 있는지를 조사할 필요가 있으며, 학생들이 수업을 잘 이해하고 있는지를 점검하고 학생들에게 제공한 중재전략이 실제로 효과적인지를 지속적으로 확인할 필요가 있다. 따라서 선별은 학생 개개인에 대한 의사결정과 핵심적인 교수전략 프로그램의 전반적인 효과성을 평가하고자 할 때 사용된다. CBE의 선별과정에서는 학생들의 학업성취 결과를 분석하여 중요한 학습영역에서 문제나 어려움이 없는지를 확인하게 된다. 이러한 분석 결과를 통해 교육자는 학생이 지닌 학업문제가 무엇인지를 파악할수 있다. 예를 들어, 많은 학생이 읽기 혹은 수학 선별검사에서 기준점을 통과하지 못했다면, 제기될 중요한 질문은 '낮은 학업성취의 원인이 될 수 있는 구체적인 세부 하위영역은 무엇인가?'이다. 읽기교과에서 음운인식, 어휘, 파닉스, 유창성, 혹은 읽기이해 영역중에서 낮은 성취의 원인이 되는 영역은 무엇인가? 수학교과에서 수리적 지식, 사칙연산, 응용 혹은 문제해결능력 중에서 낮은 성취의 원인이 되는 영역은 무엇인가? 같은 질문을 가져 볼 수 있을 것이다.

다층으로 제공하는 중재전략(tiered instruction)은 MTSS에서 활용되는 접근방법으로 추가적인 교육이나 집중적인 중재전략이 필요한 영역을 확인하기 위하여 사용된다. 이 단계에서 중요한 고려사항은 '정해진 기준을 넘지 못하는 학생은 누구인가?' '정해진 기준을 넘지 못한 구체적인 원인은 무엇인가?' '일정한 기준을 넘지 못한 구체적인 원인을 극복할 수 있는 방법은 무엇인가?'이다. 이러한 질문에 답변하기 위해선 먼저 교육과정의 핵심 요인은 무엇인지를 좀 더 자세히 파악해야 하며 집단 혹은 개인이 갖고 있는 문제점을 파악할 필요가 있다. CBE를 사용한다면 학생의 문제점을 파악할 수 있으며, 교육자가 학생들을 위해 무엇을 해야 하는지를 결정할 수 있다. CBE에서는 조사과정(process of inquiry)을 수행하여 교수방법과 가르칠 교육내용을 결정할 수 있다. 이와 함께 CBE를 사용하여 결함이 있는 학업영역을 정확히 파악할 수 있다.

마지막으로, **진전도 모니터링**(progress monitoring)은 특정 시점에서 교수전략을 수정하여 더 나은 교육적 성취가 발현되고 있는지를 확인하기 위해 사용된다. 모니터링을 사용하면 현재 교육자가 사용하고 있는 중재전략이 효과적인지를 쉽게 판단할 수 있으며, 이와 함께 중재전략의 교체 시점을 쉽게 결정할 수 있다. 사실, 대부분의 진전도 모니터링에서는 CBE를 사용하고 있지 않다. 하지만 학생의 학업성취를 모니터링한 후에 진전도가 매우 낮다는 결론은 궁극적으로 CBE의 조사과정이 필요함을 의미한다. 이러한 조사과정을 통하여 초점을 맞추어야 하는 영역을 좀 더 쉽게 파악할 수 있을 것이다.

CBE의 조사과정이란 무엇인가

앞서서 설명한 것처럼, 이 책에서는 CBE를 탐색적인 틀로 고려하고 있다. 탐색적인 틀이란 체계적으로 의사결정하는 방법이며, 서로 다른 교과영역이나 의사결정과정에서도 활용할 수 있다. 이러한 특성 때문에 CBE는 문제점에서 출발하여 해결책까지 도달할 수 있는 지침서를 제공할 수 있다. 독자들은 자신의 집에서 다른 곳까지 이동할 수 있는 다양한 길을 찾는 과정을 생각해 보면 이 개념을 쉽게 이해할 수 있을 것이다. 먼저, 한 가지 길을 선택한 후에 운전을 해 보는 것이다. 아마도 당신은 목적지가 서쪽이라고 생각하고 있기 때문에 서쪽으로 향하고 있을 것이다. 결국 원하는 도착지에 궁극적으로 도착할 수는 있겠지만 선택한 길이 항상 가장 빠르거나 가장 짧은 길은 아닐 수 있다. 이럴 경우 잘못된 방향으로 회전하기 쉬우며 필요 이상의 시간을 소요할 수도 있을 것이다. 두 번째 방법은 지도를 보고 가야 할 길을 생각해 보는 것이다. 이러한 방법을 사용한다면 원하는 목적지에 도착할 방법을 생각할 수 있다. 즉, 운전 전에 세부적인 조사를 실시한 후에 길을 결정하는 것이다. 그러나 일단 자동차를 운전하면 어디에서 회전을 해야 하며 어떤 방향으로 가야 하는지에 관한 구체적인 정보를 얻기 위해서 다시 지도를 참조할 필요가 있다. 세 번째 방법은 GPS를 사용하는 것이다. GPS는 가고자 하는 지점의 위치를 알려 주며, 지금의 위치에서 해당 목적지까지 갈 수 있는 길을 안내할 뿐만 아니라 어디에서 회전을 해야 하는지 구체적인 정보까지 제공할 수 있다.

누구나 세 번째 방법이 가장 최선의 방법이라고 생각할 것이다. 이러한 이유로 독자들은 CBE가 GPS에 해당하지 않을까 기대할 수도 있을 것이다. 하지만 기대와 달리 두 개념은 같지 않다. 아쉽게도 CBE는 두 번째 방법인 지도와 좀 더 유사하다. 하지만 너무 실망하지 않기를 바란다. 학습의 과정은 길을 찾는 과정과는 엄연히 다르다. 길이란 세부적이면서 구체적인 정보를 갖고 있다. 길이 있는 위치, 차선의 수, 지면의 상태, 속도제한 등과 같은 매우 구체적인 정보들을 GPS에 포함시킬 수 있다. GPS 프로그램은 이러한 정보를 활용하여 최선의 길을 찾을 수 있다. 그러한 정보들은 매우 정확하지만 가끔 정확하지 않을 수 있다. 공사 및 교통 혼잡의 요인은 길의 노면상태, 차선, 속도에 영향을 미칠 수 있으며 대안적인 노선이 필요할 수 있다. 다시 강조하면, 길에 관한 정보는 세부적이면서 구체적이다. 이와 달리 학업의 어려움을 해결하기 위한 의사결정은 길을 찾는 것처럼 간단하지는 않다. 그렇기 때문에 교육자는 컴퓨터보다 뛰어난 존재일 것이다. 교육자가 의사결정을 할 때 고려해야 할 것이 너무 많다. 경우에 따라서는 의사결정을 팀 단위로 수행할 수도 있다. 이러한 조건에서 사용할 지도는 새로운 계획을 세우기 위해서 좀 더 다양한 정보를 제공할 필요가 있다. 예를 들어, 혼자서 과거에 사용했던 특정한 길을 선택할 때 필요한 정보, 주유나 식사를 위해 잠시 쉬어 가는 계획을 수립할 때 필요한 정보, 혹은 날씨에 따라서 적합한 길을 선택할 수 있는 정보를 고려할 수 있을 것이다. 하지만 이러한 논의를 당신의 동료들과 함께 할 수도 있을 것이다. 중요한 고려사항은 효율성(당신이 해야 할 일의 난이도와 일 처리 속도)과 효과성(과제 수행의 정확성) 간의 균형을 맞추는 것이다. 교육에 관한 의사결정을 할 때 지도를 사용한다면 효율성과 효과성 간의 균형을 맞출 수 있을 것이다. 이와 달리 GPS는 주로 효율성을 극대화하기 위한 목적에 적합하다.

CBE라는 용어를 예전에 들어 본 적이 있는데, 왜 우리가 알고 있는 CBE의 개념과 동일하지 않은가

CBE라는 용어는 1987년 Ken Howell과 Mada Kay Morehead가 저술한 『Curriculum-Based Evaluation for Special and Remedial Education: A Handbook for Deciding What to Teach』의 책에서 처음으로 사용되었다. CBE의 개념과 절차는 이전의 개념인 진단/처방식 교수, 문제해결, 자료에 근거한 의사결정들과 관련되어 있으며, CBE는 이러한 개념들을 모두 포함하고 있다. 이 책은 이미 두 번의 개정이 이뤄졌다(Howell, Fox, & Morehead, 1993; Howell & Nolet, 2000). 이러한 개정으로 명확한 개념의 정립과 함께 내용적인 부분에서도 진일보했지만 무엇보다도 눈여겨볼 만한 점은 CBE의 과정을 순서도(flowcharts)를 이용하여 명확하게 설명하고 있다는 점이다. 이러한 순서도는 해당 교과영역에서 정확히 무엇을 가르쳐야 하는지에 대한 조건문 형식의 의사결정으로 구성되어 있다. CBE를 사용할 경우 교과영역별로 순서도를 개별적으로 작성할 수 있으며, 일부 교과영역에서는 하위 구성요소별(예: 초기 문해력과 읽기 이해)로 작성할 수 있다. 오랜 기간 동안 학교현장에서 이러한 순서도의 타당성 여부를 충분히 검증하였으며, 이미 많은 사람은(아마도 당신을 포함하여!) 이러한 순서도가 매우 유용하다는 점을 인정하고 있다. 이 책에서 이러한 변화를 적용한 또 다른 이유는 다음과 같다.

첫째, 초기의 CBE는 GPS 유형 시스템(GPS style system)으로 사용되었다. CBE는 처방적 교수(prescriptive teaching)와 관련되어 있

기 때문에 기본적으로 처방을 위한 목적으로 개발되었다. 이러한 특성 때문에 CBE는 교수전략을 선택하고자 할 때 명확한 가이드라인을 제공할 수 있다. CBE를 처음 개발한 이후 몇 번의 수정과정을 거치면서 이와 같은 수준의 처방적 처치가 필요함을 인식하게 되었다. 세밀한 과제분석을 수행하기 위해서는 일정한 수준 이상의 교과영역의 지식과 절차적 지식이 필요했지만, 이러한 내용은 1980년대와 1990년대에 주류를 이루었던 교육 운동의 이념과 일치하지 않았다. 특히 교사교육의 교육내용과도 일치하지 않았다. 하지만 오늘날 제공되는 교육자 연수 프로그램은 이전보다 좀 더 상세한 교육내용을 제공하는 추세를 나타내고 있기 때문에 지금의 교육자들은 CBE의 순서도를 적용하여 올바른 의사결정을 수행할 수 있는 능력을 갖추고 있다.

둘째, 다양한 교과영역에서 공통적으로 사용할 수 있는 절차를 사용한다면 CBE를 좀 더 간편하게 사용할 수 있을 것이다. CBE는 각 교과영역에서 적용이 가능한 동일한 절차를 사용하고 있기 때문에 매번 동일한 절차를 반복적으로 사용할 수 있으며, 해당 절차를 좀 더 쉽게 배우고 적용할 수 있다. 반복적으로 사용하는 횟수가 증가한다면 능숙함도 증가하여 CBE 수행에 필요한 시간도 줄어들 것이다.

셋째, 연구에서 효과성이 입증된 교수방법과 수업 교재의 사용을 점점 더 강조하는 상황에서 일부 모호한 용어 간의 개념을 좀 더 명확히 구분할 필요가 있었다. 이전에는 '현장에서 검증된(field tested)' '증명된(proven)'과 같은 용어를 사용했었지만, 현재 우리가 사용하는 교수방법이나 수업 교재에서는 '증거기반' 혹은 '연구기반'과 같은 표현을 사용하고 있다. **증거기반**(evidence based)이

라는 용어는 엄격한 연구방법을 사용한 연구에서 특정 교수방법
의 효과성을 검증한 것을 의미한다. 처방적 절차[예: **표준화 처치 방
법**(standard treatment protocols)]에서는 반드시 증거에 기반한 교수
전략을 사용해야 한다. 왜냐하면 이러한 전략들은 구체적인 교수
전략과 수업 교재에 관한 정보를 제공하고 있기 때문이다. 이와 달
리 발견적 교수법(heuristic)에서는 **연구기반**(research based) 지원이
필요하다. 연구에 기반한 지원에서는 시간, 장소, 방법에 구애받지
않으면서 일관되게 효과적인 개별 요소들(예: 형성적 평가방법)을 확
인할 수 있는 우수한 연구들이 필요하다.

　마지막으로, 처방적 접근방법은 개별 학생에게 서로 다른 의사
결정이 필요할 때 좀 더 유용하게 활용될 수 있다. CBE에서는 항상
중재전략을 문제의 원인과 일치시켜야 한다고 주장한다(만약 교육
과정에서 문제의 원인과 관련된 내용을 찾을 수 없다면 개별 학생의 요구
에 초점을 맞추기보다는 우선적으로 교육과정을 수정해야 한다). 이와
달리 처방적 접근방법의 의사결정은 주로 개별 학생의 성취결과에
초점을 맞추고 있다. 만약 추가적으로 발견적 교수방법을 함께 사
용할 수 있다면 개인 수준을 넘어서 학생 집단, 학급, 학년 수준에
서도 동일한 절차로 의사결정을 수행할 수 있을 것이다.

문제행동을 다루고자 할 때에도 CBE를 사용할 수 있는가

　이전에 출판된 CBE 관련 책을 읽어 본 독자라면 사회적 기술 및
과제분석과 관련된 행동을 설명한 특정한 장들(chapters)이 포함된
것을 알고 있을 것이다. 학업과 행동의 문제는 서로 밀접하게 관련

되어 있다. 수학 개념을 이해하는 데 어려움이 있는 학생들의 경우 학업문제의 원인을 단지 수학영역에만 한정해서는 안 될 것이다. 실제로 그 학생은 수학에 대해서 심각한 좌절감을 경험하고 있을 수 있다. 따라서 학생이 지닌 어려움은 무엇인지에 초점을 맞출 필요가 있다. 유사한 예로, 특정한 학생은 읽기 유창성의 어려움으로 인하여 심각한 절망감을 경험할 수 있으며, 이러한 이유로 문제행동을 일으킬 수 있다. CBE에서는 가르쳐야 할 모든 교육내용과 교수방법을 확인할 수 있는 체계적인 접근방법을 제공하고 있기 때문에 일반적으로 행동과 학업의 문제를 서로 완벽히 분리시키는 것은 불가능할 것이다. 하지만 이 책에서는 이러한 내용을 충분히 다루지 않고 있다. 행동영역의 문제와 학업의 문제는 서로 다른 차이점을 갖고 있기 때문에 우리는 이 책에서 주로 학업문제에 주된 초점을 맞추고 있으며, 행동문제의 일부 예시만을 간략히 다루고 있다. Guilford의 '실천적인 중재전략 학교 시리즈(Guilford Practical Intervention in the Schools Series)' 중 일부는 행동문제에 초점을 맞추고 있다. 따라서 관심 있는 독자는 관련된 서적을 참고하면 도움을 얻을 수 있을 것이다. 한 가지 책이나 접근방법만으로 우리가 직면한 모든 교육적 문제를 완전히 해결할 수는 없을 것이다.

CBE는 매우 복잡해 보이는데, 정말로 필요한가

CBE를 처음 접하게 되면 매우 복잡하다고 생각할 수도 있지만 일단 CBE에 대한 기본적인 개념을 숙지하고 문제해결을 위해서 CBE의 조사과정을 학습하게 된다면 CBE가 충분히 유용한 방법임을 누구나 인정할 수 있을 것이다. 그리고 실제로 **CBE는 매우 중요하다! 교육내용**과 **교수방법**을 평가하고 측정할 수 있다는 것은 효과적인 중재전략을 제공하는 데 있어서 가장 중요한 부분에 해당된다. 만약 교육내용과 교수방법에 대한 평가가 없다면 교사는 학생들에게 이미 습득한 교육내용이나 도움이 되지 않는 교육내용을 제공할 수 있을 것이다. 또한 수업 이해에 필요한 사전지식을 가르치지 않고 수업을 진행할 수도 있다. 골프 운동을 예로 들어 설명하면 다음과 같다. 만약 진영이가 골프 라운딩을 하기에 충분한 실력을 갖고 있으며 기준 타석이 72타일 때 항상 80타를 유지한다고 가정해 보자. 이러한 실력을 가진 경우, 줄곧 120타를 쳤던 시기보다는 문제해결이나 추가적인 교습이 필요하지 않을 것이다. 즉, 실제 골프 능력과 기대치(타수) 간의 차이가 크면 클수록 그만큼의 심도 깊은 고려사항과 면밀한 교수방법을 제공해야 그 차이를 좁힐 수 있을 것이다.

　독자들은 이 책에서 설명하는 CBE의 조사과정을 이해함으로써 문제점을 면밀히 조사할 수 있으며, 그 문제를 해결할 수 있는 방안을 찾을 수 있을 것이다. CBE의 조사과정은 사례에 따라 유연하게 적용될 수 있다. 문제가 지닌 심각성의 정도보다 더 복잡한 CBE 절차는 필요하지 않을 것이다. 즉, 문제가 그다지 심각하지 않다면 그 수준에 적합한 분석과 조사과정만 수행하면 될 것이다. 반대로, 문제가 매우 심각한 수준이라면 더 세밀한 분석이 이뤄져야 하며, 부족한 영역에 대한 충분한 이해가 수반되어야 하고, 또한 교수방법과 교수내용에 관한 좀 더 세부적인 정보들을 필요로 할 것이다.

이 책의 나머지 장의 구성 내용

　세부적인 CBE의 절차와 원칙을 설명하는 장으로 넘어가기 전에 전반적인 책 내용의 이해와 이 책만의 특성을 설명하려고 한다. 이 책은 CBE의 기본개념을 이해할 수 있는 기초 입문서에 해당된다. 이 책에서는 CBE를 실행하기 전과 실행 중, 그리고 실행 이후에 수행해야 할 내용을 설명하고 있다. 결국 이 책은 독자들에게 기본적인 CBE의 개념을 설명할 수 있을 것이다. 이러한 이유로 독자들은 책에서 제공되는 정보들이 기초적인 수준이거나 이미 알고 있는 내용이라고 생각할 수도 있다. 그럼에도 불구하고 이러한 정보들을 포함한 이유는 좀 더 복잡한 정보와 과제를 처리하는 데 있어서 이러한 기초 지식들이 반드시 필요하기 때문이다. 이 책은 입문서로의 역할을 하고 있기 때문에 모든 영역의 다양한 내용을 포함하고 있지는 않다. 이 책의 저자들은 모든 교육상황에서 벌어질 수 있는 잠재적인 고민이나 문제를 포함할 수는 없었다(이 책의 제한된 지면 때문이기도 하다). 대신 저자의 의도는 의사결정에 관한 큰 틀을 독자들에게 제공하는 것이며, 독자들은 이러한 큰 틀을 적용하여 실제 교육현장에서 직면할 수 있는 문제들을 해결할 수 있을 것이다. 이 책에서는 일련의 연속적인 과정 속에서 이러한 큰 틀을 설명하고 있다.

각 장의 내용

* **제1장**: 이번 장이 제1장에 해당되며, 이미 모든 내용을 다루었

다. 제1장에서는 독자들이 이 책을 처음 접함으로써 제기할 수 있는 모든 질문에 답변을 하고 있다. 또한 CBE를 교육상황에서 적용하고 학생 개인의 교육적 요구를 충족시키기 위한 목적으로 사용하고자 이 책의 나머지 장들을 꼭 읽어야만 하는 타당한 이유를 제공하고 있다.

- **제2장**: 제2장에서는 CBE에 대한 기본적인 개념들을 요약 설명하고 있다. 이러한 기본적인 지식에 관한 이해가 부족할 경우, CBE 절차의 효율성이나 효과성을 기대하기는 어려울 것이다. 일부 특정 방법은 필요한 행동이 무엇인지를 파악하고 그러한 행동이 중요한 이유를 탐색해 볼 수 있도록 도움을 줄수 있다. 효과적인 중재전략의 특징과 마찬가지로, 이 책에서도 명시적인 방법으로 그러한 특정 방법들을 설명하고 있다. 특정 전략을 활용할 수 있는 방법을 잘 이해하고 있다면 CBE를 좀 더 효과적으로 활용할 수 있을 것이다.

- **제3장**: 목수는 집을 지을 때 벽이 설치될 장소와 못을 박을 구체적인 위치를 알고 있어야 하며, 이러한 세부적인 내용을 담고 있는 설계 도면을 항상 소지하고 있다. 이 장은 CBE의 조감도와 같은 역할을 하고 있다. 즉, 이 장에서는 CBE 절차의 모든 단계, 활동, 관련된 질문에 대한 개괄적인 관점, 즉 거시적인 관점에서 설명하고 있다. 제3장 이후의 장들에서는 CBE를 좀 더 자세히 설명하고 있으며, 이 장에서는 그와 관련된 큰 그림을 제공하고 있다.

- **제4장**: CBE는 총 세 가지의 명확한 단계들로 구성되어 있으며, 이러한 단계는 서로 다른 활동과 목적을 갖고 있다. 이 책에서는 각각의 세부적인 단계로 구분지어 CBE를 설명하고 있

다. 제4장은 3단계 중에서 **1단계: 사실 확인하기**의 내용을 자
세히 설명하고 있다. 사실 확인하기 단계란 교사가 문제점(교
사가 현재 가르치고 있는 학생이 나타내는 학업의 어려움) 해결을
위한 의사결정 시 필요한 자료를 모으는 과정이다.

• **제5장**: 이 장은 CBE의 **2단계: 진단적 의사결정**에 대한 설명
을 제공하고 있다. 여러 가지 사실들과 관련된 정보들을 수집
하여 문제를 확인했다면 그다음 단계에서는 세부적인 조사과
정에 해당되는 총괄적인 의사결정을 수행해야 한다. 세부적인
조사과정은 문제의 원인을 파악하기 위한 목적을 갖고 있으며,
파악된 문제의 원인에 적합한 해결방안을 모색하는 데 도움을
줄 수 있다. 우리의 경험에 비춰 보면 이러한 세부적인 조사과
정은 교육분야에서 자주 소외되고 있는 영역이었다. 교육자들
은 주로 문제해결방안에만 초점을 맞추고 있기 때문에 이러한
활동에서 더 많은 시간을 소비하는 경향이 있으며, 그와 달리
세부적인 조사과정을 위해서는 많은 노력을 기울이지 않는 경
향이 있다.

• **제6장**: 이 장에서는 CBE의 **3단계: 형성적 의사결정**을 설명한
다. 3단계는 교육자로서 연마해야 하는 핵심적인 기술인 교수
방법에 관한 내용을 포함하고 있다. 이 장에서는 CBE의 큰 틀
안에서 교수전략의 설계와 실행에 관한 구체적인 설명을 제공
하고 있다. 정보를 수집하고 면밀한 조사과정을 거쳐 수집된
자료들은 교수전략을 실행하는 데 있어서 중요한 기초 자료로
활용된다. 모든 교과영역과 모든 수행수준에 적합한 교수전
략 혹은 중재전략을 자세히 설명하기에는 지면의 제한이 있기
때문에 이 책에서는 이러한 핵심적인 내용을 설명하는 적합한

예시들과 함께 공통적인 특성만을 개괄적으로 설명하고 있다.

- **제7장**: 이전의 3개 장에서는 CBE의 3단계를 충분히 자세히 설명하였기 때문에 독자들은 CBE를 활용하여 어려운 문제를 해결할 수 있는 충분한 준비가 되어 있을 것이다. 하지만 이러한 준비에도 불구하고 여전히 해결하기 어려운 문제가 발생할 수 있다. CBE를 활용할 충분한 준비가 되어 있다 하더라도 원하는 결과를 얻지 못할 수 있다. 이러한 상황에 처해 있을 때 문제해결(troubleshooting)을 위한 추가적인 단계를 고려할 필요가 있다. 심지어 이러한 문제가 예상되지 않는 상황에서도 왜 문제해결 단계를 반드시 준비해야 할까? CBE의 매 단계를 확신을 가질 만큼 성실히 수행했다면 아마도 이 장에서 제공하는 몇 가지 유용한 팁을 3단계의 의사결정과정에서도 활용하고 싶을 것이다. 그러나 우리 저자들은 사전에 이러한 단계를 미리 적용하는 것을 추천하지는 않는다. 왜냐하면 이러한 단계를 추가함으로써 결국 의사결정이 늘어나게 되며 더욱 복잡해질 수 있기 때문이다. 이러한 과정을 처음부터 사용하는 것은 마치 처음 자전거를 배울 때 곧바로 고난이도의 기술[예: Foot Jam Endo(뒷바퀴를 들어서 자전거를 타는 기술)]을 시도하는 것과 같다.

- **제8장**: 이 장은 전이(transition)와 관련된 내용으로 CBE 단계의 구체적인 방법들을 체계적으로 활용할 수 있는 방안들을 설명하고 있다. 이 책의 제4~6장에서는 무엇을 해야 하며, 어떠한 질문에 답해야 하는지에 대해서 구체적으로 설명하고 있지만 여전히 CBE를 활용하는 데 있어서 '다른 측면(behind-the scenes)'의 질문들이 남아 있다. 예를 들어, 특정한 유형의 정

보는 누가 수집해야 하는가, 어떠한 과제와 교육 자원들이 사용 가능하며 필요한가, 시간 운영방법과 시간계획은 준비되어야 하는가 등이다. 이 장에서는 CBE를 수행할 때 학교 혹은 교육청에서 고려해야 할 사항을 설명하고 있다.

- **제9장**: 이 장은 이 책의 요약된 결론을 제공하고 있다. 이 장은 교육의 실제와 개념적인 기초 내용을 함께 제공하고 있으며, 이러한 내용을 바탕으로 CBE에 관한 큰 그림을 그려 볼 수 있다. 또한 이 장은 독자들에게 동기부여를 제공하고 있다. 이 책을 읽고 CBE 절차를 구체적으로 학습한 독자들은 실제 학생들을 가르치고자 할 때 CBE 전략을 사용할 수 있는 자신감을 얻을 수 있을 것이다.

- **주요 용어, 추가적인 정보, 참고문헌**: 이 책의 끝부분에서는 추가적인 정보를 제공하고 있다. 먼저, 주요 용어에 대한 정의를 제공하고 있다. 이 책에서 사용한 주요 용어의 목차를 제공하고 있다. 굵은 글씨와 고딕체로 된 단어 및 용어들은 모두 주요 용어에 해당된다. 그다음으로는 유용한 검사도구와 정보를 얻을 수 있는 웹사이트 목록을 제공하고 있다. 해당 웹사이트에서는 관련된 참고문헌 정보를 제공하고 있지만 그럼에도 불구하고 유용하게 활용할 수 있을 것이다. 마지막으로, 이 책에서 인용한 모든 참고문헌의 정보를 제공하고 있다.

CBE 중요사항

이 책을 통해서 독자들은 'CBE 중요사항'이라고 명명한 여러 개의 상자를 만나게 될 것이다. 이러한 상자들은 CBE의 필수적인 요소들을 설명하는 인용문구들로 채워져 있다. CBE의 중요사항을 특별히 상자로 편집하여 제공하는 이유는 'CBE를 사용할 때 명심해야 할 사항'을 각인시키기 위함이다. 교육자로서 우리는 가르치고 의사결정을 하는 일에 몰입하게 될 때 큰 그림을 볼 수 있는 안목을 쉽게 잃어버리게 된다. 왜냐하면 너무나 지엽적인 사항에만 초점을 맞출 수 있기 때문이다. 세부적인 사항에만 몰입되어 있을 경우에는 이전과는 다른 특별한 행동이 필요한 징후들을 알아차리지 못할 수 있다. 쉽게 접할 수 있는 장소에 카드나 종이로 해당 내용들을 적어서 표시하는 것은 좋을 방법일 것이다(김 교사는 작은 꽃병에 중요사항을 메모해 놓은 후에 그러한 내용을 학급에서도 지속적으로 자주 확인하고 있다). CBE를 활용한 경험을 충분히 갖고 있다 하더라도 여전히 '중요사항'을 유용하게 활용할 수 있을 것이다. CBE 중요사항은 이 책의 제2장부터 제6장까지 제공된다. 제7장에서는 핵심 내용이 아닌 '문제해결방안 팁'으로 제목을 변경하였다. 중요사항과 문제해결 팁은 동일한 형식으로 제공되지만 중요사항은 CBE의 핵심적인 개념을 설명하고 있는 반면에, 문제해결의 팁은 교육의 실제와 관련되어 있다.

책에서 사용된 용어와 예시

이 책에서는 학교에서 일하고 있는 전문가들을 칭할 때 '교사'라는 단어보다는 '교육자'라는 용어를 주로 사용하고 있다. 왜냐하면 CBE는 단지 교사만을 위한 유용한 방법은 아니며 다른 전문가인 중재전략 전문가, 읽기 코칭전문가, 수학 코칭전문가, 교수전략 코칭전문가, 학교 심리학자, 언어병리사 및 다른 모든 전문가들도 유용하게 CBE를 사용할 수 있기 때문이다.

이 책에서는 특정한 예시를 반복적으로 사용하고 있다. 매번 다른 대상의 교사와 학생을 예시로 사용하는 대신에 동일한 교사와 학생의 이름을 사용하였다. 이 책에서는 서연초등학교 2학년 담임인 최 교사를 주된 예시로 사용하였다. 또한 학년이나 학급에서 통합된 자료를 조사할 때 서연초등학교의 다른 교사와 학년을 언급하고 있다. 최 교사가 담당하고 있는 학습부진 학생의 이름은 재윤[1]이다. 독자들은 이 학생에 대한 많은 이야기를 듣게 될 것이다.

서식, 그림, 그리고 표

이 책에서는 핵심적인 개념과 전략들을 그림과 표로 제공하고 있다. 이러한 그림과 표는 독자들 자신의 실제 데이터를 활용하여 정보를 표현하고자 할 때 유용하게 사용될 수 있다. 참고자료에 해당되는 다양한 목록과 핵심 개념은 재사용이 가능한 포스터로 작성되어 활용될 수 있다. 재사용이 가능한 포스터 형식으로 그림과 표를 제작한다면 회의가 개최되는 모든 장소에서 유용하게 활용될 수 있을 것이다.

이 책에서는 또한 재사용이 가능한 다양한 서식을 제공하고 있다. 이러한 서식은 CBE를 사용할 때와 우리의 생각을 조직화할 때 유용하게 사용될 수 있다. 이 책에서는 이러한 서식을 책의 부록에 따로 첨부하는 대신에 서식이 활용되는 해당 CBE의 단계에 포함하

---

[1] 최 교사와 재윤 학생은 완전한 가상의 인물이다. 현재 살아 있거나 죽은 사람들 중 이들로 추정될 수 있는 사람들이 있다면 그것은 순전히 우연의 일치일 것이다.

였다. 서식이 해당 장에 포함되어 있기 때문에 매번 책장을 넘기면서 관련된 문서를 찾는 수고를 줄일 수 있다. 서식이 있는 페이지에 식별표를 첨부한다면 독자들은 좀 더 쉽게 해당 정보를 찾을 수 있을 것이다.

가벼운 농담을 사용한 이유

마지막으로, 독자들은 이 책에서 농담을 곁들인 설명들이 있음을 알게 될 것이다. 평가(assessment), 총괄평가, 그리고 교수전략과 같은 논의들은 주제는 무미건조할 수 있다. 우리 저자들은 유머를 통해서 무겁지 않은 분위기와 흥미로운 주제를 유지하길 원했다. 만약 전문적이면서 무미건조한 교과서와 같은 내용을 원하는 독자가 있다면 이미 이 책 읽기를 멈췄을 것이며 그렇지 않은 독자들만이 여기에 남았을 것으로 생각된다. 즐겁게 이 책을 학습하길 바란다.

CHAPTER **02**

CBE의 기초 지식

이전 장에서는 CBE를 사용하는 '이유'에 대해서 설명하였다. 아마도 지금 독자들은 교육자로서 CBE를 어떻게 사용할 수 있는지에 대해서 매우 궁금해하면서 이 부분에 대해서 알고 싶어 할 것이다. 그러나 그에 앞서서 CBE의 기초가 되는 중요한 핵심 개념들을 이해할 필요가 있다. CBE는 다양한 활동을 포함하고 있다. 이러한 활동들 중 일부는 그동안 수행해 온 평가와 관련되어 있다. 또한 상당부분은 독자들이 이미 잘 알고 있는 중재 전략과 관련되어 있다. 하지만 CBE에서는 그동안 사용해 왔던 방식과 다른 활동도 포함하고 있다. 사고방식에 따라서 해야 할 일들도 달라질 수 있다. 이 장에 포함된 중요한 핵심 개념들은 주로 CBE에서 적용된 사고방식과 관련되어 있다.

> **CBE 중요사항 1**
> 생각하는 사고방식은 행동을 결정한다.

의사결정은 판단과 동일하지 않다

먼저, 두 용어를 구분하여 사용하고 있는지를 확인할 필요가 있다. 두 용어는 경우에 따라서 서로 혼용되고 있다. 결정(deciding)이란 행동(즉, 무엇인가를 실행하는 것)을 의미하며, 반대로 판단(judgment)은 결과의 정도(quality, 즉 얼마나 만족스러운 결과를 얻게 되었는지)를 의미한다. 그렇기 때문에 판단은 의사결정의 결과이기도 하다. 실제로 의사결정(decision making)이란 현명한 판단 없이도 가능한 행동이다. 예를 들어, Leader(1983)는 제2차 세계대전 중일어난 다음과 같은 사건을 보고하였다. 네덜란드의 해군 제독이었던 Karel Doorman은 일본군보다 더 강력한 해군의 군사력을 확보한 것으로 의사결정한 후에 실제로 적과 직면했을 때 배에서 "나를 따르라."라고 명령을 하였다. 이 명령으로 시작한 전투에서 불행하게도 절반의 배들이 난파되었으며, 명령을 내렸던 본인도 이 전투에서 통렬히 전사하게 되었다. 적의 배는 단 한 척도 파괴되지 않았다. Doorman 제독은 (용감하며) 결단력이 있는 사람이었지만 회고해 보면 그의 판단 능력에는 의문을 제기할 수 있을 것이다.

일반적으로 문제(의사결정으로 해결하고자 하는 문제)가 만족스럽게 해결된다면 우리는 현명한 판단이었다고 생각할 수 있다. 하지만 결과가 좋지 않았다면 그때 그 판단은 매우 잘못된 것일 수 있다.

현명한 판단 과정보다는 의사결정의 과정(이 책에서 다루고 있는 상당수의 내용)을 설명하는 것이 쉬우며, Edwards와 Newman (2000)은 그 이유를 다음과 같은 세 가지로 설명하고 있다.

- 판단은 예측할 수 없는 미래의 결론을 도출하기 위하여 현재의 시점에서 존재하고 있는 정보를 이용한다(문제의 해결방안처럼 현재의 시점에서는 결론을 확인할 수 없으며 오직 미래의 시점에서만 확인이 가능하다). 이러한 과정을 **추론**(inference: 구체적인 **근거**를 바탕으로 결론을 도출하는 과정)이라고 한다.
- 추론으로 도출한 결론은 단지 확률만을 제공할 수 있다. 잘못된 의사결정을 내릴 위험이 전혀 없다면 추론도 필요 없기 때

문에 더 이상 판단을 논하는 것은 무의미하다.

• 현명한 판단 혹은 나쁜 판단의 여부는 사용된 추론과 도출된
결과(성공 혹은 잘못된 결과)가 어느 정도 일치하는지에 따라 결
정된다(상사의 가장 친한 친구 앞에서 상사의 농담을 하는 것은 결
코 현명한 판단이 될 수는 없을 것이다. 결론적으로 농담으로 문제
가 없었더라도 여전히 현명한 판단이라고 말할 수는 없을 것이다.
만약 농담으로 인하여 상황이 악화되었다면 그것은 확실히 잘못된
판단이다).

확률(probability)이라는 단어는 이 장(이 책의 전체에서)에서 매우
중요한 용어이다. 가능성(chance), 가능성(likeliness), 승산(odds) 등
은 확률과 매우 유사한 용어들이다. 교육분야에 있어서 절대적이
면서 예측 가능한 결과를 장담할 수 있는 행동은 극소수에 불과하
다. 그러한 이유로 최선의 추론에 근거한 결정(즉, 현명한 판단)들도
항상 좋은 결과를 기대할 수는 없다. 최종적인 결론은 우리가 결정
할 수 있는 변인 이외의 요인에 영향을 받을 수 있다는 사실을 생각
해 볼 필요가 있다. 해군 제독인 Doorman이 전쟁에서 불운했던 사
례를 생각해 보자. 제독이 15척의 연합군 함정으로 17척의 일본 함
정을 공격했던 결정이 잘못된 판단인가? 1797년 Horatio Nelson은
영국과의 전쟁 협정을 파기하고 18척의 적의 함정을 단 한 척의 배
로 공격했다. 그는 두 척의 스페인 함정을 포획하였으며 나머지 적
의 함정을 물리친 공로로 제독으로 승진하였다(Leader, 1983). 표면
적으로 Nelson의 결정은 Doorman 제독보다 잘못된 판단으로 볼
수 있지만 사용 가능한 정보(예: 추론)에 의해서 도출된 결과에 따
라 좋거나 나쁜 판단으로 결정된다.

현명한 판단의 정의에서는 항상 좋은 결과를 가정하지 않는다. 하지만 좋은 결과를 획득할 확률은 우리의 추론이 근거에 의해서 강력히 지지를 받을 때 높아질 수 있다. 현명한 판단이란 나쁜 결과의 위험성을 줄이는 것이며 반드시 성공을 확신할 수는 없다.

모든 분야의 **전문가**(expert)는 특정한 방법으로 일을 수행한다(Laufer, 1997). 이미 앞에서 언급한 것처럼, 전문가인 교사는 정형화된 틀을 잘 사용하며, 이러한 틀을 이용하여 교실 안의 반복되는 업무를 수월하게 처리할 수 있다. '좀 더 어려운 과제'를 처리하는 데 집중하기 위하여 정형화된 틀로 '사소한 작은 과제'를 효율적으로 처리하는 능력은 소위 전문가라고 불리는 사람들의 중요한 특성 중 한 가지이다(Carter, Cushing, Sabers, Stein, & Berliner, 1988). 우리가 전문가를 한 분야의 전문가로 인정할 수 있는 이유는 (결과와 상관없이) 이들이 최선의 의사결정을 수행할 수 있기 때문이다. 전문가는 신중하면서 세밀하게 일을 처리한다. 하지만 올바른 의사결정이 항상 가능한 것은 아니기 때문에 전문가들이 항상 옳은 것은 아니다. 즉, 전문가들은 기꺼이 위험을 감수할 수 있으며, 그들의 행동에 책임감을 갖고 있다. 전문가들은 그들의 경험으로부터 많은 것을 배우며 다른 사람들의 경험에 대해서 관심을 갖고 있다.

예를 들어, 교생실습에 참여하고 있는 학생이 담당 지도교사 앞에서 수업을 했으며, 결과적으로 수업을 완전히 망쳐 버렸다. 모든 것이 잘못되었다고 가정해 보자. 수업이 끝난 후 학생은 담당교사에게 "수업은 엉망이었으며, 제가 수업을 망쳤습니다."라고 말을 하였다. 담당교사의 대답은 "수업은 아직 끝난 것이 아니에요."라고 대답해 줬으며, 학생에게 수업을 향상시킬 수 있는 방법을 찾을 수 있도록 격려하였다. 담당교사는 학생에게 무엇을 잘했고 못했는지를 설명해 보라고 하였으며, 차후의 수업을 위해서 문제점을 수정할 수 있는 방안을 고안할 수 있는지 질문하였다.

이후에 교생실습 학생은 구체적으로 무엇이 잘되고 잘못되었는지를 확인할 수 있었으며, 그러한 판단의 근거는 무엇인지를 말할 수 있었다. 수업시간에 배운 내용들과 첫 번째 수업시연에서 배운 현장경험을 고려하여 교생실습 학생은 두 번째 수업시연을 위한 계획을 수정하였다. 두 번째 수업시연에서는 아주 우수한 수업을 하였다. 교생실습 학생은 교수전략을 계획하고 사용하는 데 있어서 약간의 실수를 범했지만 의사결정에 필요한 정보를 활용할 수 있었으며, 결과적으로 최선의 판단을 도출할 수 있었다.

우리 모두는 앞에서 언급된 오류들을 하루에도 수십 번씩 범하고 있다. 왜냐하면 우리 모두는 인간이기 때문에 그러한 오류를 범하는 것이며 이러한 오류를 범할 당시에는 그러한 잘못된 결정이 본인에게 이득이 될 것이라고 생각했을 것이다(Nisbett & Ross, 1980). 우리가 그러한 오류를 범하지 않기 위해서 다음의 두 가지 사항을 명심할 필요가 있다. 첫째, 전문성과 집중적인 몰입, 그리고 깊은 사색이 필요한 과제는 무엇인지를 인지할 필요가 있다. 둘째, 우리는 어려운 업무를 처리할 때 도움을 줄 수 있는 가이드라인(다음의 그림과 같이)을 갖고 있어야 한다. 교육과 관련된 의사결정을 실시할 때 현명한 판단을 위한 규칙들과 위협적인 요인들을 살펴야 하며, 이러한 내용은 이 책 전반에 걸쳐서 지속적으로 언급될 것이다. 그러한 규칙들과 요인들은 교수방법과 교육내용과 관련된 의사결정을 할 때 항상 검토되어야 한다. 난해한 의사결정을 할 때 항상 그러한 규칙들을 마음속에 잘 간직하기 위해서 우리는 [그림 2-1]의 내용인 '현명한 판단을 위한 규칙'을 지속적으로 추천하고

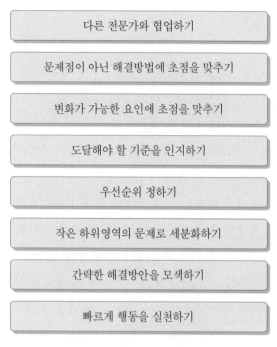

다른 전문가와 협업하기

문제점이 아닌 해결방법에 초점을 맞추기

변화가 가능한 요인에 초점을 맞추기

도달해야 할 기준을 인지하기

우선순위 정하기

작은 하위영역의 문제로 세분화하기

간략한 해결방안을 모색하기

빠르게 행동을 실천하기

[그림 2-1] 현명한 판단을 위한 규칙

있다. 체계적인 틀을 제공하는 이 그림은 중요한 사항을 쉽게 기억할 수 있도록 도움을 주며, 최선의 의사결정에 도달할 수 있는 확률을 높일 수 있을 것이다.

현명한 판단을 저해하는 위험 요인

교육분야에서 교육자들은 많은 노력을 기울이면서 학생들의 수행능력을 평가하고 있지만, 한편으로는 교육자 자신의 전문성 평가에 초점을 맞출 필요가 있다. 교육자 본인의 의사결정능력이나 문제해결능력을 평가함으로써 본인의 행동이 학생들에게 어떠한 영향을 미칠 수 있는지를 평가할 수 있는 정보를 얻을 수 있을 것이다. 실제로 최근에는 교육자에게 자기평가능력을 더욱 강조하고 있다.

표 2-1 현명한 판단을 저해하는 위험 요인

위험 요인	설명
선택적 주의 (확증적 편견)	기대하는 것이나 보고 싶은 것만을 보는 것. 즉, 확인하고 싶은 정보만을 찾는 행위
초두효과와 최신효과	첫 번째 정보가 나머지 모든 정보에 영향을 미치거나 마지막에 획득한 정보를 지나치게 의존하는 행위
미성숙 해결방안	충분한 정보가 수집되지 않거나 대안적인 해결방안이 고려되지 않은 상황에서 의사결정을 실시하는 행위
타성에 젖은 사고	불일치하는 증거가 확인되더라도 기존의 사고를 변경하는 것을 꺼리는 행위
현저성 편향	흔하지 않거나 매우 예외적인 사건은 쉽게 기억되기 때문에 그러한 사건에만 주된 초점을 맞추는 행위
사전지식의 부족	충분한 사전지식(문화적 차이, 세부적인 내용이나 맥락)을 갖고 있지 않은 사안에 대해서 의사결정을 내리는 행위
문제에 대한 잘못된 정의	문제를 지나치게 협소하게 정의하거나 협소한 측면에 초점을 맞추어 정의를 내릴 수 있으며 또한 문제의 정의를 명확하게 내리지 않는 행위
편향된 관점	한쪽 측면만을 고려하는 행위(예: 부모의 관점을 고려하지 않음)
역할 수행/집단 사고	집단의 기대수준에 부응하는 의사결정을 수행하는 행위
두려움	실패, 위험성, 성공, 책임감, 법적 책임 등에 대해서 두려움을 갖는 행위
표본의 크기	지나치게 적은 사례나 예를 일반화하여 의사결정을 진행하는 행위

잘못된 판단의 유형(Doorman 제독의 예와 같이)을 생각하거나 확인하는 것은 비교적 어렵지 않기 때문에 우리는 현명한 판단을 저해하는 위험 요인(〈표 2-1〉 참고)에 대해서 관심을 갖고 사전에 예방하는 것이 중요하다. 이러한 위험 요인들을 항상 인지해야만 현명하게 판단하는 확률을 높일 수 있을 것이다.

현명한 판단을 위한 규칙

현명한 판단을 저해할 수 있는 위험 요인들을 인식하는 것과 함께 판단능력을 향상시키기 위해서 고려되어야 할 법칙들이 있다. 먼저, 중요한 사항에 집중해야 하며, 현명한 판단을 저해할 수 있는 위험 요인의 덫에 쉽게 빠져서는 안 된다는 점을 인지할 필요가 있다. 구체적인 법칙들은 다음과 같다.

- **다른 전문가와 협업하기**: 가능하다면 협력하라. 다른 사람의 경험과 지식을 통해서 배움을 얻음으로써 의사결정의 과정을 좀 더 효율적으로 수행할 수 있다. 만약 당신이 혼자서 모든 과정의 일들을 처리하고 있다면 다른 사람으로부터 피드백을 받을 수 있는 기회를 만들어야 한다.
- **문제점이 아닌 해결방법에 초점을 맞추기**: '문제점만을 칭송' 하는 것에 대해서 들어 본 적이 있을 것이다. 이러한 문제점이 발생하는 이유는 문제점을 정의하고 타당화하는 단계에 고립되어 있기 때문이다. 비록 그러한 단계도 중요하지만 더 중요한 단계는 문제해결을 위한 해결방법에 초점을 맞추는 것이다. 이러한 활동을 통해서 더 나은 학습의 결과를 기대할 수

있다.

- **변화가 가능한 요인에 초점을 맞추기**: 학생이 무엇을 배워야 하는지와 특별히 교수전략을 제공하는 과정에서 당신이 교육자로서 통제할 수 있는 요인은 무엇인지를 생각해 보아라.
- **도달해야 할 기준을 인지하기**: 성공에 대한 명확한 정의를 하라. 만약 교수전략이 성공적이라면 그러한 교수전략을 제공한 후 학생은 무엇을 할 수 있으며, 얼마나 잘할 수 있는가?
- **우선순위 정하기**: 다른 사항들을 고려하면서 문제를 해결하라. 시급히 해결하지 않으면 위험할 수 있는 문제나 다른 문제들을 고려하기 전에 우선적으로 해결하는 문제에 우선순위를 두어야 한다.
- **작은 하위영역의 문제로 세분화하기**: 문제를 좀 더 쉽게 해결할 수 있는 작은 단위의 문제로 분류할 수 있는지를 결정하라. 이러한 과정은 학생과 교사에게 동기부여가 가능하다. 그 이유는 해결방안에 도달하는 전 과정을 한눈에 모니터링할 수 있기 때문이다.
- **간략한 해결방안을 모색하기**: 아무리 어려운 문제라 하더라도 항상 복잡하고 난해한 해결방안을 필요로 하는 것은 아니다. 전체 문제 중 일부분에 대한 간단한 해결방안이나 전체 문제를 좀 더 쉽게 해결할 수 있는 방안을 찾을 수 있다면 전반적인 문제해결과정은 좀 더 수월하게 진행될 수 있다.
- **빠르게 행동을 실천하기**: 교육자가 빠르게 행동할수록 해결방안을 좀 더 쉽게 찾을 수 있을 것이다. 문제가 매우 심각하거나 학생이 많이 뒤처져 있을 경우 이러한 과정은 더욱 중요할 수 있다.

가치 있는 데이터와 증거자료를 사용하기

모든 의사결정, 추론, 판단은 사용 가능한 정보를 바탕으로 수행된다. '쓰레기를 투입하면, 쓰레기를 산출한다.'라는 말은 아주 오래된 컴퓨터 분야의 격언 중 하나이다. 마찬가지로 우리가 관련성이 부족하거나 잘못된 정보에 근거하여 추론을 하게 된다면 앞에서 언급된 현명한 판단을 위한 법칙들을 따르는 것은 아무런 소용이 없게 된다. 심지어 우리가 갖고 있는 정보와 추론이 일치한다고 하더라도 그러한 추론만으로 손쉽게 문제를 해결하기는 어려울 수 있다. 존재하는 문제점을 확인하지 못하여 적합한 중재전략을 적기에 사용할 수 없다면 더 많은 문제가 추가적으로 발생될 수 있다.

정보를 신뢰하지 않는 교육자들의 논쟁을 자주 들어 보았을 것이다. 일부 교육자는 이러한 정보들이 '정확'하지 않거나 '학생들의 능력을 평가'하는 데 도움이 되지 않는다고 생각한다. 현명한 판단을 저해하는 위험 요인(예: 확증적 편견과 사전지식의 부족)들과 더불어, 이러한 사고는 검사도구의 신뢰도와 내용(content) 및 구인(construct) 타당도의 개념과 관련되어 있다(Messick, 1989). 안정적인 검사의 신뢰도와 타당도를 검증할 수 있는 과학적인 방법은 이미 개발되어 있다.

평가(assessment)절차는 검사도구(tools)와 관련되어 있다는 점을 기억하는 것이 중요하다. 다른 도구들과 마찬가지로 검사도구란 개발된 목적에 맞게 사용되어야 하며, 검사도구를 사용하는 사람들은 올바른 방법으로 사용해야 한다. 산출된 결과 그 자체는 단편적인 정보에 불과하기 때문에 특별한 의미를 부여하기는 어렵다.

따라서 의미 있는 검사결과를 해석하기 위해서는 신뢰도와 타당도의 정보를 고려할 필요가 있다. 즉, 신뢰도와 타당도는 검사결과를 해석하고 활용하기 위한 목적을 갖고 있다는 점을 인지할 필요가 있다.

학생의 학습능력은 사전에 이미 결정되거나 고정되어 있지 않다

학습 속도와 학습 가능한 양은 학생의 고정된 능력에 의해서 이미 결정되어 있다는 가설이 가장 일반적이다. 이러한 가설은 아주 예외적인 상황에서만 사실일 수 있기 때문에 일반적인 가설로 받아들이기는 어렵다. 또한 이러한 가설을 교육현장에서 적용하게 되면 상당히 심각한 부정적인 결과를 초래할 수 있다. 이러한 가설은 교사가 열심히 학생을 가르쳤음에도 불구하고 향상된 결과를 얻지 못한 변명의 일환으로 사용되고 있다. 학생들의 학습능력을 이미 잘 알고 있다는 가정하에 학생들을 지도한다면 이러한 선입관에서 쉽게 벗어나기 어려울 것이다. 결과적으로 교사는 학생에게 낮은 기대감을 갖게 되어 기대 이상으로 학생의 능력을 향상시킬 수 없을 것이다. 기대 이상의 성취를 얻었을 경우에는 과잉성취로 해석하며 운이 좋아서 그러한 결과를 얻을 수 있었다고 평가절하할 것이다. 간혹 이러한 결과는 '학생들을 비난하는' 근거로 활용되기도 한다.

학생은 고정된 학습능력을 갖고 있다고 생각하는 교사는 학생의 학업 실패를 학생의 잠재적인 능력이 한계에 이르렀다는 증거로 해석할 수도 있다. 따라서 학생들이 낮은 성취를 보일 경우 그 교사는 가르치는 것을 쉽게 포기할 수도 있다(Greenwood, 1991; Teddlie, Kirby, & Stringfield, 1989). 더욱 우려되는 점은 교사가 이러한 사고를 무의식적으로 학생에게 가르칠 수도 있다는 점이다.

이 장에서는 과거에 실패한 학생이라도 향후에 기회가 주어진다면 배울 수 있다는 점을 강조하고 있다. 이러한 생각은 매우 중요하다. 왜냐하면 이러한 믿음(그리고 긍정적인 희망)이 없다면 CBE의 전체 과정은 실패로 끝나게

> **CBE 중요사항 2**
> 과거에 학습하지 못했던 학생이 미래에도 배울 수 없는 것은 아니다!

된다. 손쉽게 얻을 수 있는 증거만으로 도출한 결과와 추론은 일치하지 않을 수 있다. 능력, 잠재력, 혹은 지능이 고정되어 있다는 생각은 현재의 학습이론과는 일치하지 않는다(Ambrose et al., 2010). 실제로 **학생들은 학습하는 방법을 배울 수 있다**. 다양한 연령의 아이들을 지도해 본 경험이 있는 교육자는 초등학교 고학년 학생들에게 유치원 학생과 유사한 학습전략을 사용하지 않는다는 점을 알고 있을 것이다. 실제로 다수의 교육자들은 한 학기 안에 학생들이 향상된 학습전략을 습득했던 경험을 갖고 있을 것이다.

학습은 교수의 질, 학습내용과 과제의 특성, 학생의 개별적 특성에 영향을 받는다. 교육자에게 가장 중요한 학생의 개별적 특성은 변화가 가능한 변인이다

> **CBE 중요사항 3**
> 학생들은 학습하는 방법을 배울 수 있다!

(Bloom, 1980). 교육자가 고려할 수 있는 학생의 특성으로는 학습능력, 학습전략, 학습에 대한 인식, 기대, 배울 수 있다는 믿음 등이 해당된다.

가변적 변인에 초점 맞추기

변인이란 사람, 장소, 사물, 행동의 특성을 말하며 이러한 요인들은 학습 행위와 관련이 있거나 없을 수 있다(예: '학생의 키'와 '공부방의 조명'은 모두 변인으로 고려된다). **가변적 변인**(alterable variables)이란 교사가 교육을 통해서 변화시킬 수 있는 변인을 말한다. 이러한 변인을 경우에 따라서는 '기저 변인(proximal variables)'이라 부르며, 이러한 변인은 학습의 향상과 매우 밀접한 관련성을 갖고 있으며 학습의 질적 수준에 직간접적인 영향을 미칠 수 있다. 이 책에서는 교수 혹은 중재전략에 대해서 설명하고 있기 때문에 현실적으로 수업을 통해서 변화가 불가능한 변인은 다루지 않는다.

기저 변인의 예를 살펴보면, 수업목표에 대한 학생의 이해 정도, 수업 구조 및 수업의 연속성, 교사의 교수전략 수준 및 학급운영능력 등이 포함된다. 학습 주제에 대한 학생의 배경적 지식이나 기본적 행동(enabling behavior, 예: 연필을 잡는 방법을 아는 것이나 활동을 끝맺을 수 있는 행동)도 기저 변인에 속한다. 모든 기저 변인은 교육으로 변화 가능하며 교사 및 학생에게 이러한 변인은 교육의 성과물로 해석될 수 있다. 교사는 바로 이러한 변화 가능한 변인에 초점을 맞춰야 한다.

앞의 설명에서는 학습에 필요한 학생의 인지능력을 단지 고정불변한 변인으로 인식하기보다는 교육으로 직접적으로 향상시킬 수 있음을 강조하고 있다. 학생들의 인지능력은 변화 가능한 변인이다. 그렇기 때문에 교육자는 학생의 인지(혹은 사고)능력을 변화시킬 수 있다. 이러한 일련의 활동을 우리는 학습이라고 부른다. 즉,

교사로서 우리가 학생들에게 해 줄 수 있는 것이 바로 학습이다(농담이지만 향후 누군가가 당신에게 직업이 무엇인가를 묻는다면 '학생들의 인지능력을 향상시킬 수 있는 기술자'라고 말할 수도 있을 것이다).

반대로 '**불가변적**(unalterable)' 변인이란 교사가 교육을 통해서 변화시킬 수 없는 변인을 말한다. 이러한 변인은 경우에 따라서 **비근접 변인**(distal variables)이라 부른다. 왜냐하면 이러한 변인은 학습에 영향을 미칠 수 있지만 학습의 질에 대한 직간접적인 영향을 줄 수 없기 때문이다. 불가변적 변인의 예를 구체적으로 살펴보면, 인종, 성별, 가족의 경제력, 부모의 약물남용, 종교, 교사의 교육수준, 교사의 배려 정도, 학급 규모, 출생연도, 학교 예산, 다양한 학생의 능력(예: 대뇌의 우세, 학습에 대한 타고난 잠재력), 학생의 장애명이 이에 해당된다. 이러한 변인은 변화가 불가능하지만 학습에서는 여전히 교수전략보다 중요한 변인일 수 있음을 부정하기는 어려울 것이다. 학교 재정 정도, 학급 크기, 부모의 경제력은 어느 정도 변화가 가능할 수도 있을 것이다. 즉, 반드시 변화가 나타나도록 노력해야 한다. 하지만 몇 주 만에 해당 변인을 변화시키는 것은 불가능에 가까울 것이다(오히려 선거를 통해서 좀 더 쉽게 그러한 변인을 변화시킬 수 있을 것이다). 바로 이러한 이유 때문에 이러한 중요 변인을 불가변적 변인으로 분류하고 있다.

교사들에게 학생들이 어려움을 겪는 이유가 무엇인지를 물어보면 불행하게도 대부분의 교사는 그 원인을 불가변적 변인에서 찾고 있다(Ysseldyke, Algozzine, & Thurlow, 2000). 교사들이 이러한 잘못된 사고방식을 갖고 있다면 생산적인 의사결정을 수행하기 어려울 수 있다. 하지만 교사들은 (학생들이 수학에 대해서 갖고 있는 생각과 마찬가지로) 교수전략을 학습 가능한 영역으로 생각하고 있다.

즉, 교사도 충분히 그들의 사고를 변화시킬 수 있다.

가변적 변인에 초점을 맞춘다면 해당 변인을 변화시킬 수 있을 것이다. 즉, (교사가 효과적인 교육을 지속적으로 제공한다면) 교사의 노력으로 좀 더 쉽게 이러한 변인을 변화시킬 수 있을 것이다. 이러한 성취감을 교사가 경험할 수 있다면 다른 가변적 변인에 대해서도 자신감을 가질 수 있다. 만약 교사가 불가변적 변인에만 초점을 맞출 경우 궁극적으로 변화를 이끌 수 있는 원동력을 잃게 되며 끝내 모든 것에 좌절하고 말 것이다. 이러한 좌절감은 궁극적으로 직업에 대한 낮은 자존감과 극도의 피로감을 줄 수 있을 것이다. 변화가 불가능한 변인에 초점을 맞추는 것만큼 교사에 절망감을 안겨줄 수 있는 것이 또 있을까?

다양한 유형의 지식이 존재한다

학습은 교수의 질, 과제의 성격, 학생의 특성에 영향을 받는다. 교사에게 가장 중요한 학생의 특성은 변화가 가능한 특성들이다 (Bloom, 1980). 변화 가능한 특성으로는 학습능력, 학습전략, 지각능력, 기대, 학생이 배울 수 있을 것이라는 믿음 등이 해당된다. 그러한 모든 특성은 **사전지식**(prior knowledge)이라는 명칭으로 설명된다. 학생이 지닌 사전지식(학생이 이미 알고 있는 것들)은 중요한 학습의 문제점으로 인식되고 있다.

충분한 학습능력을 습득하지 못한 학생들은 학교에서 힘겨운 시간을 보내고 있을 것이다. 실제로 이러한 문제는 표면적으로 매우 명확한 사실이다. 대부분의 교육자들은 학교에서 어려움을 겪는 이유를 학생의 낮은 학습능력 때문이라고 생각하며 사전지식을 고려하지 않는다. 그러한 이유로 학습에 어려움이 있는 학생을 가르칠 경우 대부분의 교사는 학생의 결핍 능력에 초점을 맞추어서 문제를 해결하려고 한다. 하지만 이것은 매우 잘못된 생각이다. 학습에 어려움이 있는 학생을 발견한다면 교사는 먼저 학생이 알고 있는 것과 알지 못하고 있는 것을 먼저 확인하고 점검할 필요가 있다. 이러한 과정을 잘 수행하기 위해서 먼저 교사는 서로 다른 유형의 지식이 존재함을 반드시 이해해야 한다.

일반적으로 지식은 사실, 개념, 절차 혹은 초인지 유형으로 분류될 수 있다(Anderson & Krathwohl, 2001). **사실**(facts)과 **개념**(concepts)은 지식의 '내용(what)'에 해당된다. 즉, 사실과 개념은 교사가 가르치는 내용과 학생이 일반적인 교과영역(예: 역사, 읽기, 예술)에서 배우는 내용을 포함하고 있다. **절차**(procedures)란 지식을 배우는 '방법(why)'에 해당된다. 즉, 목적이 있는 행동을 위해 필요한 규정과 단계를 말한다. **초인지**(metacognition)란 지식이 중요한 '이유(why)' 혹은 필요한 '시기(when)'와 관련되어 있다. 즉, 초인지란 지식과 학습에 대한 자기인식(self-awareness)능력이다. 즉, 다양한 유형의 지식이 중요한 이유를 파악할 때, 혹은 지식을 사용하고 응용하며 평가해야만 할 때 자기인식능력이 필요하다.

학교에서 배우는 수업내용은 사실, 개념, 절차, 초인지를 모두 통합하는 유형으로 가르쳐야만 한다. 어떠한 과제도 오롯이 순수하게 사실, 개념 혹은 절차적 지식일 수 없다. 게다가 교사가 가르치는 정보는 학생의 인지적 목록(repertoire) 혹은 틀(schema) 안에서 통합되기 전까지는 지식으로 전이될 수 없다. 교수전략을 사용하여 가르쳐야 할 **잠재적인**(potential) 정보들을 학생들이 바로 이해하고 활용할 수 있는 지식으로 변환시키기는 것은 매우 중요하다. **수업 교재**에 따라 교수전략을 변경해야 한다는 점을 감안한다면 지극히 명백한 사실일 것이다.

이 책에서 '교육과정'이라는 단어를 사용할 때, 단순히 '수업 교재'만을 지칭하지는 않는다. 학급에서 사용되는 대부분의 수업 교재는 많은 정보를 포함하고 있으며, 이러한 수업 교재는 학생의 선수지식 수준과 학습 목적에 적합할 경우 유용하게 사용될 수 있다. 하지만 동일한 수업 교재라 하더라도 일부 학생들에게는 이미 알고 있는 교육내용을 포함할 수 있으며, 일부 학생들에게는 추가적인 내용이나 사전지식을 제공할 수 없어서 유용하지 않을 수 있다. 교사가 감당해야 할 업무 중 한 가지는 학생의 현재 수행수준을 고려하여 가장 적합한 교육내용을 확인하는 숙고의 절차를 수행하는 것이다.

학교교육에서 교과서는 중요한 역할을 담당하고 있다. 그 이유는 교사들이 교과서를 사용할 경우 해당 학년의 교육목표를 달성하기 위하여 무엇을 먼저 가르쳐야 하는지에 대한 고민을 하지 않아도 되기 때문이다. 그러나 교과서를 참고하여 원하는 교수전략을 설계할 수 있다고 기대하기보다는 가르칠 교육내용의 목록을 확인하기 위한 목적으로 사용하는 것이 바람직하다. 교과서에 포함된 '일부분'의 교육내용들은 특별한 수정 없이도 바로 유용하게 활용될 수 있지만 일부의 교육내용들은 특정한 학생들을 위하여 좀 더 쉽게 이해할 수 있도록 수정될 필요가 있다.

지금부터는 지식의 종류에 대해서 자세히 설명할 것이다.

사실적 지식

사실적 지식이란 경우에 따라서 암기식 혹은 선언적(declarative)인 지식으로 불리기도 한다(Marzano et al., 1988). '6 곱하기 8은 48이다.' 'James A. Garfield는 미국의 20번째 대통령이다.' '헬륨 원자의 무게는 4.0026이다.'는 사실적 지식의 예에 해당된다. 이 주제에 대한 동기부여를 제공하기 위해서 또 다른 예를 제공하면 다음과 같다. 대학 졸업생의 평균 월급은 1,250달러이며, 이러한 월급은 고등학교 졸업생의 평균 월급보다 높다(U.S. Department of Education, National Center on Education Statistics, 2012)는 사실은 이러한 예에 해당된다. 사실이란 독립적인 개별 정보를 말한다. 예를 들어, 인디애나주의 주도가 인디애나폴리스라는 것을 알고 있다고 해서 반드시 스위스의 수도가 베른(Bern)이라는 것을 알 수 있는 것은 아니다.

사실이란 이해하는 방법이나 그 의미를 모르더라도 누구나 알 수 있는 것을 말한다. 사실을 학습한다는 것은 결국 암기한다는 것을 의미하며 이러한 사실을 가르치기 위해서 고안된 교수전략은 습득된 정보를 어떻게 하면 단기기억에서 장기기억으로 변환을 시킬 수 있는지에 대해서 초점을 맞추고 있으며, 이러한 기억의 변환은 장기간의 반복 시연(rehearsal)을 통해서 달성될 수 있다(Simmons & Kame'enui, 1990). 이러한 교수방법은 개념적 지식을 습득하기 위해서 사용되는 교수전략과는 다른 특성을 갖고 있다.

개념적 지식

개념이란 사물, 사건, 행위 혹은 상황에서 공유 특성을 정의한 보편적 관념으로 설명될 수 있다. 정의된 특성이란 한 범주 안에 포함된 개별 요소들이 공통적으로 지니고 있는 중요한 특성으로, 이러한 특성은 특정한 개념을 정의하고자 할 때 중요한 요인으로 고려되며, 개념의 적합한 예시와 그렇지 않은 예시를 구별하고자 할 때 판단 준거로 사용된다. 개념적 지식을 사용하여 학생들은 사고(idea)의 의미를 파악할 수 있으며, 특정한 사고에 내재된 잠재적인 의미가 무엇인지를 확인할 수 있다. 또한 학생들은 개념적 지식을 활용하여 정보를 범주화 혹은 분류화할 수 있기 때문에 사실적 지식을 좀 더 쉽게 암기할 수 있다. 예를 들어, '정사각형'이라는 개념은 '4개의 동일한 면'과 '4개의 내각이 모두 직각'이라는 특성으로 정의될 수 있다. 중요치 않은 특성(색깔, 크기)보다는 핵심적인 특성(면, 각)에 초점을 맞춤으로써 정사각형(예시)을 원(관련이 없는 예시)과 쉽게 구분할 수 있다.

개념은 관련된 예시와 그렇지 않은 예시를 제시하여 쉽게 가르칠 수 있다. 예를 들어, '금속'이라는 개념을 가르칠 때, 금속의 특징과 관련된 모든 예시들은 긍정적인 예에 해당되며, 반면에 전이(transition) 혹은 비금속(metalloid)과 관련된 예시들은 관련 없는 예시가 될 것이다. 일부 개념은 조건부적인 특성이나 혹은 중복된 특성(혹은 다양한 범주에 포함될 수 있는 예)을 갖고 있어서 개념의 특성을 가르치는 것이 매우 어려울 수 있다.

'배(boat)'라는 개념은 작은 규모의 선박으로 정의된다. 이와 관련된 예로는 '카누(canoe)' '노 젓는 배(rowboat)' '노를 사용하는 경기용 배(rowing shell)' '범선(sailboat)'이 포함될 수 있다. 하지만 경우에 따라서 규모가 큰 배 또한 배(boat)라고 명명하기도 한다. 따라서 여객선이나 예인선(tugboat)과 같이 큰 배들도 '배'라는 명칭으로 부르고 있다. 만약 특정 학생이 배에 대한 사전지식을 갖고 있는지를 확인하고자 할 때 먼저 교사는 '배'라는 개념을 정의할 필요가 있다. 하지만 배와 같은 명사의 개념은 간단히 정의되기 어려운 특성을 갖고 있다. 또한 '올바른 철자' '1~2단계의 문제해결전략' 혹은 '상황에 적합한 대화'와 같은 개념들은 정의되기가 좀 더 어려울 수 있다.

절차적 지식

절차란 실제적인 과제를 수행할 때 필요한 여러 가지의 단계와 개별적인 절차를 수행할 때 따라야 하는 원칙을 포함하고 있다. 절차는 세부적인 내용을 포함하고 있지만 경우에 따라서는 제한적이 조건을 설정하기도 한다. 예를 들어, 자동차의 타이어를 교체하는 구체적인 절차가 있다. 이러한 절차는 자전거나 혹은 747기의 타이어를 교체하는 것과는 확연히 다른 차이점이 있을 것이다. 경우에 따라서는 정확하게 일을 처리할 수 있는 절차가 한 개 이상일 수도 있다(그리고 잘못 수행할 수 있는 방법들도 존재할 수 있다).

두 명의 학생이 동일한 사실적 지식과 개념적 지식을 갖고 있다 하더라도 다른 절차를 따를 경우 한 명은 성공할 수 있지만 나머지 학생은 실패를 경험할 수 있다. 다음의 예시에서는 수학문제를 풀어 가는 절차를 제공하고 있다.

$$14(27-x)=56$$

먼저, 양변을 14로 나누게 되면, 다음과 같은 식을 얻게 된다.

$$27-x=4$$

다음으로 양변에서 4씩 빼면 다음과 같은 식을 얻게 된다.

$$23-x=0$$

마지막으로 양변에 x를 더하면 다음과 같은 식을 얻게 된다.

$$23=x$$

이러한 답을 도출하기 위해서 아마도 당신은 다음과 같은 정보를 사용했을 것이다.

1. 이 문제는 미지의 수를 찾는 것이다.
2. 만약 방정식의 한쪽에서 미지수(x)만을 남기게 된다면 그 해답을 찾을 수 있을 것이다.
3. 만약 방정식의 한쪽 변에 추가적인 계산을 하면 마찬가지로 동일하게 다른 변에서도 계산을 해 줄 필요가 있다.
4. 만약 한쪽 변에서 남겨진 숫자만큼 동일한 숫자로 빼기를 한다면 결국 0이라는 값을 얻게 될 것이다.

문제해결을 위해 사용한 단계에서는 여러 가지 법칙들을 적용하고 있으며, 이러한 법칙들은 또한 다양한 개념('미지수'와 '방정식')과 계산식('56을 14로 나누면 4가 된다'와 '23−23=0')을 포함하고 있다.

절차적 지식은 문제해결을 위하여 필요한 행동과 그 행동이 필요한 순서가 언제인지를 알려 줄 수 있다. 만약 이러한 절차적 지식을 사전에 학습하여 알고 있다면 이러한 일련의 절차를 의식적으로 인식하지 못할 수도 있다. 하지만 중요한 절차적 지식을 습득하지 못했다면 궁극적으로 문제를 해결할 수 없었을 것이다.

초인지적 지식

초인지란 '인지를 관장하는 인지' 혹은 '생각 위의 생각'으로 정의될 수 있다. 초인지는 학습전략에 관한 학습자의 인식과 이해 능력을 포함하고 있다. 또한 학습자 스스로 얼마나 잘 이해하고 있는지 평가할 수 있는 자기평가(self-assessment)능력도 초인지와 관련되어 있다.

앞서서 설명했듯이, 절차적 지식이란 구체적인 교육내용과 관련되어 있으며 일반적으로 특정 범주에 속한 과제를 수행할 때만 적용이 가능하다. 이와 달리 전략(strategies)이란 좀 더 일반화된 방법으로 다양한 교과영역에서 공통적으로 적용이 가능하다. 학습전략이란 정보를 기억하는 방법이다. 학습전략은 정교화 전략(설명 혹은 묘사)과 시연전략(반복적인 연습)으로 범주화될 수 있다(Weinstein & Mayer, 1986). 핵심 내용을 요약(note taking)하고 전반적인 개요를 작성할 수 있는 조직화 전략은 학습에 도움을 줄 수 있는 일반적인 전략에 해당된다.

초인지적 지식의 또 다른 영역은 자신의 강점과 개선이 필요한 영역을 인식할 수 있는 능력과 관련되어 있다. 자기인식(self-awareness)은 능숙하게 절차적 지식을 활용하는 능력, 특정한 교과에 포함된 개념과 사실의 내용 혹은 양의 정도, 능숙하게 전략을 활용할 수 있는 능력과 관련되어 있다. 교육자로서 우리가 자주 범하는 실수는 다른 변인은 고려하지 않고 지식만을 고려하거나(교육과정과 교수전략을 함께 고려하지 않고) 혹은 지식을 교수전략의 결과물로만 생각한다는 점이다. 교사들은 비교적 쉽게 접근할 수 있는 정보들을 검토한 후에 학생들이 특정한 성취준거에 도달했는지의 여부를 결정하게 된다. 그런 다음, 교사는 성취준거에 도달하지 못한 학생을 위해 중재전략을 계획하게 된다. 하지만 학생 본인이 스스로 문제가 없다고 인식하거나 혹은 성취준거에 도달하지 못한 개념을 이해하지 못할 경우, 이후에 수행되는 교육은 마치 잠자고 있는 강아지를 걷게 하는 것과 같은 억지스러운 요구에 불과할 수 있다. 즉, 강아지는 지시를 따르려는 노력조차도 하지 않을 것이다. 교사가 학생이 지닌 지식과 기술의 수준을 파악하지 못한다면(혹은 강아지의 목줄을 잡아당기기도 전에 이미 잠들어 있다면), 이와 같은 동일한 결과를 초래할 수 있다.

　예를 들어, 우리 저자 중 한 명은 Walter라는 학생을 가르친 적이 있었는데, 이 학생은 독서토론대회에 선발되었다. 책 겉표지 상단에 부착된 작은 스티커를 Walter가 본다면 그는 이렇게 말할 것이다. "전 이 책을 읽을 수 없어요. 왜냐하면 이 책은 P 수준의 책이거든요. 전 M 수준의 읽기능력을 갖고 있어요." 왜 그렇게 생각하는지 물어보니 그의 대답은 P가 M보다 더 어려운 읽기 교재이기 때문이라는 것이며 그렇기 때문에 그러한 책을 읽을 수 있는 능력을 본인은 갖고 있지 않다고 생각하고 있었다. 물론 우리는 이미 Walter를 교육시킨 경험이 있으며 그의 읽기와 관련된 정보[기존 연구에서 제안한 읽기수준 분석(lexile analysis)을 통하여 확인한 학생의 읽기 정확성과 유창성에 관한 정보를 갖고 있다. 이러한 정보에 따르면 P 등급에 해당되는 읽기 교재는 Walter에게 적합한 것으로 판단되었다. 실제로 P 등급의 교재는 Walter에게 어느 정도의 도전적인 읽기 교재로 평가될 수 있었다. 교사와 함께 읽기 활동을 수행한다면 지나친 좌절감까지는 경험할 정도의 수준은 아니었다. 읽기 교재를 검토한 후에 무엇을 해야 하는지를 알려 주고, 이 책이 적합한 이유를 Walter에게 설명했다면, Walter는 이 책이 본인에게 적합한 교재라는 점을 쉽게 동의했을 것이다. 실제로 Walter는 이러한 등급의 책을 실수 없이 매우 유창하게 읽었으며 자신이 읽은 책의 내용을 잘 이해하고 있었다. Walter의 학습기술에 대한 우리의 지식은 Walter 본인이 자각한 지식과는 다른 정보에 근간을 두고 있었으며, 이러한 차이로 인하여 Walter는 본인의 읽기 능력과 적합한 교재 읽기 등급에 관한 잘못된 이해를 하고 있다.

교수전략에 영향을 미칠 수 있는 잘못된 개념들

Walter의 예는 잘못된 오해가 학습에 어떠한 영향을 미칠 수 있는지를 잘 보여 주고 있다. 학생만이 잘못된 오해를 하는 것은 아니다. 학습에 대한 교사의 잘못된 생각은 교수전략의 효과성에 부정적인 영향을 미칠 수 있다. 교사들은 특정한 학생에게 초점을 맞추어 노력을 기울이지 않거나 혹은 중요하지 않은 대상에 주된 초점을 맞추는 잘못을 쉽게 범할 수 있다. 설령 가변적 변인에 초점을 맞추고, 모든 학생들은 학습할 수 있다는 신념을 잃지 않더라도 여전히 과제의 난이도, 학습 유형 동기 및 연습과 관련된 잘못된 생각을 가질 수가 있다.

과제의 복잡성은 과제의 난이도와 동일한 의미가 아니다

사전지식의 기능 및 개념적 역할을 이해한다는 것은 경우에 따라 매우 어려울 수 있다. 왜냐하면 우리의 직관과는 상이할 수 있기 때문이다. 예를 들어, 과제의 난이도라는 개념을 생각해 보자. 대부분의 성인에게 차를 운전하는 것은 점심을 준비하는 것보다 더 어렵지는 않다고 생각될 것이다. 또한 이 책을 읽는 것은 점심 이후에 청소를 하는 것보다 어렵지 않을 것이다. 이렇게 생각하는 이유는 이미 우리는 그러한 일들을 처리할 수 있는 적합한 기술을 갖고 있기 때문이다. 하지만 모든 사람이 동일하게 생각하지는 않을 것이다. 과제를 수행하는 데 필요한 기술이나 사전지식이 부족하다면 우리는 과제를 어렵다고 생각할 것이다. 사람들은 모두 서로 다른 사전지식을 갖고 있기 때문에 특정한 사람에게 어려운 과제가 다른 이에게는 쉬운 과제가 될 수 있다.

학생들이 (투덜대면서) '어렵다'고 하는 말을 자주 들을 수 있을 것이다. 특정 학생은 과제를 어렵다고 느낄 수 있는데 그 이유는 과제를 수행하기 위해서 필요한 필수적인 사전지식이나 숙달된 기술들을 갖고 있지 않기 때문이다. 학생들에게 이 과제는 매우 어려울 것이라고 말하는 교사는 많지 않을 것이다. 왜냐하면 교사들은 그러한 과제를 어렵다고 생각하기보다는 복잡한 과제로 생각하거나(많은 사전지식이나 여러 절차를 포함하고 있음) 혹은 아직은 알지 못하지만 학생이 이해할 수 있는 수준의 과제라고 생각하기 때문이다.

과제의 난이도는 과제 특성 자체와 관련되어 있기보다는 과제와 학습자 간의 상호작용에 영향을 받는다. 즉, 학습기술을 습득하지 못한 학생들은 학교에서 매우 힘든 시간을 보내게 될 것이다. 표면적으로 이러한 사실은 매우 명백하게 나타난다. 이전에 이미 강조했던 것처럼 상당수의 교사들은 학생들이 학업에 어려움을 나타낼 경우 그 원인을 부족한 사전지식에서 찾으려 하지 않는다. 대신 불가변적인 능력에 해당되는 학생의 학습능력이 부족하기 때문에 낮은 학업성취를 나타낸다고 생각하고 있다. 그런 까닭에 학습에 어려움이 있는 학생을 가르칠 경우 교사들은 결핍된 학습능력에만 초점을 맞추어 가르치려고 한다. 이것은 잘못된 접근방법이다. 학생이 교과내용을 어려워한다면 교사는 우선적으로 학생이 알고 있는 것과 모르고 있는 것을 확인해야 하며 그런 다음에 학생이 모르고 있는 사전지식의 학습내용을 가르칠 필요가 있다.

그렇기 때문에 우리가 일반적으로 과제가 어렵다고 말한다면 그 이유는 과제 자체가 매우 복잡하거나 혹은 그 과제를 수행하기 위해서 필요한 사전지식과 기술들을 학생이 아직 습득하지 못하고 있기 때문일 것이다. 특정 과제가 다른 과제보다 더 어려운 이유는 과제 자체가 더 복잡하기 때문이다. 이때 과제가 복잡하다는 것은 더 많은 사전지식을 요구한다는 의미이다. 따라서 과제가 너무 어렵다고 느끼는 학생에게 우리가 할 수 있는 조언은 다음과 같다.

"(일부 잘해 왔던 과제가 있었다면) 왜 그 특정 과제를 잘했는지 알고 있니? 한편으로 일부 과제는 어려움을 느꼈을 수도 있었을 거야. 지속적으로 더 많은 경험을 하면 할수록, 더 좋은 결과를 얻을 수 있단다. 왜냐하면 지금 너는 예전의 너와는 달리 (잘할 수 있는) 학습방법을 더 많이 배우고 알고 있기 때문이지. (어럽다고 생각되는 과제에도) 동일한 생각을 한다면 잘할 수 있을 거야. 일단 과제를 배우고 연습하게 된다면, 그 과제는 지금보다 는 좀 더 쉽다고 생각할 수 있을 거야."

연습만이 전부는 아니다

연습을 통해서 과제를 좀 더 쉽게 이해할 수 있다는 생각은 우리의 근육이 만들어지는 것과 동일한 원리로, 학습이 점진적으로 발생할 것이라는 믿음에서 비롯된 것이다. 하지만 학습은 점진적으로 발달되지 않는다. 대부분의 경우 학습은 새로운 정보가 이전의 사전지식과 연결이 되는 상황에서 순간적으로 발생한다. 따라서 이미 알고 있는 지식과 이제 막 배워야 할 지식 간의 연결고리를 제공할 수 있는 설명이나 예시를 제공했을 경우 학습의 효과를 극대화시킬 수 있다. 반면에 **능숙함**(proficiency)은 점진적인 변화로 성취할 수 있는 것을 말한다. 능숙함이란 학습한 내용을 능숙하게 잘 활용할 수 있는 능력

> **CBE 중요사항 4**
> 학생들은 이해하고 있는 과제만을 연습할 수 있다!

을 의미한다. 그러한 이유로 인하여 더 향상된 능숙함을 얻기 위해서는 (충분한 피드백과 함께) 많은 연습이 필요하다.

충분한 학습을 한 이후에 연습을 제공해야만 연습의 효과를 기대할 수 있다. 또한 연습을 꾸준히 할 수 있도록 학생들에게 지속적인 동기를 부여할 필요가 있다.

동기는 과제의 완수보다는 성취에 주된 초점을 맞추어야 한다

우리는 학생들에게 '쉬운(easy)' 과제를 제공하여 **동기**(motivation)를 유발할 수 있다고 생각한다(맞는 말이다. 과제가 '쉽다'는 것은 학생이 지니고 있는 지식과 과제를 수행하기 위해서 필요로 하는 지식이 서로 일치하고 있음을 의미한다. 하지만 다른 의문점들도 존재한다). 많은 사람은 성공적으로 과제(심지어 많은 노력이나 관심이 없는 과제를 포함하며)를 완수(completion)했다는 개념과 목표를 성취했다는 개념을 혼동하고 있다. 동기란 성공적으로 과제를 완수했다고 해서 발생하지 않는다. 동기는 **성취**(accomplishment)를 경험할 경우에만 나타나는 조건적인 특성을 지니고 있다(Carbonneau, Vallerand, & Lafreniere, 2012). 성공과 실패의 원인에 대한 학생의 순응적인 해석을 통해서 동기가 발달될 수 있다. 그러한 순응적인 해석은 교사와 학부모가 학생의 인생에서 성공과 실패를 얼마나 잘 **설명**해 주었는지에 따라서 달라질 수 있다(Giangreco, Edelman, Luiselle, & MacFarland, 1997). 흥미로운 사실은 일부 교사들의 경우 동기는 학습될 수 있다는 사실을 쉽게 받아들이지 않는다는 점이다. 그러한 교사들은 선택적인 몰입과 기억력을 변화가 가능한 특성으로 인식하지만 그에 비해 동기는 변화되기가 어려운 특성으로 이해하는데, 그 이유는 동기를 '학습의 욕구'로 생각하기 때문이다. 실제로 많은 학생들은 배우고자 하는 욕구를 갖고 있음에도 불구하고 여전히 학업에서 실패를 경험하고 있다. 그 이유는 효과적인 동기증진전략을 갖고 있지 않기 때문이다. 또한 학업에 관심은 없지만 학업 향상에 도움을 줄 수 있는 동기증진전략을 갖고 있는 학생들도 많다.

　동기란 개념은 **인내심**(perseverance)이라는 개념과 동일시되기도한다. 특히 어려움을 경험하거나 부정적인 피드백을 받았음에도불구하고 오랜 기간 동안 과제를 붙들고 포기하지 않는 학생들은과제에 대한 높은 동기를 갖고 있을 것이다. 어려움을 직면하고 있는 상황에서도 열심히 과제를 수행하는 학생들이 있는 반면에 동일한 조건에서 쉽게 과제를 포기하는 학생들도 있다.

　왜 이러한 차이가 발생할까?

　대부분의 연구자들은 일부 우수한 학생들도 **학습된 무력감**(learned helplessness)을 경험할 수 있으며, 이러한 원인으로 인하여 학생들이 인내심을 함양하는 데 있어서 실패할 수 있다고 믿고 있다. 동기이론에 따르면, 학습된 무력감은 성공과 실패에 대한 잘못된 믿음때문에 발생하게 된다. 긍정적인 성과의 원인은 운이 좋았거나, 과제가 쉬웠거나, 혹은 교사와 같이 외적 요인 때문이었다고 가르침을 받은 학생들은 쉽게 동기부여가 되지 않을 것이다. 성공을 지능과 같이 불변성을 가진 내적 요인 탓으로 돌릴 경우에도 마찬가지로 동기부여가 쉽게 이뤄지기 어렵다(Dweck, 1986; Landfried, 1989; Schunk, 1996; Seligman, 1990).

　자신에 대한 믿음, 본인이 갖고 있는 학습능력에 대한 믿음, 과제에 대한 믿음은 인간이 효과적으로 과제를 수행하는 데 있어서 부분적으로 영향을 미칠 수 있다. 만약 실패의 원인을 자신이 통제할수 없는 요인에서 찾는다면, 이러한 어려움(즉, 과제를 수행하는 데필요한 더 많은 노력) 때문에 과제를 중도에 포기할 것이다.

　반대로 본인이 경험한 성공의 원인을 자신이 통제할 수 있는 요인에서 찾는 학생은 과제가 어렵기 때문에 좀 더 열심히 노력해야 한다고 생각을 한다. 읽기 이해 과제가 주어졌을 때, 할 수 없다고 생각하는 학생들은 특별한 노력 없이 이해하기 어려운 지문을 그 냥 넘어가려고 할 것이며, 반대로 자신의 성공을 통제할 수 있다고 믿는 학생들은 읽는 속도를 줄이거나, 지문을 반복적으로 읽고, 혹 은 필요한 자료들을 추가적으로 찾아볼 것이다.

학습의 과정보다 과제 혹은 숙제를 끝까지 완수하는 것이 더 중 요하다는 생각은 부적응적인 동기의 단편적인 예가 된다. 이러한 사실은 매우 흥미로운데, 모든 교사는 학생들이 성공을 경험하기 를 원하지만 대부분의 교사는 학생들이 성공에 대한 서로 다른 정 의를 갖고 있을 것이라고 생각하지 못한다. Dweck(1986)은 성공을 **학습**(learning)과 **수행**(performance) 간의 차이점으로 설명하였다. 이 이론에 따르면, **학습지향성**(learning orientation)을 지닌 학생들은 학습목표에 도달하기 위한 과정에서 얻을 수 있는 것이 성공이라 고 생각하며, **수행지향성**(performance orientation)을 지닌 학생들은 과제를 마무리했을 때 얻을 수 있는 것이 성공이라고 생각한다.

학습지향성은 적응력이 우수하다. 왜냐하면 학습지향성을 가진 학생들은 도전적인 과제를 수행하면서도 성공을 확인할 수 있으 며, 심지어 과제를 끝마치지 못하는 상황에서도 성공을 경험하게 된다(Schunk, 1996). 반대로 수행지향성의 학생들은 학습의 여부와 는 상관없이 과제를 끝마칠 수 있는 기술(예: 오류를 포함하고 있는 과제를 제출하거나 다른 학생의 과제를 베끼기)만을 연마하게 된다. 교 사가 학생에게 '새로운 어휘 기술을 가르치기 위한 목적으로 과제 를 수행하도록' 요구하기보다는 '쉬는 시간까지 과제를 끝마칠 수 있도록' 학생들을 다그치는 상황에서 이러한 부적합한 동기는 증대 될 수 있다.

학습 선호도는 존재한다. 하지만 학습 유형은 존재하지 않는다

학생들이 불가변적 학습능력을 갖고 있다고 생각하는 또 다른 이유는 학생들이 고정된 학습방법을 갖고 있다는 믿음 때문이다. 이러한 믿음은 학습 유형의 관점에서 비롯된 것으로, 학생이 지닌 '독특한 학습 유형' 때문에 학업 실패를 경험한다고 가정하고 있다. 상당수의 사람들은 학생 개인의 학습 유형을 검사를 통해서 확인할 수 있으며, 그렇기 때문에 개별화된 중재전략을 제공하여 학습 능력을 향상시킬 수 있다고 생각하고 있다. 학습 유형에 대한 두 번째 믿음으로 학습 유형은 정확하게 측정될 수 있으며 교수방법을 선택하는 데 있어서 중요한 기초 자료로 활용될 수 있다는 생각과 함께, 이러한 학습 유형은 학업 실패의 원인이 될 수도 있다는 생각이다.

학업 실패의 문제를 개선하기 위한 일환으로 학습 유형 교수 (Learning Style Instruction: LSI)를 주장하는 사람들은 학생들이 지닌 인지 및 지각의 유형을 확인하기 위해서 검사를 실시할 것을 권고하고 있다. 이러한 절차를 통해서 학생들의 선호도와 일치하는 교수전략을 선택할 수 있을 것이라고 기대한다(Carbo, 1992; Chan, 1996; Tobias, 1994). 하지만 수년 동안의 연구결과에 의하면 LSI 의 효과성은 논란이 되고 있다(Arter & Jenkins, 1979; Glass, 1983; Kavale, 1981; Lakin, 1983; Pashler, McDaniel, Rohrer, & Bjork, 2008; Snider, 1992; Ulman & Rosenberg, 1986; Waugh, 1975).

과학적인 연구결과에 따르면, **학습 유형**(learning styles)에 대한 믿음은 실제 사실과는 거리가 있음을 보고하고 있다. 하지만 다른 의미로 동일한 용어를 사용하는 경우가 있다(교육분야에서는 이러한 경우가 흔하다). 대부분의 사람들이 학습 유형에 대해서 말하고자 할 때 의미하는 실제적인 의미는 **학습 선호도**(learning preferences) 를 말한다. 일부 학생들의 경우 특정한 교수방법을 선호한다. 왜냐 하면 그러한 특정한 교수방법은 자신의 사전지식, 절차에 관한 능 숙함, 그리고 일반적인 전략과 자기인식을 포함한 초인지 지식과 일치하기 때문이다.

교육자들은 LSI(즉, 개인의 강점과 약점을 확인하고자 검사를 실시하 고 교수방법의 효과를 장기적으로 예측하고자 검사결과를 활용하고자 할 때)란 용어를 잘못 사용하고 있다. LSI란 용어를 다양한 능력을 지 닌 학생을 위해서 서로 다른 교육목적을 설정하는 것, 혹은 일부 교 수전략들은 다른 것보다 더욱 효과적일 것이라는 가정은 구분하여 사용해야 할 것이다.

다양한 교수방법을 사용하기

교수방법에 대해서 논의하고자 할 때, **종류**(type), **접근방법** (approach), **프로그램**(program), **방식**(method), **유형**(style), **지향성** (orientation), 심지어 **철학**(philosophy)과 같은 용어들을 포함하여 설명할 필요가 있다. 다양한 교수방법을 구분하고자 할 때 이러한 용어들이 필요하다. 어떠한 교수방법이 더 우월한지에 대한 주장 은 끝이 없는 논쟁일 것이다. 이와 같은 주제에 대해서 이처럼 논 의가 어려운 한 가지 이유는 무엇을 가르쳐야 하는지(즉, 교육과정), 논쟁하는지, 아니면 어떠한 방법으로 가르쳐야 하는지(즉, 교수전략)를 논쟁하는지가 명확하지 않기 때문이다. 이러한 주제를 여기서 모두 다룰 수는 없을 것이다. 다만, 이 책에서 설명하는 CBE의 과정과 절차를 좀 더 쉽게 이해하기 위해서 이러한 논쟁을 어느 정도 설명할 필요가 있다.

이러한 논쟁은 **탐색적 접근방법**(generative approach)을 고수하는 논쟁자와 **의도적 접근방법**(supplantive approach)을 고수하는 논쟁자 간의 의견 차이로 시작된다(오해의 소지를 없애기 위해 이 책에서는 알파벳 순서로 두 가지의 논쟁을 설명하려고 한다). 탐색적 접근방법은 '구성주의자(constructivist)' 혹은 '조사 기반의(inquiry based)' 관점인 반면에, 의도적 접근방법은 '행동주의자(behaviorist)' 혹은 '직접 교수(direct instruction)'와 관련되어 있다. 두 가지 접근방법의 비교 결과는 〈표 2-2〉에서 제공하고 있다. 이와 같은 비교방법의 문제점은 지나치게 이분법적으로 고려하고 있는 점이며, 이로 인하여 서로의 관점에서 타협을 도출하기 어렵고(마치 정치적인 이슈와 같지 않나요?), 결국 부정확한 내용을 전달할 수 있다는 점이다. 게다가 이러한 두 가지 관점은 교육의 실제보다는 개념을 설명하고자 할 때 더욱 극명한 차이점들이 부각되곤 한다. 예를 들어, 대부분의 탐색적 접근방법에서는 명시적인 교수전략을 사용하여 필요한 정보를 찾지 못하는 학생들을 교육하게 된다. 반면에 대부분의 의도적 접근방법에서는 의도적인 계획하에 학생 자신의 학습을 실험하며 탐색할 수 있는 시간을 제공한다.

지난 20년 동안 양쪽 '진영(camps)'의 지지자들은 열띤 논쟁 속에서 오류를 범하기도 하였으며, 경우에 따라서는 어리석은 발언을 하였다. 소위 '논쟁(debate)'이라고 볼 수 있었던 수많은 논제들은 과학적인 근거에 기반을 두고 있기보다는 다분히 철학적인 관점에 기반

표 2-2 교수방법의 비교

특성	탐색적 접근방법	의도적 접근방법
지지자들이 사용하는 대표용어	구성주의자, 발달적, 총체적, 진정한(authentic)	행동주의자, 직접 교수, 숙달 학습, 과제분석
반대론자들이 사용하는 대표용어	모호한(fuzzy), 불분명한(fluffy), 포스트 모던(post modern)	환원주의자(reductionist), 지속적인 반복(drill-and-kill), 진실되지 않은(inauthentic)
학습에 대한 관점	• 학생 스스로가 자신의 학습을 구성함 • 학생은 학습할 준비가 되었는지를 알 수 있음	학습에 필요한 기술들은 사회적인 요구사항을 분석하여 결정됨
학습과정에 대한 관점	• 학습이란 사회적으로 구성됨. 즉, 학생은 관찰이나 경험의 기회가 주어질 경우 새로운 정보를 이전의 지식과 관련지어 학습함 • 학습은 발달적 특성을 지니고 있으며, 초기에 언어를 습득하는 것과 동일한 방법으로 학습이 수행됨	• 학습이란 사전지식과 새로운 정보 간의 명확한 연결을 만들어 줄 수 있는 교수전략을 사용하여 발생될 수 있음 • 학습이 이뤄지지 않는다면 먼저 선수지식을 가르칠 수 있는 '상향식(bottom up)' 방법을 사용해야 함
교수방법에 대한 관점	교사는 '무간섭(hands-off)'의 원칙을 고수하며, 학습이 자연스럽게 발생할 수 있는 의미 있는 상황을 제공할 필요가 있음	교사는 '간섭(hands-on)'의 원칙을 고수하며 수업시간을 계획하며 명확한 교육목표를 제공함
학자들이 제기한 공통된 오류사항	• 흥미로운 수업활동을 제공하더라도 학업성취가 이뤄지지 않을 수 있음 • 거시적인 주제만을 지나치게 강조하여 하위요소에 대한 강조가 부족함	• 특정한 학습결과만을 강조하기 때문에 그만큼 중요한 다른 주제들을 파악하지 못함 • 하위요소를 지나치게 강조하고 있어서 거시적인 주제에 대한 강조가 부족함

을 두고 있었기 때문에 불행한 결과를 초래하였다. 두 가지 접근방법의 핵심적인 차이점은 두 가지 이슈, 즉 가르치며 학습하는 과정에서의 교사의 역할과 정보를 제공하는 시기에서 확인할 수 있다.

의도적 접근방법에서 교사는 과제 수행 방법에 관한 명확한 설명을 제공하여 학습을 증진시키고자 한다. 교사의 주된 역할은 새로운 정보와 학생의 사전지식을 연결시키는 것이며, 궁극적으로 학생이 학습한 내용을 새로운 정보와 연결시키는 것이다. 결과적으로 의도적 접근방법의 정보는 일련의 순서에 의해서 제공되며, 각각의 하위요소 기술들은 이후에 학습하게 될 기술들의 기초가 된다. 이러한 특성을 고려할 때 의도적 접근방법의 교수전략은 **교사 주도적**(teacher directed)이라고 말할 수 있다.

탐색적 접근방법에서 교사는 **학생 주도적**(student directed) 학습 과정에서 최소한의 역할만을 담당하고 있다(Engle, 2006). 교사의 역할은 학생들이 자신의 사전지식과 새로운 지식을 연결 지을 수 있는 기회를 제공하는 것이며, 이와 함께 과제를 수행할 수 있는 자신만의 전략을 고안할 수 있는 기회를 제공하는 것이다. 탐색적 교수법은 '구성주의(constructivist)'로 볼 수 있는데 그 이유는 이 교수방법의 대부분이 학생들 스스로가 자신의 교육적 목표와 경험, 그리고 학습의 결과가 되는 지식을 구성할 수 있도록 돕는 것에 주된 초점을 맞추고 있기 때문이다. 이 접근방법에서 정보란 일반적으로 학생의 흥미와 목적에 따라 결정된 순서로 제공된다. 탐색적 접근방법에서 교사들은 하위 기술들을 명확한 교수방법으로 지도하지 않는다. 좀 더 복잡한 정보를 이해하기 위해서 필요한 사전지식들은 학생들이 직접 구성하여 만들어 낸 더 상위 개념의 결과물로 학습될 수 있다.

탐색적 접근방법에서 학습이란 학생 개인의 내적 특성 및 성향 (자신의 계획을 따르는)과 학생이 살아가고 있는 사회적 배경과의 상호작용을 통해서 구성된 것으로 가정된다(Stone, 1996). 탐색적 접근방법을 주장하고 있는 지지자들은 경우에 따라서 사회적 상황에 대한 제한적 관점을 갖고 있다. 간혹 이들은 교사와 학급을 사회적 상황으로 고려하지 않기 때문에 교사(혹은 부모)에 의해서 실시되는 교수전략을 '자연스럽지 못하다' '의미가 없다'고 생각한다. 하지만 Stone(1996)이 언급한 것처럼 "발달주의(developmentalism)는 교사와 부모의 의도적인 행동을 통해서 가치 있는 사회적 · 정서적 · 인지적 특성들을 생성하고 유지(단순히 사용하는 것 이상의 의미)시킬 수 있다는 점을 알지 못했다"(p. 20). 탐색적 접근방법은 학생의 학습에 있어서 교사의 역할과 교사가 사용하는 교수방법의 중요성을 간과하고 있었다. 그렇기 때문에 탐색적 접근방법으로 발달을 고려할 때 교사의 역할을 등한시하는 문제점이 있었다. 탐색적 접근방법에서 모든 교수전략의 책무성은 학생에게 있기 때문에 교사는 교수전략의 책무성을 갖고 있지 않다는 관점은 여전히 논쟁 중에 있다.

의도적 접근방법도 마찬가지로 수업을 정형화하거나 구성할 수 있는 교사의 역할을 등한시한다는 비판을 받고 있다. 예를 들어, 초기 Head Start 프로그램에 참여할 예비 전문가를 훈련시키기 위한 목적으로 개발된 DISTAR 읽기 교재는 직접교수에 근간을 두고 있다(Adams & Engelmann, 1996; Barbash, 2012). 이러한 읽기 교재는 교육을 받지 않은 교사조차도 쉽게 따라 할 수 있는 교수 절차와 대본으로 구성된 수업차시를 제공하고 있기 때문에 '모든 교사가 사용할 수 있는(teacher proof)' 읽기 교재의 특성을 갖고 있다. 모든 교사들이 사용할 수 있는 대부분의 교재들은 직접교수의 전형적인 예로 인식되고 있다. 하지만 이러한 인식은 유감스럽게도 잘못된 생각이다. 왜냐하면 이러한 인식으로 인하여 수업 교재를 교수방법으로 오해할 수 있기 때문이다. 모든 책무성을 수업 교재로 전가하는 교사들은 교수전략의 책무성을 학생에게 전가하는 교사와 마찬가지로 교수전략에 대한 높은 책무성을 갖고 있지 않다.

효과적인 교수

초창기에 수행된 교수(teaching)에 관한 연구들의 대부분은 교사 개인의 특성에만 주된 초점을 맞추고 있었다. 그러한 특성으로는 교사의 복장, 성별, 유머 구사능력, 인종, 목소리 등이 포함되었다. 이와 같은 연구들은 특별한 유형의 사람이 더 훌륭한 교사가 될 수 있다는 기본 가설을 갖고 있었다. 이러한 연구결과들은 다소 현실과는 맞지 않았으며, 교수전략과 관련성이 높지 않았다. 게다가 연구결과를 살펴보면 대부분이 변화가 불가능한 특성만을 언급하고 있어서 교사교육에는 거의 도움이 안 되는 쓸모없는 내용들이었다 (Bloom 1980).

1970년 중반부터 수행된 교수전략의 연구들은 이전의 연구와는 구별된 큰 차이점을 갖고 있었다. 즉, 교사 개인의 특성에 초점을 맞춘 이전의 연구들과 달리, 이 시기의 연구들은 교수전략의 질적 수준에 주된 초점을 맞추고 있었다. 관찰방법과 검사도구와 같은 간단한 연구방법을 적용하여 연구자들은 특정한 교사의 행동과 학생의 학업성취 간의 관계를 설명할 수 있는 큰 그림을 그리기 시작했다. 이와 같은 연구를 통해서 학생의 학습을 증진시킬 수 있는 교사의 일련의 행동들을 확인하였고 이와 같은 행동을 '효과적인 교수'로 명명하였다(Good & Brophy, 2008; Marzano, Pickering, & Pollack, 2004). 효과적인 교수는 많은 다양한 요소를 포함하고 있지만 일반적인 요소로는 명확한 학습목표, 학습에 참여할 수 있는 충분한 시간, 형성평가와 진전도 모니터링, 교수전략의 다양성 등이 있다(Borich, 2011).

교과영역을 막론하고, 효과적인 교수전략에 대해서 현재까지 알려진 사실은 학생의 요구와 학습내용의 유형에 따라 사용될 교수전략이 다양해야 된다는 것이다. 효과적인 교수전략을 정의하면 교사 주도적인 요소와 학생 주도적인 요소를 모두 포함해야 한다(Connor, Morrison, Fishman, Schatschneider, & Underwood, 2007). 경우에 따라서는 대본이 포함된 교수전략이 필요하거나 필요 없을 수도 있다.

특정한 교수전략을 사용할지의 **여부**(whether)보다는 그러한 교수전략을 **언제**(when) 사용할지가 더욱 중요한 이슈이다(Connor et al., 2007; Gersten & Dimino, 1993; Smith, 1992; Stahl & Kuhn, 1995).

낮은 학업성취를 나타내는 학생을 가르치기

우리의 인생과 마찬가지로 교수전략에서도 적합한 시기와 장소가 중요하다. '탐색적 접근방법이 사용되어야 하는 시기와 의도적 접근방법이 사용되어야 하는 시기는 언제인가?'는 이러한 중요한 질문에 해당된다. 이러한 점을 감안하여 교사는 탐색적 접근방법과 의도적 접근방법을 서로 다른 반대의 개념으로 이해해서는 안 될 것이다. 대신, 교사는 서로 다른 교수전략의 특징을 잘 파악하고

있어야 한다. 탐색적 교수방법만 사용할 수 있는 교사는 의도적 교
수방법만을 알고 있는 교사와 마찬가지로 학생들의 교육적 요구를
충분히 충족시킬 수 없다.

학업에 어려움을 겪고 있는 학생들은 사전지식이 부족하여 탐색
적 교수방법이 효과적인 상황에서 교육적 효과를 기대하기 어려울
수 있다. 예를 들어, 모든 교사들은 철자의 음가를 단어에서 잘 배
울 수 있다고 동의할 수 있겠지만 일부 학생들은 인쇄된 철자와 철
자의 음가에 대한 사전지식이 부족하여 복수의 철자를 제시하면
철자를 서로 혼동할 수 있다. 의도적 교수방법은 이러한 문제를 해
결하기 위한 적합한 교수방법일 수 있다. 즉, 의도적 교수방법을 사
용한다면 단어에 포함된 첫 번째 음가의 철자를 분리하여 개별적
으로 교육시킬 수 있다. 교사는 격려와 보상을 통하여 지속적으로
학생에게 동기부여하고 수업을 의미 있게 구성함으로써 학생의 부
족한 영역을 보완할 수 있다(Dev, 1997; Geary, 1995).

중요한 기술을 개별적으로 분리시켜서 교육하고 학생이 인지하
고 있는 보상을 제공하는 교육을 인위적이거나 발달적인 관점에서
문제가 될 수 있다고 심각하게 비판할 필요는 없다. 왜냐하면 이러
한 교육을 지속적으로 하지는 않기 때문이다. 궁극적으로 추구해
야 할 목적은 개별 기술을 통합하는 것이며 이와 함께 추가적인 교
육 없이도 학생 스스로 필요한 기술을 습득할 수 있으면 이미 제공
된 보상을 제거하는 것이다.

이 책은 낮은 학업성취의 문제를 해결하는 데 있어서 도움이
될 수 있는 의사결정과정에 대해서 설명하고 있다. 따라서 이 책
의 상당부분은 필연적으로 교사 중심 교수전략(teacher-directed
instruction)에 초점을 맞추고 있다. 하지만 유능한 교사란 특정한

교수전략만을 고수하기보다는 특정한 시점과 학생의 특수성을 고려하여 적합한 교수전략을 선택할 수 있는 책무성을 갖고 있어야 한다. 특정 교수전략(탐색적 혹은 인위적)이 특정 상황에서 최선의 교수방법인지를 결정하고자 할 때 도움을 줄 수 있는 가이드라인을 〈표 2-3〉에서 제공하고 있다. 이 책의 다른 장에서도 이러한 가이드라인을 설명하고 있다.

표 2-3 교수전략방법을 선택할 수 있는 가이드라인

	탐색적 교수방법이 필요한 경우	의도적 교수방법이 필요한 경우
학생	• 과제 수행에 필요한 풍부한 사전지식을 갖고 있음 • 긍정적인 학습 동기유형을 갖고 있음 • 성공적으로 과제를 수행하고 있는 경우	• 과제 수행에 필요한 사전지식이 부족함 • 부정적인 학습 동기유형을 갖고 있음 • 과제를 지속적으로 실패하고 있는 경우
과제	• 정의를 쉽게 할 수 있는 과제일 경우 • 일반적인 전략으로 수행이 가능한 과제일 경우 • 과제의 완수가 가능하거나 포괄적인 성격을 가진 과제일 경우 • 과제를 이해할 필요는 있지만 그러한 과제를 반드시 활용할 필요는 없는 경우	• 정의를 쉽게 하기 어려운 과제일 경우 • 과제를 수행하기 위해서 특정한 절차가 필요한 경우 • 하위영역의 과제를 학습하는 데 있어서 중요한 과제일 경우 • 높은 숙련도를 바탕으로 수행되어야 하는 과제일 경우 • 과제에 대한 충분한 정보를 갖고 있지 않을 경우
상황	• 결과를 성취하기 위한 시간이 충분히 제공될 경우 • 경험과 활동을 교육의 우선순위에 두고 있는 경우	• 결과를 성취하기 위한 시간이 제한적일 경우 • 과제 숙달만을 교육의 우선순위에 두고 있는 경우

긍정적 사고와 열린 사고를 항상 유지하기

교육자로서 교사가 갖고 있는 학습에 대한 개념은 교사의 교수 방법에 영향을 줄 수 있다(Ball & Cohen, 1996; Shulman, 1986). 또한 교사가 개별 학생의 학업 특성을 파악하는 사고방식은 교실 안에서 교사가 학생과 상호작용을 할 때 영향을 미칠 수 있다(Lipman, 1997). 이러한 사실은 학생 평가의 결과(Cadwell & Jenkins, 1986; Hemingway, Hemingway, Hutchinson, & Kuhns, 1987)와 교사의 일반적인 기대치(Teddlie et al., 1989)에서도 확인되고 있다.

지난 30년 동안 학습이론 분야에서는 수많은 변화가 있었던 것이 사실이다. 특히 낮은 학업성취와 관련된 영역에서 이러한 큰 변화가 감지되었다. 그렇기 때문에 모든 교사가 학습에 대해서 공통된 관점을 견지하고 있을 것이라고 기대할 수는 없을 것이다. 하지만 의사결정의 과정은 일반적으로 우리가 알고 있는 지식과 우리가 중요하게 생각하는 가치에 의해서 영향을 받을 수 있다. 교사가 학생 개인의 관찰결과에 영향을 받는 것과 마찬가지로 교사 자신이 갖고 있는 학습에 대한 지식수준도 교사의 의사결정에 영향을 미칠 수 있다.

기존의 연구결과에 따르면 교사가 높은 기대감을 가질 경우 학생의 학습능력은 향상되는 것으로 나타났다(Figlio & Lucas, 2004). 이러한 연구결과는 반대로 교사가 낮은 기대감을 갖고 있을 경우 학생의 학습에 부정적인 영향을 미칠 수 있는 것으로 해석될 수 있다. 저성취 학생의 특성만을 지나치게 강조하거나 혹은 그러한 특성 때문에 학업에 실패하고 있다는 생각을 하게 될 때 교사는 낮은

기대감을 표출하게 된다. 또한 한 학생만을 오랫동안 지도했음에
도 불구하고 원하는 성과를 얻지 못하여 심한 좌절감을 경험한 교
사들도 낮은 기대감을 표출할 수 있다. 결국 좌절감을 극복하기 위
하여 교사는 자신의 관심과 노력을 다른 곳으로 돌리는 경향이 있
다. 마지막으로, 소문("그는 그의 형과 마찬가지야"), 장애명, 인종 혹
은 성별과 같은 편견에 의해서 학습이 가능할 수 있다는 긍정적인
기대를 갖지 못한다면 결국 낮은 기대감을 표출할 수 있다.

　교사가 학생을 가능성 없는 대상으로 바라본다면 교사는 학생을
가르치거나, 학생의 문제를 해결하기 위한 노력을 소홀히 하게 되
며, 결국 교사는 노력의 대상을 다른 곳으로 돌리게 된다. 학업에
어려움을 갖고 있는 학생을 오랫동안 가르치다 보면 교사가 이 일
을 처음 시작하고자 했을 때 마음속에 품었던 자신만의 신념을 잊
고 지낼 수가 있다. 예를 들어, 우리 저자 중 한 명이 방문한 학교의
입구에는 이러한 표어가 적혀 있었다. **"우리 모두는 우리 학교의 모
든 학생들이 배울 수 있다고 굳게 확신한다."** 그러나 그 학교에서
진행된 회의에서 대부분의 교사들은 태현이라는 학생은 결코 배울
수 없는 학생이라는 점을 설명하는 데 대부분의 시간을 할애하였
다. 이 학생에 대한 이야기는 매우 부정적이었으며, 교사의 사고는
폐쇄적이어서 태현이에게 도움이 될 수 있는 그 어떠한 방법도 교
사들은 고려하지 않고 있었다. 태현이는 이미 가능성이 없는 학생
으로 그 학교에서 낙인찍힌 학생이었다. 태현이를 위한 최소한의
노력의 일환으로 우리는 표어를 다시 수정했는데 이 표어에는 '태
현이는 예외'라는 내용이 포함되어 있으며, 이 표어는 모든 학부모
와 시 위원들이 볼 수 있는 학교 입구에 게시하는 것이다. 이와 같
은 부정적인 학교의 표어와 교사의 낮은 기대감(태현이는 예외일 것

이다)를 지지하는 사람은 아무도 없을 것이며, 학교의 직원 중 어느 누구도 **"우리 모두는 우리 학교의 모든 학생들이 배울 수 있을 것이라고 굳게 확신한다. 단, 태현이는 예외"**라는 표어를 원하지 않을 것이다.

우리가 함께 일했던 모든 교사는 모든 학생이 성공하기를 간절히 **원하고 있다.** 그러나 우리가 함께 일했던 대부분의 교사들은 모든 학생들이 성공할 수는 없을 것이라는 믿음(belief)을 갖고 있다. 이와 같은 부정적인 믿음을 갖고 있다면 어떤 노력을 기울이더라도 결국 실패로 귀결될 수 있다. 왜냐하면 그러한 믿음으로 인하여 우리의 의사결정, 우리의 판단, 우리가 제공할 교수전략에 부정적인 영향을 미칠 수 있기 때문이다.

요약

이 장에서는 CBE를 실행하는 데 있어서 필요한 핵심 개념을 설명하고 있다. 핵심 개념 중 일부는 교사가 지녀야 할 사명(긍정적 사고와 열린 사고를 항상 유지하기)과 관련되어 있다. 또한 일부 핵심 개념은 최선을 다하여 학생을 가르치고자 할 때 도움이 될 수 있는 내용(예: 가변적 변인에 초점을 맞추기)과 부정적인 영향을 미칠 수 있는 내용(예: 잘못된 개념들)을 포함하고 있다. 게다가 일부 핵심 개념들은 이 책에서 논의될 모든 내용(예: 지식의 종류, 다양한 교수전략을 사용하기)을 이해하기 위해서 필요한 기초 지식을 제공하고 있다. 중재전략을 수행할 때 충실도(fidelity)를 확인하는 것이 중요한 것처럼 의사결정을 수행할 때도 충실도를 확인하는 것이 중요하다. 이 장에 포함된 내용들은 'CBE에 관한 매일의 다짐 사항'으로 활용될 수 있다. CBE 절차를 수행하고도 원하는 결과를 얻지 못하거나 혹은 절차의 세부적인 사항이 복잡하거나 어려워서 좌절감을 느낄 경우에 이러한 다짐을 읽게 된다면 도움을 얻을 수 있을 것이다.

CBE 수행절차의 전반적인 개요

이전 장에서는 평가, 측정, 교육과정, 학업문제의 원인 등에 관한 내용을 설명하였다. 이러한 내용들은 CBE를 이해하는 데 필요한 중요한 배경지식에 해당된다. 이 장에서는 이 책의 다른 장들보다 특별히 중요한 내용을 다루고 있다. 또한 CBE의 배경지식과 기본적인 원칙을 설명하고 있다. 이러한 내용은 추후의 장에서 설명되지 않는 내용이다. 이 장부터 우리 저자들은 독자들이 이미 CBE를 사용하는 **이유**(why)와 CBE의 중요한 기초 지식들을 충분히 알고 있다고 가정하고 있기 때문에 CBE를 **실천하는 방법**(how to do)에만 주된 초점을 맞추어 설명할 것이다.

CBE 수행절차

[그림 3-1]에서는 CBE 수행절차를 설명하는 시각적인 도식을 제공하고 있다. **공통된 틀**(heuristic overlay)로 이러한 도식을 활용할 수 있을 것이다. 즉, 이러한 도식은 활동에 기반을 둔 여러 단계로 구성되어 있으며, 교육자들은 교수 계획, 교수 실행 및 평가를 위한 의사결정에서 이러한 단계들을 적용할 수 있다. 이 절차는 모든 교과영역에서도 적용이 가능하다. 10학년 학생의 읽기 이해나 1학년의 과학교과에서 적합한 교수전략을 선택하기 위한 의사결정을 하고자 할 때 세부적인 차이점은 존재할 수 있지만, 핵심적인 의사

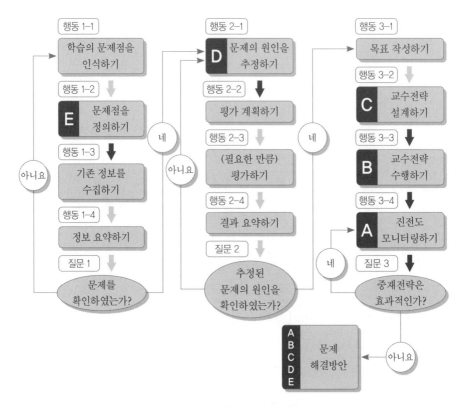

[그림 3-1] CBE 수행절차

결정의 과정은 공통적으로 적용이 가능하다. 즉, 반드시 수행해야 하는 특정한 행동과 답변을 필요로 하는 특정한 질문은 규칙에 맞게 사용해야 한다. CBE를 수행하여 원하는 결과를 얻지 못했다면 문제점의 원인을 파악할 수 있는 일련의 단계들을 검토해야 한다.

CBE 수행절차는 세 가지 단계(phase), 12개의 행동(action), 세 가지 질문, 5단계의 문제해결방안으로 구성되어 있다. 단계란 문제해결방안에 해당하는 절차의 상위 구성요인을 말한다. 1단계에서는 문제의 존재 여부를 확인하고 검증하는 과정에 초점을 맞추고, 2단계에서는 문제를 자세히 분석하며, 3단계에서는 문제해결을 위한 방법에 초점을 맞추고 있다. 이러한 세 가지 단계를 여기서는 시각적으로 선형 관계로 설명하고 있지만, 실제 교육현장에서 적용할 경우 순환적인 과정으로 고려할 필요가 있다. 즉, 상황에 따라서 특정한 행동을 여러 번 반복할 수도 있을 것이며, 다음 단계로 넘어가기 위한 최종 질문에 답변하기에 앞서 다시 첫 번째 행동으로 돌아가서 행동의 수행결과를 재확인할 필요가 있다. 일반적으로 정해진 순서에 따라 행동을 실천하지만, 각각의 행동이나 질문에 소요되는 시간은 고정되어 있지 않다. 우리는 소요될 시간에 대해서 논쟁을 원하지 않으며, 특정한 시간이 더 필요함을 주장하지 않는다. 확신을 갖고 질문에 정확히 답변하는 데 필요한 시간 혹은 정확한 행동을 수행하는 데 필요한 시간이 실제로 필요한 시간의 양일 것이다. 실수 없이 빠르게 일을 처리할 수 있다면, 그 방법이 최선일 것이다.

　행동이란 해당 단계에서 완수되어야 하는 특정한 과제들을 말한다. [그림 3-1]에서 확인할 수 있듯이, 각각의 행동상자는 해당 행동을 설명하는 문구들을 포함하고 있다. CBE의 중요한 원칙은 교육자의 **사고**(thinking)와 관련되어 있는 반면에, 교육자가 효과적으로 학생을 가르칠 수 있는지 여부는 교육자의 **행동**(doing)과 관련되어 있다. 재윤이가 읽기를 더 잘할 수 있을 것으로 교사가 생각했기 때문에 실제로 글을 더 잘 읽게 되었다고 생각해서는 안 된다. 전적으로 교사 때문만은 아닐 것이다. CBE 수행절차를 사용하여 교사 자신의 교수전략을 평가하는 방법을 찾고 있다면 이 책에서 소개된 각각의 활동들을 사용해 볼 수 있을 것이다. 예를 들어, '행동 1-3'은 '기존 정보를 수집하기'이다. 따라서 교사 스스로 다음과 같은 질문에 답변을 할 수 있어야 한다. 먼저, ① 정보는 수집되었는가와 ② 수집된 정보의 전부 혹은 대부분은 이미 존재하는 정보이며 해당 문제와 관련성이 있는가의 여부이다. 만약 두 가지의 질문에서 모두 확신을 갖고 "네"라고 답변할 수 있다면 다음 단계로 넘어갈 수 있다.

CBE 수행절차에서 제기된 개별 질문들은 다음 단계로 이동할 수 있는 관문과 같은 역할을 담당하고 있다. 개별 단계의 행동을 제대로 완수했는가와 같은 질문을 지속적으로 제기함으로써 개별 단계에서의 전체 수행 정도를 점검할 수 있다. 마찬가지로, 다음 단계로 넘어가기 위해서는 반드시 정형화된 질문에 답변을 할 수 있어야 한다. 이러한 정형화된 질문들은 "암컷 거위에 좋은 것은 수컷 거위에 좋다."라는 속담으로 설명할 수 있다. 학생의 성취를 평가하고자 할 때 형성평가방법을 사용해야 한다고 주장하면서 정작 교사 자신을 평가할 때 형성평가방법을 사용하지 않는 이유는 무엇인가?

주의사항

반드시 명심해야 할 중요한 사항을 설명하면 다음과 같다. 만약 교사가 특정 단계를 실행하지 않고 넘어가거나 혹은 제대로(혹은 정확히) 끝마치지 못했다면 주어진 질문에 답변하기가 매우 어려울 것이다. 이럴 경우, 교사는 해당 단계를 처음부터 다시 반복해야 한다(이러한 반복을 벌이 아닌 정확한 피드백으로 생각할 필요가 있다).

서연초등학교의 사례를 예로 들면, 이 학교는 자료분석 지원팀을 보유하고 있으며, 이 지원팀에서는 각 학년의 모든 교사가 한 달에 한 번 정기적으로 회의를 개최하는데, 주로 학생의 성취결과를 논의하고 필요한 중재 및 교수전략을 논의하게 된다. 교사들은 의사결정의 기본 틀로 CBE를 사용하지만 시간을 절약하고자 각각의 행동과 질문의 답변을 소홀히 하면서 의사결정을 진행하고 있다. 교사들은 보편적 선별검사의 결과만으로 학생의 문제점을 바로 확정하였고, 이러한 문제점에 적합한 중재전략을 설계하였다(결국 CBE의 2단계를 넘어가는데, 진단적 의사결정에 해당되는 2단계에서는 학생이 실제로 부족한 사전지식이나 기술은 무엇인지를 확인한다).

CBE에 대해서 해박한 지식을 갖고 있는 최 교사는 서연초등학교에 처음 부임한 교사이다. 이 교사는 CBE의 2단계를 생략한 것에 대하여 걱정하였고, 결국 학기 도중 이러한 고민을 자료분석 지원팀에 설명하였다. 자료분석 지원팀은 시간을 절약하고자 CBE의 2단계를 생략하였고, 이렇게 절약된 시간으로 인하여 더 많은 시간을 중재전략에 할애할 수 있었다고 답변하였다. 최 교사는 이러한 논리에 대해서 더 이상 반박을 하지는 않았다. 대신, 자료분석 지원팀에서 받은 올해의 회의록을 검토할 수 있었는데, 최 교사는 총 16명의 학생이 지원팀에 의뢰되었으며, 이 중 10명은 중재전략이 효과적이지 않아서 여러 차례 재논의가 이뤄졌다는 점을 확인할 수 있었다. 적합한 방법(예: 높은 중재 충실도)으로 수행된 중재전략임에도 불구하고 학생들의 학업성취는 끝내 향상되지 않았다.

서연초등학교의 지원팀은 세부적인 영역이 아닌 과목 수준에서(읽기 혹은 수학 교과의 성적이 낮음) 낮은 성취결과를 확인하였고, 이러한 결과에 기초하여 적합한 중재전략을 선택하였다. 이 팀은 2단계를 생략했기 때문에 학생의 문제가 무엇인지를 명확히 확인할 수 없었다. 결국 이 팀은 학생에게 적합한 중재전략을 사용했는지의 여부를 확인하지 못했다. 모든 학생은 읽기나 수학 교과에서 낮은 성취를 나타낼 수 있다. 하지만 모든 학생이 동일한 이유 때문에 학업의 실패를 경험하지는 않는다. 회의시간을 5분 정도 절약하고, 문제의 원인을 확인하기 위해 필요한 15~20분의 평가 시간을 절약했지만, 이후에 16명의 학생 중 10명의 학생에 대해 다시 논의하기 위해서 추가적으로 30분을 사용하였기 때문에 결론적으로 시간 절약의 효과는 없었다고 최 교사는 주장하였다. 게다가 개별 학생들에게 소요된 중재 전략의 시간은 기껏해야 한 달 정도의 기간에 불과했다. 지원팀이 수행했던 활동에 대한 평가가 부재하였고, 또한 의사결정과정이 명확하지 않았기 때문에, 지원팀은 결국 동일한 일을 여러 번 반복해야 했다.

서연초등학교에서 발생한 문제는 평가와 의사결정의 과정에서 소요되는 시간을 절약하여 더 많은 시간을 중재전략에 할애하고자 했던 과정 중에서 발생한 의도치 않은 결과였다. 교사들은 평가와 의사결정이 매우 중요한 요인임을 알고 있음에도 불구하고 결국에는 학생들의 학습을 향상시킬 수 있는 교수전략에만 초점을 맞추게 되었다. 즉, 교사들은 최소한의 시간만을 평가와 의사결정에 할애하길 원했다. 각각의 개별 활동에 필요한 정보의 양을 정확히 인지하고 정보 수집과 정보에 대한 판단을 할 수 있는 계획을 철저히 수립한다면 현명한 의사결정의 확률을 증대시킬 수 있기 때문에 좀 더 효율적으로 일을 처리할 수 있을 것이다.

이 장의 나머지 부분에서는 일반적인 CBE 수행절차에 대해서 설명하고 있다. 즉, 개별 단계를 수행하는 목적, 개별 행동에서 필요한 활동, 개별 질문이 필요한 이유에 대해서 설명하고 있다. 비록 '학생 개인'의 수준에서 이러한 설명들을 제공하고 있지만, CBE 절차는 학생 집단, 학급 단위 혹은 학년 단위에서도 유용하게 사용될 수 있음을 명심할 필요가 있다. 이 책의 4장(1단계: 사실 확인하기)에서는 이러한 활용방법을 자세히 설명하고 있다.

> **CBE 중요사항 5**
> 확실하지 않다면 가르쳐야 한다!

1단계: 사실 확인하기

1단계에서는 문제를 확인하고 검증하는 전반적인 과정을 다루고 있다. 즉, 이 단계에서는 이미 우리가 알고 있는 정보를 수집하고 요약한 결과를 바탕으로 문제점이 존재하는지를 결정하게 된다. 일반적으로 1단계에서는 두 가지 사항을 다룬다. 첫 번째 사항은 문제가 발현되고 있는 수준을 결정하는 것이다. 개별 학생의 낮은 학업성취에 초점을 맞추고 있다 하더라도 반드시 개별 학생만을 위한 중재전략을 제공하는 것이 최선의 해결방법은 아닐 수 있다. 경우에 따라서는 작은 집단, 전체 학급 혹은 전체 학년 수준에서 중재전략을 제공했을 때 더욱 효과적인 결과를 기대할 수 있다. 두 번째 사항은 학생(학생 집단)이 현재 과제를 수행하는 학습방법을 확인하고, 향후 습득해야 할 학습방법은 무엇인지를 결정하는 것이다. 이와 함께 추가적으로 현재 사용하고 학습방법과 습득해야 할 학습방법 간에 유의한 차이가 존재하고 있는지를 결정해야 한다.

행동 1-1: 학습의 문제점을 인식하기

학습에 문제점이 있는지의 여부는 다양한 정보에 의해서 확인될 수 있다. 예를 들어, 담임교사가 특정 학생이 학습내용을 '이해(getting it)'하지 못함을 인지할 수 있으며, 부모도 자신의 자녀가 학교과제를 수행하는 데 있어서 어려움이 있다는 점을 인지했다면 학교에 문의할 수 있을 것이다. 또한 보편적 선별검사를 실시하여

교과영역에서 성취기준보다 낮은 점수를 받은 학생을 선별할 수
있다. 학생의 문제점을 확인한 방법과 상관없이 인지된 모든 문제
점을 가볍게 생각해서는 안 되며 반드시 실제로 문제점이 존재하
고 있는지를 검증해야 한다. 인지되었던 모든 문제점이 완전히 확
인되지는 않을 것이다(적어도 처음에 인지된 문제점과 완전히 일치하
지는 않을 것이다). 따라서 문제점을 인지했다는 것은 어딘가에 교
사의 기대치와 학생의 성취 간의 차이가 발생한 것으로 생각해야
할 것이다.

행동 1-2: 문제점을 정의하기

교사가 학습에 문제점을 인지했다면 그다음으로 중요한 사항은
정확한 문제점이 무엇인지를 밝히기 위하여 문제가 되는 영역의
범위를 좀 더 좁혀 보는 것이다. "재윤이는 읽기교과에 어려움을
갖고 있다." 정도의 진술은 학습에 대한 문제점(행동 1-1)을 인식하
는 수준에서는 적합할 수 있지만 실제적인 문제점이 존재하고 있
는지의 여부를 검증하기 위한 자료 수집으로 충분치 않다. 현재의
단계(행동 1-2)에서는 질문이나 진술로 학습의 문제를 정의해야 한
다. 이러한 질문과 진술은 이후에 수행되는 CBE 절차에서 중요한
기초 자료로 활용될 수 있다. 모든 행동이 중요하다고 할 수 있지만
특별히 지금의 단계는 결정적인 시점(시작 단계)에서 수행되고 있
기 때문에 더욱 중요하다고 할 수 있다. 즉, 문제에 대한 정확한 정
의가 이뤄지지 않을 경우 이후에 수행될 모든 결정과 행동들은 잘
못된 결과로 귀결될 수 있다. 문제점을 정확히 정의하지 않는 실수
는 CBE를 수행하는 데 있어서 가장 빈번히 발생할 수 있는 오류 유

형에 해당된다.

행동 1-3: 기존 정보를 수집하기

1단계에서 필요한 수많은 자료들은 이미 수집이 완료된 상황일
것이다. 그렇기 때문에 더욱 중요하게 고려해야 할 일은 수집된 자
료들을 한곳에 모은 후에 의사결정 및 정보 요약에 활용될 수 있도
록 유형별로 정리하는 것이다. 관련 자료란 문제점으로 예상되는
영역(예: 읽기 이해)을 직접 검사한 결과나 혹은 문제점의 원인이 될
수 있는 잠재적인 요인(예: 표현언어와 수용언어)과 관련된 정보들일
것이다. 이 단계에서 매우 중요한 고려사항은 학생 개인이 아닌 전
체 학생(집단, 학급, 학년)에게 초점을 맞추어 관련 자료를 수집해야
한다는 점이다. 개인이 아닌 전체 학생을 대상으로 자료를 수집한
다면 학급에서 사용한 교수전략의 효과성, 교육과정의 적합성 및
기타 학업에 영향을 줄 수 있는 환경변인의 적합성 정도를 평가할
수 있을 것이다. 만약 학습자의 특성 이외의 다른 문제점의 원인을
파악하기에 충분한 자료를 갖고 있지 않다면, 결국 잘못된 가정과
결과를 도출할 수 있을 것이다. 이러한 경우 자료를 수집해야 하는
추가적인 노력과 함께 소중한 시간을 낭비할 수 있다. 또 다른 중요
한 고려사항은 수집된 자료들이 측정학적으로 적합한지의 여부를
확인하는 것이다. 신뢰도와 타당도의 증거가 없는 일부의 자료들
(예: 건강 기록, 이전 학점, 사용된 중재전략의 설명)도 유용하게 사용될
수 있지만, 개별 학생 혹은 전체 학급 및 동 학년 학생의 수행능력
을 직접 측정한 검사들은 신뢰도와 타당도의 일정 기준을 충족해
야만 한다.

행동 1-4: 정보 요약하기

수집된 데이터로는 문제의 원인과 관련된 다수의 자료, 다양한 유형의 데이터, 다양한 기준에 의한 판단 등이 포함될 수 있다. 특별히 팀 단위로 CBE 절차를 수행할 경우 팀의 일부 구성원들은 특정 정보를 더욱 중요한 정보로 판단할 수 있으며, 모든 팀의 구성원이 그 의견에 동의하지는 않을 것이다. 따라서 어떤 결정을 하고자 할 때에는 개별 학생의 특성에만 초점을 맞추기보다는 집단, 학급 전체, 학년별, 교수전략, 교육과정, 그리고 주변 환경의 특성을 전반적으로 고려할 필요가 있다. 여기서 주의해야 할 사항은 정보를 요약한 결과는 궁극적으로 이전 단계에서 제기된 문제의 정의와 일치되어야 한다는 점이다. 이러한 일치가 이뤄져야만 다음 단계에 해당되는 질문 1에 답변을 할 수 있을 것이다. 질문 1에서는 문제의 존재 여부를 확인하는 것과 함께 다른 해결방안이 필요한 잠재적인 문제점이 존재하는지의 여부를 확인하게 된다.

질문 1: 문제를 확인하였는가

질문 1은 의사결정 중 첫 번째 단계로 중요한 첫 관문의 역할을 담당하고 있다. 만약 누구나 동의 가능한 명확한 문제점을 발견하지 못했다면 교사는 매우 난처한 상황에 직면하게 된다. 질문 1에 대한 명확한 답변 혹은 일치된 답변을 찾지 못했다면 교사는 1단계에서 수행된 모든 행동을 다시 한 번 점검해 볼 필요가 있다. 의사결정이나 개별 행동에 있어서 명백한 잘못을 확인할 수 있었다면 명확한 해결책을 쉽게 찾을 수 있을 것이다. 하지만 명백한 잘못을

확인하지 못했다면, 다시 1단계의 첫 번째 행동으로 돌아가서 전반
적인 과정을 재검토할 필요가 있다(그동안 수행했던 결과와 의사결정
들을 검토해야 한다). 질문 1에 대한 명확한 답변을 찾았으며, 팀의
구성원들도 모두 동의한다면 이제 2단계(진단적 의사결정)로 넘어
갈 수 있다.

2단계: 진단적 의사결정

　2단계에서는 문제를 분석하는 과정을 수행하게 된다. 즉, 이 단
계에서는 학생의 학습을 방해하는 문제의 원인을 확인하게 된다.
전체적으로 2단계에서는 과학자가 가설을 수립하고 검증하는 것
과 같은 탐색적 활동을 수행하게 된다.

행동 2-1: 문제의 원인을 추정하기

　행동 2-1에서는 뛰어난 사고력이 필요하기 때문에 CBE 절차와
모든 문제해결과정 중에서 가장 중요한 단계로 고려할 수 있다. 이
번 행동에서 수행한 사고의 결과는 다음의 행동에 지대한 영향을
미칠 수 있다. 즉, 이번 행동에서 고안한 사고들은 다음의 행동들을
좀 더 효율적이면서 생산적으로 이끌 수도 있는 반면에, 시간만 낭
비하면서 쓸모없는 결과를 도출할 수도 있다. 1단계에서 수집된 정
보를 사용하여 학습 향상과 관련된 교육환경, 교육과정, 교수전략
혹은 학습자의 특성에 관한 가설을 만들어 볼 수 있을 것이다. 이
러한 추정된 문제의 원인(이 단계에서는 아직 문제의 원인을 명확히 확

인하지 못했기 때문에 실제 원인이 무엇인지를 알지는 못한다. 따라서 이 단계에서는 단지 추정되는 원인을 가설해 볼 수 있다)은 관찰과 측정이 가능하도록 진술되어야 한다. 만약 관찰과 측정이 불가능한 가설을 설정한다면, 남아 있는 2단계의 모든 행동들과 질문 2에 대한 답변을 찾는 것이 매우 어려울 것이다.

행동 2-2: 평가 계획하기

추가적인 정보를 수집하기에 앞서서(평가를 실시하게 된다면 교사가 교수에 사용되는 시간이 감소되기 때문에 교사는 평가에 대한 사전 계획을 수립해야 한다는 점을 명심해야 한다), 어떠한 정보를 수집해야 하는지에 대해서 알고 있어야 한다. 행동 2-2는 행동 2-1에서 추정된 문제의 원인을 질문으로 만드는 과정과 관련되어 있다. 일단 명확한 질문을 인지하고 있다면, 최선의 답변을 찾을 수 있는 방법을 좀 더 쉽게 찾을 수 있을 것이다. 평가 계획은 질문의 답변을 찾고자 할 때 도움이 되는 가이드라인의 역할을 담당하고 있다. 답변이 필요한 중요한 질문과 직접적으로 관련된 정보를 수집할 수 있도록 평가를 계획할 필요가 있다. 정보의 유형은 다른 자료에 의해서 검증이 완료된 기존 정보, 미검증된 기존 정보, 미확인된 정보로 분류될 수 있다. 이러한 정보의 유형을 활용한다면 좀 더 수월하게 평가 계획을 수립할 수 있을 것이다.

행동 2-3: (필요한 만큼) 평가하기

행동 1-3과 1-4를 통하여 이미 확인된 정보는 무엇인지를 확인할 수 있었으며, 행동 2-2에서는 아직 확인되지 않은 미지의 정보를 확인할 수 있을 것이다. 행동 1-3에서 수집된 모든 정보들이 추정된 원인을 확인하고 일반화하는 데 있어서 항상 유용한 것은 아니다. 더욱 중요한 것은 어떤 정보가 특정 과제와 관련되어 있는지를 결정하는 것이다. 추정된 문제의 원인을 검증하기 위해서 제기된 질문에 답변할 수 있을 만큼의 충분한 정보를 이미 갖고 있다면 추가적인 평가를 실시할 필요는 없을 것이다. 다만, 정보의 출처를 신뢰할 수 없거나 충실도를 확인하지 않은 정보라면 추가적으로 정보를 검증할 필요가 있다. 중요한 의사결정일수록 그만큼의 충분한 자료를 수집할 필요가 있다.

행동 2-4: 결과 요약하기

행동 1-4에서 문제점이 존재하는지를 확인하기 위하여 가능한 모든 정보를 요약하였다. 이번 행동에서는 평가를 실시하여 획득된 결과를 사용하여 평가 질문, 즉 제기된 문제의 원인이 맞는지를 확인하게 된다. 가능하다면 이번 단계에서 수집된 평가 관련 결과들을 이전에 수집된 자료와 함께 종합적으로 고려할 필요가 있을 것이며, 이러한 종합적인 결과는 다음 단계를 수행하는 데 있어서 중요한 기초 자료로 활용될 수 있을 것이다. 이번 행동 2-4에서 중요한 사항은 반드시 답변해야 하는 평가 질문과 관련된 적합한 정보를 수집해야 한다는 점이다.

질문 2: 추정된 문제의 원인을 확인하였는가

이번 질문으로 두 번째의 의사결정을 수행할 수 있다. 만약 추정된 문제의 원인을 명확히 확인할 수 없었다면 이번 단계의 일부 행동 중 어딘가에서 문제가 있었을 수 있다. 이러한 상황이 발생한다면 행동 2-1로 돌아가서 추정된 문제의 원인을 다시 검토할 필요가 있다. 문제의 원인을 확인하지 못한 이유는 무엇일까? 아마도 새로 수집된 정보를 바탕으로 기존의 추정된 문제의 원인을 변경해야만 할 수도 있다. 예를 들어, 한 학생이 읽기 이해의 어려움을 갖고 있어서 수학의 문장제 문제에 어려움이 있을 것이라고 가설했지만, 실제로 읽기 이해능력을 검사해 보니 큰 문제점을 발견하지 못할 수 있다. 이럴 경우에는 다른 가설을 설정해야 하며, 이를 검증하기 위해서 행동 1-4로 돌아가서 수집한 정보를 다시 요약해야 할 것이다.

3단계: 형성적 의사결정

3단계에서는 문제해결에 초점을 맞추고 있다. 이번 단계의 내용은 교사들이 가장 관심을 가질 수 있는 영역일 것이다. 왜냐하면 학생들에게 도움을 줄 수 있는 교수전략을 처음 실시하는 단계이기 때문이다. 이번 단계에서는 학업성취를 향상시킬 수 있는 교수전략 혹은 중재전략을 제공하며, 제공된 교수전략 혹은 중재전략이 실제로 효과적인지의 여부를 평가하게 된다. 사전에 해결방법을 선택하고 개발할 수 있는 충분한 계획을 수립했다면 낭비되는 시간을 절약할 수 있을 것이다. 하지만 일부 교사들의 경우 이러한 충분한 사전계획 없이 곧바로 해결방법만을 찾으려는 오류를 범하고 있다.

행동 3-1: 목표 작성하기

이번 행동은 교수전략을 설계하고 사용하는 데 있어서 가장 간과되고 있는 과정일 것이다. 문제해결을 위한 노력을 하면서 현재 수준에 대한 명확한 이해와 도달하고자 하는 명확한 목표를 제대로 파악하지 못할 수 있다. 즉, 학생의 현재 수행수준에 대한 진술을 중요하게 고려하지 않는다. 학생의 현재 수행수준을 진술하고자 할 때에는 현재 학생이 능숙하게 잘할 수 있는 영역과 함께 학생이 어려움을 경험하는 교과의 수행수준을 포함해야 한다. 이처럼 목표를 진술할 때 학생의 강점과 약점을 모두 포함시키는 것은 매우 중요하다. 목표는 도달해야 할 최종 수행수준 혹은 중재전략이 성공이라고 판단할 수 있는 준거로 진술되어야 한다. 이번 행동을 계획하고자 할 때 이러한 사항들은 중요하게 고려되어야 한다.

행동 3-2: 교수전략 설계하기

너무도 당연한 사실이지만, 교사는 학생을 가르치기에 앞서서 교육내용과 교육방법에 대한 계획을 철저히 수립할 필요가 있다. CBE 수행절차에서 특정 영역에 어려움을 갖고 있는 학생을 가르치고자 할 때 효과성이 검증된 증거기반 중재전략(evidence based practice)을 선택하는 것은 매우 중요하다. 하지만 연구결과에 의해서 효과성을 충분히 검증한 교수전략이나 프로그램을 사용하더라도 여전히 많은 사항을 추가적으로 고려해야 한다. 예를 들어, 중재 전략의 강도, 기간, 교수 집단의 규모, 혹은 다른 일정 등이 고려될 필요가 있다. 특정 학생의 교육적 요구를 고려하지 않을 경우에는 예상했던 교수전략의 효과를 기대하기는 어려울 것이다.

행동 3-3: 교수전략 수행하기

교육의 목적은 결국 가르치는 것이다. 지금의 단계에서는 교수전 략을 학생에게 직접 제공하게 된다. 이제 가르치는 것은 교사의 몫 이며, 이와 함께 교수전략의 충실도를 점검할 필요가 있다. 교수전 략을 정확하게 수행하지 않는다면 최선의 결과를 기대할 수 없다.

행동 3-4: 진전도 모니터링하기

중재전략의 효과성을 평가하기 위하여 모든 중재전략을 수행한 이후에 마지막 단계에서 학생의 성취를 평가하는 것은 바람직하지 않다. 대신, 교수전략/중재전략을 제공하는 과정에서 지속적으로 학생들의 진전도를 모니터링하는 것이 중요하다. 진전도를 평가하 고자 할 때에는 표준화검사의 결과를 사용해야 한다. 표준화검사 란 양호한 신뢰도와 타당도를 확보하고 있으며, 검사지 간의 안정 성(혹은 동형 검사)이 검증된 검사도구를 말한다. 이러한 방법을 사 용함으로써 학생의 수행수준을 다른 학생들과 비교할 수 있으며, 학생의 진전도가 부족할 경우에 교사는 지체 없이 문제점을 인지 할 수 있다. 이번 행동의 결과를 바탕으로 3단계의 최종 질문에 답 변할 수 있을 것이다.

질문 3: 중재전략은 효과적인가

　　수집된 다양한 정보를 바탕으로 이번 질문에 답변할 수 있을 것이다. 만약 앞서서 충분한 사전 준비를 했다면 필요한 모든 정보를 이미 수집했을 것이며 질문에 대한 답변도 쉽게 찾을 수 있을 것이다. 이 질문은 이미 수집한 정보와 사전에 설정한 준거 간의 비교를 통하여 답변될 수 있다. 만약 학생이 일정한 성취수준에 도달했거나 그 이상의 성취를 획득했다면 성공을 자축하면서 다음의 도전 단계로 넘어갈 수 있을 것이다. 하지만 학생이 일정한 성취준거에 도달하지 못할 경우, 이전의 단계로 돌아가서 기존에 수집된 정보를 다시 검토해야 하며, 최종적으로 필요한 행동이 무엇인지를 확인해야 할 것이다. 3단계 질문에서 "네, 그렇습니다."라는 답변을 얻을 때까지 이러한 일련의 반복된 과정을 지속해야 한다.

문제해결방안

　　모든 CBE 절차를 수행했음에도 불구하고 여전히 학생이 목표에 도달하지 못할 경우(예: 질문 3의 답변이 "아니요"인 경우), CBE 절차 중 어딘가에 문제가 있는 것으로 추정해 볼 수 있다. 이러한 상황에 직면할 경우, 절망감과 함께 패배감에 빠져 있기보다는, 문제해결 역량(problem-solving prowess)의 기지를 발휘하여 교사가 사용한 교수전략과 학생의 현행 수준 간에 불일치가 존재했던 단계들을 필수적으로 다시 점검해 봐야 한다. 무조건 첫 번째 단계로 돌아가서 모든 과정을 다시 반복하는 것은 비효율적인 방법일 것이다. 그

보다는 현재 위치한 단계부터 역순으로 검토하는 것이 더욱 효율
적인 방법이다. 또한 모든 개별 단계를 다시 검토하기보다는 문제
가 발생하기 쉬운 주요 5단계를 검토하는 것도 효과적일 수 있다.
CBE의 문제해결을 위한 다섯 가지 점검사항은 다음과 같다.

점검사항 A

재점검이 필요한 첫 번째 사항은 진전도 모니터링과 관련되어
있다. 검사 실시의 충실도(fidelity)를 확보한 상황에서 학생의 진전
도를 모니터링했는지를 확인할 필요가 있다. 표준화된 방법으로
검사를 실시하지 않았다면, 학생들의 학업성취 결과도 달라질 수
있다. 정확하게 검사를 실시했다고 확신할 수 있다면, 그다음으로
교수전략/중재전략의 효과성을 평가하고 학생들의 진전도를 측정
할 수 있는 적합한 검사방법을 사용했는지를 점검할 필요가 있다.
적합한 검사방법을 확인한 이후에는 적합한 학습내용(기술)을 모
니터링했는지를 추가적으로 점검해야 한다. 행동 3-4의 전체 내
용을 재검토했음에도 불구하고 여전히 문제점을 파악할 수 없었다
면, 그다음 단계인 점검사항 B로 넘어가야 한다.

점검사항 B

다음 점검사항은 행동 3-3(교수전략/중재전략 수행하기)을 점검
하는 것이다. 진전도 모니터링과 마찬가지로, 교사가 정해진 타당
한 방법으로 중재전략을 수행했는지 점검할 필요가 있다. 중재전
략을 수행하면서 자기점검자료와 관찰자료를 함께 수집했다면 점

검사항 B를 좀 더 쉽게 확인할 수 있을 것이다. 만약 교수전략/중재 전략을 제대로 수행하여 문제점을 발견할 수 없었다면 그다음 단계 인 점검사항 C로 넘어갈 수 있다.

점검사항 C

이번 점검사항은 행동 3-2(사용하게 될 교수전략/중재전략 설계하 기)와 관련되어 있다. 사용된 중재전략의 강도가 기대했던 학업성 취의 결과를 얻는 데 충분했는지의 여부를 점검해 볼 필요가 있다. 중재전략의 다양한 특성을 조정하여 중재전략의 강도를 (의도적으 로 혹은 자연스럽게) 증가 혹은 감소시킬 수 있다. 또한 교사가 학생 의 필요에 적합한 중재전략을 사용했는지의 여부를 검토해 볼 필 요가 있다. 교사가 사용한 중재전략이 학생의 요구와 일치하지 않 는다면 아무리 잘 설계된 중재전략을 사용하더라도 성공을 장담하 기는 어려울 것이다. 교수전략/중재전략을 올바르게 설계하여 사 용한 것으로 확신할 수 있다면, 그다음 단계인 점검사항 D로 넘어 갈 수 있다.

점검사항 D

이번 점검사항은 행동 2-1(문제의 원인을 추정하기)과 관련되어 있다. 잘 설계된 교수전략/중재전략을 사용하였고, 적합한 방법으 로 모니터링을 수행했음에도 불구하고 여전히 문제점이 해결되지 않았다면 아마도 학생의 요구를 정확히 파악하지 못한 문제점이 있을 수 있다. 문제의 원인을 잘못 판단하는 오류는 충분히 발생할 수 있으며, 그로 인하여 학생의 요구와 불일치하는 교수전략을 제공할 수 있다. 학생이 충분한 사전지식을 갖고 있지 않다면, 이후에 수행되는 교육에서 어려움을 경험하게 될 것이다. 만약 예측된 원인을 정확히 검증하였음에도 불구하고 여전히 문제가 해결되지 않았다면, 다음 단계인 점검사항 E로 넘어갈 수 있다.

점검사항 E

행동 1-2(문제점을 정의하기)는 문제해결을 위한 마지막 점검사항이다. 충분한 해결방안을 찾지 못하고 지금의 단계에 도달했다면 CBE 수행절차 중 무엇인가가 심각하게 잘못된 것이다. 교사는 이러한 결과에 크게 실망할 것이다. 하지만 새로운 정보를 검토함으로써 이전의 추측과 가설에서 고려되지 않은 새로운 문제해결방안을 찾을 수 있다. 또한 이전에 인지하지 못했던 교수전략/중재전략의 설계와 실행에 관한 새로운 정보를 얻을 수 있다. 예를 들어, 학생이 프로그램에 반응한 다양한 결과나 실제 교육현장에서 프로그램을 수행하는 방법을 새롭게 알 수 있었을 것이다. 현재의 단계까지 돌아왔다면 이제는 모든 의사결정과 수집된 모든 정보들을 재평가하고 재검토해 볼 필요가 있다. 이미 이러한 경험을 갖고 있는 사람은 이러한 과정들이 얼마나 고통스러운지 잘 알고 있을 것이다. 따라서 새로운 한두 명의 전문가를 영입하여 '새로운 시선'으로 문제점을 검토하는 것을 추천하고 싶다. 이 단계에서 경험하게 되는 어려움은 정보습득 및 중재전략과 관련되어 있다고 보기보다는 오히려 문제는 무엇이며 문제의 해결방안은 무엇인지와 같은 근본적인 질문들과 관련되어 있다.

이 책의 나머지 부분

이 책의 나머지 부분은 CBE 수행절차를 자세히 설명하고 있다. 세부적인 개별 행동과 함께 CBE 절차를 수행하는 데 있어서 도움이 되는 문서 양식 혹은 양식의 가이드라인도 함께 제공하고 있다.

CHAPTER **04**

CBE 1단계 과정
-사실 확인하기-

제1장에서 설명한 것처럼, 이 책에서는 의사결정과정과 이와 관련된 세부적인 행동을 설명하고 있다. 교육분야에서 의사결정은 매우 중요하다. 교육자들은 수많은 의사결정을 지속적으로 수행해야 한다. 상당수의 교사들은 즉각적인 직관에 의해서 충동적인 의사결정을 실시하기도 하지만 또 다른 교사들은 좀 더 신중한 절차를 바탕으로 자신의 의사결정을 수행할 것이다. 교실에서 가위를 막 던지려고 하는 학생을 저지하고자 하는 의사결정은 추가적인 정보(그 학생의 동기는 무엇인가?)가 필요한 의사결정과 동일하지 않을 것이다. 일대일로 개별 학생을 지도하는 과정에서 학생이 "저는 선생님의 설명을 이해할 수 없어요."라고 말한다면, 즉각적으로 다시 반복하여 설명할 필요가 있으며, 설명이나 예를 추가적으로 제공해야 한다고 결정할 것이다. 이러한 예에서도 교수전략과 관련된 의사결정(혹은 교수전략의 영향력 혹은 결과를 판단하는 의사결정)을 사용했지만, 이러한 의사결정은 무거운 교육의 책무성을 위해 수행하는 의사결정과는 다른 차이점을 갖고 있다. 즉각적인 판단만으로 쉽게 문제해결이 가능하다면 CBE와 같은 체계적인 평가 절차를 사용할 필요는 없을 것이다. 하지만 교육의 책무성과 관련된 판단을 하고자 할 때에는 CBE 절차와 같은 체계적인 절차를 반드시 사용해야 한다.

> **CBE 중요사항 6**
> 책무성이 높은 의사결정을 해야 한다면 CBE 절차를 수행할 필요가 있다.

1단계 목적: 사실 확인하기

만약 당신이 탐정영화나 법률 혹은 의학 드라마, 국회의 조사 (congressional investigation)과정을 시청한 경험이 있다면, 사실을 확인하는 것이 얼마나 중요한지를 잘 알고 있을 것이다. 어느 분야에서든 의사결정을 실시할 때 새로운 정보를 수집하기에 앞서서 '우리가 이미 알고 있는' 정보를 요약하고 수집하는 작업이 매우 중요하다. 이러한 과정을 소홀히 여긴다면 이미 알고 있는 정보를 다시 수집하느라 소중한 시간을 낭비할 수 있다. 이러한 상황은 여름휴가를 준비하면서 차의 엔진오일을 확인하지 않고 새로운 엔진오일을 교체하거나 기름의 양을 확인하지 않고 다시 기름을 채우는 행위와 같을 것이다. 동일한 행동을 반복적으로 수행하느라 소비한 시간을 줄이고, 추가로 확보한 시간을 좀 더 빠른 지름길을 찾거나 짐을 싸는 활동에 사용하게 했다며 시간을 좀 더 가치 있게 활용할 수 있었을 것이다.

의학분야에서 범하는 대부분의 오류는 치료방법이나 치료 실행과정상의 결점이기보다는 사고의 결점(flaws in thinking)에 기인하는 경우가 많다(Groopman, 2007). 의학분야에서는 체크리스트와 구조화된 의사결정모형을 충분히 갖추고 있기 때문에 일반적으로 높은 충실도(fidelity)를 기반으로 하여 환자를 치료할 수 있다. 하지만 의사가 병의 예후와 관련된 초기 증상을 놓치거나 다른 가능성을 배제하지 못했다면, 의사가 제공한 치료법은 환자에게 적합하지 않을 것이며, 결국에는 원하는 성과를 기대하기는 어려울 것이다. 항생제는 박테리아에 감염되었을 경우 매우 효과적인 치료방법(항생제는 종류에 따라 서로 다른 효능을 갖고 있음)이다. 하지만 바이러스에 의해서 감염되었을 경우 항생제를 사용하는 것은 효과적이지 않다. 바이러스에 의한 감염인지 혹은 박테리아에 의한 감염인지를 확인할 수 있는 검사방법은 이미 존재한다. 하지만 검사 비용이 비싸며, 추가적인 시간이 소요된다는 이유로 대부분의 의사들은 해당 검사를 실시하지 않고, 박테리아에 의한 감염이라는 가정하에 항생제를 처방하게 된다. 항생제는 바이러스 감염을 치료하는데 있어서 아무런 효과가 없으며, 의도하지는 않았지만 부작용으로 효과적인 약물치료에도 강력한 내성을 지닌 박테리아만을 증식시킬 수 있다.

　교육분야는 의학분야와는 조금은 다른 상황일 것이다. 잘못 설정한 교육목표에 기반을 두어 교수전략을 계획하고 무분별하게 적용하더라도 읽기 문제의 내성(저항성)이 더욱 악화되지는 않을 것이다. 그러나 우리의 시간과 자원은 마찬가지로 매우 귀중하고 한정되어 있다. 교육자들도 교육내용과 교수방법을 결정하고자 할 때 효율적인 방법으로 의사결정을 수행할 필요가 있다. 의학분야에서 경험했던 '사고의 오류(thinking errors)'는 교육분야에서도 나타날 수 있다(제2장에서 '현명한 판단을 저해하는 위험요인'을 참조하기 바란다). CBE와 같은 구조화된 의사결정체계를 사용함으로써 더 나은 결론에 도달할 수 있을 것이다. 하지만 궁극적으로 더욱 중요한 것은 의사결정과정을 수행하는 사고의 수준이며, 이러한 수준에 의해서 교육의 성과도 결정될 것이다. 이러한 의사결정과정의 첫 번째 단계는 먼저 학습의 문제점을 인식하는 것이며, 문제점의 유무를 확인할 때까지 관련된 일련의 행동들을 지속적으로 수행해야 한다([그림 4-1] 참조).

[그림 4-1] CBE 1단계: 사실 확인하기

행동 1-1: 학습의 문제점을 인식하기

다양한 교육을 통해서 성취할 수 있는 가장 핵심적인 결과를 학습으로 정의할 수 있을 것이다. 또한 학생은 '평생교육의 학습자(lifelong learners)'로 교육받아야 한다는 강력한 사회적 가치가 존재하고 있다. 교육자로서 우리는 지속적으로 새로운 것을 배워야 하며 새로운 지식을 교육현장에서 접목시킬 수 있는 자세를 갖춰야 할 것이다. 필연적으로 오늘날 우리가 배우고 있는 지식은 이전에 배웠던 지식에 의해서 영향을 받게 된다. 이러한 현상은 이로울 수도 있지만(예: 우리는 알파벳의 원칙과 뛰어난 음운인식기술을 갖고 있기 때문에 글을 유창하게 읽을 수 있다), 또 다른 상황에서는 문제의 원인이 되기도 한다. 사전지식은 학습을 이끌 수 있는 중요한 원동력이 되며 향후 학업성취를 예측할 수 있는 뛰어난 예측변인이지만 경우에 따라서 사전지식은 학습의 방해 요인이 될 수 있다.

이전의 사전지식이 방해 요인이 되는 현상을 '토마토효과(tomato effect)'라고 한다. 토마토효과란 이전의 잘못된 사전지식으로 인하여 효과적인 처치방법을 거부하는 현상을 말한다(Goodwin & Goodwin, 1984). 이러한 현상을 토마토효과라고 부르는 이유는 유럽의 탐험가들이 새로운 땅에서 토마토를 발견했을 때, 토마토를 독성이 있는 과일로 오인하여 식용이 불가능한 가짓과 식물(nightshade)로 판단하였다. 가짓과 식물은 독성이 있을 것이라는 잘못된 가정을 하였으며, 이러한 잘못된 정보는 토마토를 섭취하여도 병에 걸리지 않는다는 사실을 발견하기 전까지 매우 오랜 기간 동안 전해져 내려왔다. 제2장에서는 학습의 문제점을 정확히 확인하고 효과적인 중재전략을 제공하고자 할 때 자주 발생할 수 있는 방해 요인을 자세히 설명하였다. 실제로 교육현장에서는 다양한 방해 요인이 공존하고 있으며, 높거나 낮은 빈도의 방해 요인들이 존재하고 있다. 그렇기 때문에 우선적으로 교사는 자기성찰을 통하여 자신의 사고를 재차 점검할 필요가 있다. 즉, 어떠한 과제와 시점에서 자신의 사고가 현명한 의사결정을 수행하는 데 있어서 방해 요인으로 작용하는지를 인지할 필요가 있다.

이전에 설명한 것처럼, 쉽게 인지할 수 있는 문제나 직관적인 해결방안으로 해결이 가능한 문제점이라면 복잡한 CBE 절차를 수행하지 않아도 문제점을 해결할 수 있을 것이다. 예를 들어, 한 학생이 칠판에 있는 글을 읽을 때 사시처럼 눈을 가늘게 뜨고 응시한다면, 교사는 학생의 시력을 측정해야 하며 학생의 시력이 좋지 않을 경우 학생의 시력을 교정하기 위해서 안경을 착용할 수 있도록 도와줄 수 있을 것이다. 이러한 예는 간결성의 법칙(rule of parsimony)에 해당된다.

추정된 문제의 원인을 검증하고자 할 때 언급되는 간결성의 법칙은 2단계(진단적 의사결정)에서 좀 더 자세히 설명될 것이다. 대신, 지금의 논의에서는 간결성의 법칙을 다음과 같은 점을 강조하기 위해서 사용하였다. 즉,

> **CBE 중요사항 7**
> 간단한 문제를 복잡한 방법으로 해결할 필요는 없다!

학생의 문제점을 해결하기 위해 CBE를 처음 사용하고자 할 때에는 우선적으로 문제해결을 위한 다양한 교수적 노력을 기울여야 하며, 낮은 학업성취를 증명할 수 있는 중요한 증거들을 갖고 있어야 한다. 낮은 학업성취의 원인을 확인하는 과정은 효과적인 교수전략의 한 부분이며, 이러한 과정을 형성평가(formative assessment)로 명명하기도 한다. 교사는 개별 학생(혹은 학생 집단)의 요구에 적합한 교육을 제공하기 위하여 **차별화**된 교수전략을 제공해야 한다.

학습의 문제점은 다양한 자료들을 통해서 확인될 수 있다. 먼저, 담임교사는 학생과 상호작용하면서 학습의 문제점을 인식할 수 있다. 혹은 다른 교사들이 학생의 문제점을 담임교사에게 언급할 수도 있다. 경우에 따라서는 학생 본인 혹은 학생의 부모가 학습의 문제점을 표명할 수도 있을 것이다. 이처럼 다양한 방법으로 학생의 문제점을 인식할 수 있음을 아는 것은 매우 중요하다. 왜냐하면 CBE 절차를 수행하는 과정에서 이러한 다양한 정보들은 매우 유용하게 활용될 수 있기 때문이다. 예를 들어, 이러한 다양한 정보들은 학습의 문제가 발현되는 상황적 조건, 학습에 영향을 미칠 수 있는

다른 상황적 조건, 혹은 학생의 학업성취에 대한 다른 기대치와 인식이 필요할 때 유용하게 활용될 수 있다.

문제점이 존재하는지의 여부는 가능한 빠른 시기에 결정해야 한다. 현재 단계에서는 학생의 문제점을 구체적으로 검증할 필요가 없으며, 대신 브레인스토밍을 통해 모든 가능성을 서로 공유하고 검토해 볼 수 있다. 학업의 문제점에 관한 모든 사항들을 검토해 봐야 할 것이다. 사실 확인 단계에서 언급된 문제점들은 다음과 같은 이유로 쉽게 해결될 수 있다.

- 문제점은 기대나 지각의 차이로 인식될 수 있으며, 이러한 차이를 실제로 검증하면 문제점이 아닐 수 있다.
- 학습의 문제점은 처음 생각한 것보다 복잡하지 않을 수 있다 (그렇기 때문에 간단한 해결방안을 찾을 수 있다).
- 잘못된 정보나 개념 때문에 문제점을 잘못 파악할 수 있다.

이러한 이유 때문에 CBE를 사용해야 하는 상황에서는 언제나 CBE의 1단계를 사용하여 실제로 다음 단계가 필요한지 혹은 필요 없는지를 결정해야 한다. 학생 개인 혹은 학생 집단이 갖고 있는 학습의 문제점을 확인했다면, 다음으로 학습의 문제점을 명확히 정의할 필요가 있다.

행동 1-2: 문제점을 정의하기

학습의 문제점을 정의하는 행동 1-2의 결과는 나머지 CBE 1단계의 행동을 수행할 때 중요한 기초 자료로 활용되기 때문에 좀 더 신중하게 수행할 필요가 있다. 즉, 이번 행동을 잘못 수행하여 현명한 판단을 하지 못했다면, 이후에 수행되는 모든 활동은 실질적으로 학습의 문제점과 무관한 행동이 될 수 있다.

문제점을 정확히 정의하기 위해서는 먼저 개별 학생수준, 학급수준, 학년수준, 혹은 특정 집단에서 특정 문제점을 공유하고 있는지의 여부를 확인할 필요가 있다. 이러한 확인이 특별히 중요한 이유는 다음과 같은 문제를 사전에 예방할 수 있기 때문이다. 예를 들어, 만약 전교생이 경험하고 있는 공통적인 학습의 문제점을 특정 개인의 고유한 문제로만 잘못 파악하여 개별 학생에게만 교육적 지원을 하게 된다면, 나머지 학생들은 여전히 적합한 교육을 받지 못하는 문제가 발생할 수 있다. 이러한 상황에서는 개별 학생이 아닌 모든 학생을 대상으로 교육적 지원을 제공하는 방법이 적합할 것이다. 반 전체 20명의 학생 중 5명의 학생만이 좀 더 강력한 읽기 중재전략을 필요로 하는 상황에서, 5명의 학생을 모두 개별적으로 지도하는 것은 타당한 방법이 아닐 것이다. 대신 5명의 학생을 작은 규모의 한 집단으로 구성한다면 협력학습의 체계를 구축하면서 동일한 중재전략을 여러 번 사용하는 수고로움(5회의 중재전략을 사용하는 수고로움)을 줄일 수 있으며, 좀 더 다양한 교육기회를 제공할 수 있을 것이다. 또한 개인보다 소규모 집단에게 적합한 효과적인 교수전략을 사용해 볼 수도 있다.

교사는 일정 수준의 성취기준에 도달하지 못한 결과를 바탕으로 학생의 문제점을 처음으로 인식할 수 있을 것이다. 학생 개인이 갖고 있는 문제점은 학급, 학년 혹은 일부 학생 집단이 공유하고 있는

CBE 중요사항 8
문제점이 어디에 있는지 확인하기!

문제점과는 달라야 한다. 이러한 점을 확인해야만 개별 학생에게 적합한 중재전략을 결정할 수 있을 것이다. 이러한 결정을 위해서는 다음과 같은 정보들이 필요하다.

- 의사결정 목적에 적합한 정보를 확보해야 한다.
- 해당 학년의 모든 학생을 대상으로 정보를 수집해야 한다.
- 신뢰도와 타당도를 갖춘 자료를 확보해야 한다.

의사결정의 목적과 일치하는 정보를 수집해야 한다. 예를 들어, 읽기교과에서 의사결정을 하고자 할 때에는 읽기 관련 정보만을 수집해야 할 것이다. 읽기교과의 의사결정에서 수학 관련 자료를 수집하는 것은 의미 없는 행동에 불과할 것이다. 또한 이 책에서는 해당 학년에 소속된 모든 학생들의 정보를 수집하도록 권장하고 있다. 그 첫 번째 이유는 학년 수준이 개별 학생들의 학업성취를 비교할 수 있는 기본적인 평가 준거로 활용되기 때문이다. 이러한 이유로 교사는 우선적으로 학년 수준의 성취에 초점을 맞춰야 한다. 두 번째 이유는 올바른 의사결정을 위하여 모든 학생의 정보가 필요하기 때문이다. 모든 동 학년 학생의 정보를 확보하지 못했다면, 결국 의사결정에 필요한 정보를 충분히 확보하지 못한 것으로 판단할 수 있다. 이러한 이유들 때문에 모든 학생들의 정보를 수집할 필요가 있다. 충분한 정보를 갖고 있지 않다면 결국 현명한 판단을 수행하기는 어려울 것이다. 정보 수집과정에서 사용한 검사도구는 반드시 측정학적으로 적합해야 한다(즉, 신뢰도와 타당도의 준거를 충족해야 한다). 신뢰도와 타당도에 관한 이슈는 이 책의 여러 부분에서 지속적으로 설명되고 있기 때문에 독자들은 신뢰도와 타당도에 대한 명확한 개념을 이해할 필요가 있다. 현 단계의 목적은 학생 개인의 자료부터 학급 전체 혹은 학년 전체의 자료를 수집하는 것이다. 만약 동일한 검사지나 일관된 절차로 정보를 수집하지 않았다면 검사결과를 서로 비교할 수 없으며 잘못 해석할 수 있기 때문에 잘못된 의사결정으로 귀결될 수 있다. 이러한 이유로 우수한 보편적 선별(universal screening)검사와 교육적으로 유용한 성취평가(outcome assessment)를 사용할 필요가 있다. 이러한 방법을 잘 사용하면 다음과 같은 두 가지 유형의 정보를 얻을 수 있다. 첫 번째 유형은 서로 다른 자료를 하나로 통합할 수 있는 정보이며, 두 번째 유형은 좀 더 폭넓은 의사결정을 위한 목적으로 활용 가능한 정보

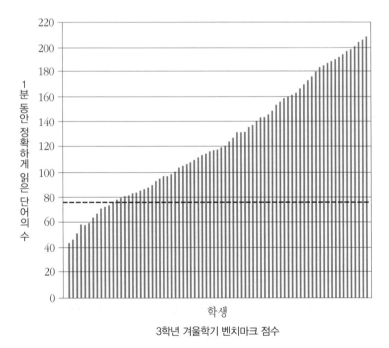

[그림 4-2] 우수한 성취 결과를 나타내는 학년 수준의 보편적 선별검사 데이터

이다. 단, 신뢰도와 타당도를 증명할 수 없는 자료는 제외되어야 한다. 신뢰도와 타당도가 검증되지 않은 자료를 사용하면 문제만 가중될 뿐이다. 따라서 이번 단계에서는 항상 보편적 선별 검사나 성취도평가(outcome assessment)의 결과만을 활용해야 한다. 먼저, 학년 수준의 문제점 유무를 확인할 수 있는 방법을 설명하면 다음과 같다.

[그림 4-2]는 한 학교에 소속된 동 학년 4학급의 보편적 선별검사의 결과를 보여 주고 있다. 이 그림에서는 막대그래프(컴퓨터의 엑셀 프로그램이나 다른 프로그램을 이용하여 막대그래프를 손쉽게 작성할 수 있다)를 사용하고 있다. 개별 막대그래프는 가장 낮은 학생의 점수부터 가장 높은 점수의 순서로 정렬되어 있다(만약 필요하다면 가장 높은 점수에서 가장 낮은 점수 순으로 자료를 재정렬할 수도 있다). 이 그림에서는 겨울학기 선별검사인 3학년 구두지문읽기(oral passage reading)검사의 결과를 제공하고 있다. 그림에서 제시된 수평선은 학업성취를 판단할 수 있는 준거점수를 의미한다(이 그림에서는 1분 동안 정확하게 읽은 77개의 단어가 성취준거점수에 해당된다). [그림 4-2]에서 볼 수 있듯이 대부분의 학생들은(대략 86%) **성취준거**점수 이상의 점수를 획득하고 있다. RTI나 MTSS 모형에서는 최소한 80% 이상의 학생이 성취준거점수에 도달한 경우에만 해당 학년에서 '건강한(healthy)' 학업성취가 이뤄졌다고 평가한다. 이러한 성취준거를 적용한다면 지금의 예시는 학업성취가 우수한 것으로 평가할 수 있을 것이다. 또한 지금의 예시에서는 86% 이상의 학생들이 성취준거점수 이상을 획득했기 때문에 학년 수준에서 특정한 학업의 문제점은 없는 것으로 추정할 수 있을 것이다. 반대로 성취준거점수 이상을 받은 학생의 비율이 80% 미만이라면 학년 수준에

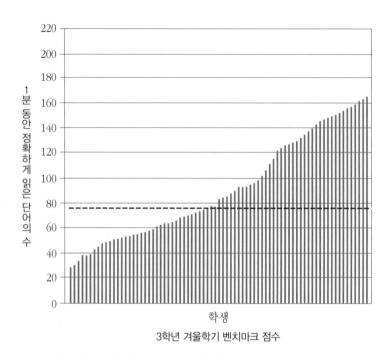

[그림 4-3] 의문스러운 성취결과를 나타내는 학년 수준의 보편적 선별검사 자료

서 심각한 학업의 문제점이 존재하는 것으로 가정해 볼 수 있을 것이다.

[그림 4-3]은 조금 다른 결과를 보여 주고 있다. 그림에서 단지 53%의 학생들만이 성취준거점수 이상을 획득하였다. 이러한 결과를 바탕으로 학년 수준에서 문제가 있을 수 있음을 추정해 볼 수 있다. 예를 들어, 교육과정상의 문제, 읽기 수업시간을 충분히 배정하지 않은 학교 시간표의 문제점, 혹은 빈번히 수업을 방해하는 문제점이 있을 수 있다. 실제로 학교 수준 혹은 학년 수준과 관련된 수많은 문제점이 있을 수 있으며, 이러한 문제점을 개선할 필요가 있을 것이다. 이와 함께 학급 수준의 자료를 좀 더 면밀히 검토해

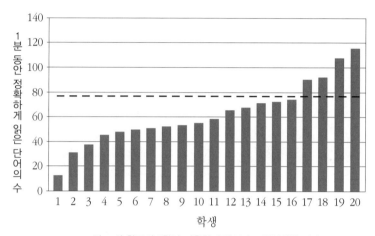

박 교사 학급의 3학년 겨울학기 벤치마크 학업성취 결과

[그림 4-4] 낮은 학업성취를 나타내는 학급 수준의 보편적 선별검사 자료

볼 수 있는 기회를 가져야 한다.

여기서는 박 교사의 학급자료를 살펴보려고 한다([그림 4-4] 참조). 박 교사는 4번 학생의 학업성적을 걱정하고 있다. 4번 학생은 학급에서 가장 낮은 학업성취를 나타내는 학생은 아니며, 학급 대부분의 학생들이 학업성취 준거에 도달하지 못했다(단지 20%의 학생만이 성취준거점수 이상을 획득함). 20%는 53%(동 학년의 전체 결과)보다 훨씬 낮은 수치이기 때문에 이러한 결과를 바탕으로 학급 수준의 문제가 존재하는 것으로 추정해 볼 수 있다. 또한 각 학급별로 이러한 수치를 조사해야 한다.

해당 학년의 학급별 검사결과에서([그림 4-5]), 학급별 차이를 확인할 수 있었다. 학급별로 쌍으로 제시된 막대그래프에서 첫 번째 막대그래프는 가을학기에 실시된 선별검사의 결과를 표시하고 있다. 각 학급에서 성취준거점수 이상을 받은 학생 비율은 대략 20%

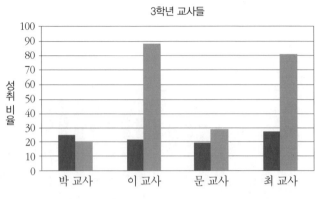

[그림 4-5] 학급별 보편적 선별검사결과

정도였다. 겨울학기의 선별검사결과를 함께 검토해 보면, 두 학급
에서는 여전히 가을학기에서도 큰 차이가 없었지만, 나머지 두 학
급에서는 큰 변화가 있었다. 큰 변화가 없었던 두 학급의 학생들은
평균적으로 양호한 진전도를 나타내고 있었지만, 여전히 뒤처진
결과였다. 다른 나머지 두 학급의 학생은 매우 뛰어난 진전도를 나
타내고 있었으며, 각 학급에서 10명 이상의 학생들은 가을학기에
서는 성취준거에 도달하지 못했지만 겨울학기에서는 성취준거에
도달한 것으로 나타났다. 모든 학급의 교사들은 학생들의 이러한
결과를 기대할 것이다.

이러한 데이터를 조사함으로써 학급 수준의 문제점이 존재하여
특정한 교육적 지원이 필요한지의 여부를 결정할 수 있다. 박 교사
학급의 4번 학생은 학급 수준에서는 평균 정도의 학업성취를 나타
냈지만 여전히 성취준거에 도달하지 못한 학생이었다. 현재의 상황
에서는 **학급 수준에서** 중재전략을 제공하는 것이 최선의 방법일 것
이다. 학급 전체 학생들의 충분한 학업성취를 확인할 수 있어야만
저성취 학생에게 필요한 추가적인 교육적 지원을 결정할 수 있다.

데이터를 검토하여 결정할 수 있는 또 다른 사항은 특정 학생 집단(다른 수준의 중재전략을 필요로 하는 특정 집단)별로 검사결과를 분석하는 것이었다. 예를 들어, [그림 4-6]은 모국어가 영어가 아닌 집단(English Language Learners: ELLs)과 모국어가 영어인 집단(Non-ELLs)별로 검사결과를 구분하여 제공하고 있다. 이 그림에서 보면 Non-ELL 학생들은 우수한 학업성취를 나타내고 있었지만, 이와 달리 ELL 학생들은 그들에게 필요한 적합한 교육을 받지 못한 것으로 추정해 볼 수 있다. 따라서 ELL 학생들에게는 구두읽기 능력을 향상시킬 수 있는 추가적인 읽기 중재전략을 제공해야 할 것이다. 또한 학생의 모국어를 지원하여 잠재된 읽기능력을 개발하고, 모국어와 영어의 연관성을 이해할 수 있는 기회를 제공할 필요가 있다.

이 책의 나머지 부분에서는 주로 학생 개인의 수준에서 학습문제를 다루고 있다. 실제로 교사는 학생 개인 수준의 문제를 가장

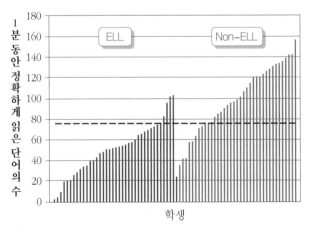

[그림 4-6] 하위집단 간 성취결과를 비교하기 위해서 제시된 보편적 선별검사자료

많이 경험하게 된다. 하지만 주된 학습의 문제가 학생 개인 수준 이외의 다른 수준에서 발생하고 있다면 해당 수준에 적합한 해결 방법이나 중재전략인지의 여부를 확인할 필요가 있다. 이와 관련된 다수의 예를 이 책에서 제공할 것이다. 본질적으로 CBE 절차는 교육자들이 수행하고 있는 기존의 의사결정과정과 동일하지만 한 가지 특히 강조되는 사항은 교수적 수준(전체 학급에 영향을 줄 수 있는 교육과정이나 교수전략을 변경하는 것)을 전체 학급 수준에 맞추는 것이다.

[그림 4-7]의 비교모형은 간단한 방법으로 학업의 문제점을 정의하고 있다. 이 모형에서 문제점이란 수행수준과 성취준거 간의 차이로 정의되고 있다. 이 모형은 다음과 같은 세 가지 요인, 즉 학생의 현재 수행수준, 현행 수행수준을 비교할 수 있는 성취준거, 두

[그림 4-7] 비교모형

점수 간의 차이를 평가할 수 있는 준거를 포함하고 있어야 한다. 행동 1-2에서는 수행수준과 성취준거에 대한 명확한 설명을 제공해야 한다. 가능한 한 모든 정보를 수집한 이후에 수행수준과 성취준거 간의 차이와 그 심각성 정도를 평가해야 한다.

타당한 성취준거는 명확하게 기술(학생이 반드시 성취해야 할 학습내용 설명)되어야 하며, **암송하기**, **질문하기**, **설명하기**, **계산하기** 혹은 **쓰기**와 같이 행동으로 기술되는 단어를 포함해야 한다. 또한 관찰 가능하고, 측정 가능하고, 충분한 의미를 갖고 있으며, 검증이 가능한 성취준거에 초점을 맞춰야 한다. 그렇다면 어디에서 성취준거를 얻을 수 있을까? 거의 모든 주(州)는 영어/언어와 수학 교과의 핵심교육과정이나 주 단위의 성취준거를 설정해 놓고 있다. 실제로 대부분의 주는 공통핵심성취준거(Common Core State Standards: CSSS; www.corestandards.org)를 갖고 있다. 이러한 공통핵심성취준거는 학기말까지 혹은 유치원부터 12학년까지 학생들이 배워야 하는 교육내용의 큰 틀을 제공하고 있다. 교사들은 이미 이러한 성취준거를 잘 알고 있거나, 혹은 해당 내용을 배울 수 있는 기회가 있을 것이다. 이 성취준거를 숙지한 교사들이 읽기 혹은 수학 교과에 어려움이 있는 학생을 가르친다면 이러한 성취준거를 바로 활용하면 된다. 과학교과와 관련된 유사한 성취기준도 웹사이트(www.nextgenscience.org)에서 확인할 수 있다. 주에 소속된 학생의 성취결과를 비교할 수 있는 핵심교육과정이나 성취준거를 이미 설정했다면 교사들은 그러한 기준을 반드시 사용해야 한다.

반면에 주에서 설정한 성취준거가 존재하지 않거나 혹은 학생이 어려움을 갖고 있는 특정 교과목의 성취준거가 없는 상황에서 성취준거를 새롭게 설정하는 것은 매우 어려운 과제일 수 있다. 만약 기존 교육과정의 출판된 교과서를 사용한다면 성취준거에 해당되는 핵심적인 교육내용의 정보를 얻을 수 있을 것이다. 이러한 성취준거는 교사가 사용하고 있는 교재와 일치하기 때문에 주에서 설정한 성취준거가 없을 경우 이러한 성취준거를 대체하여 사용하는 것은 타당한 방법일 수 있다.

이러한 방법 외에도 교육자들은 다양한 방법을 선택할 수 있다. 아마도 교육자는 자신이 사용할 성취준거를 스스로 개발하고 싶을 수도 있을 것이다. 하지만 이러한 성취준거를 개발하기 위해서는 먼저 성취준거와 교육과정의 일치 여부를 확인하고, 성취준거의 타당성을 증명할 수 있는 경험적 연구를 수행해야 하며, 성취준거의 중요성 여부를 검증할 수 있는 시간과 노력이 필요하다. 학교현장에서 이러한 시간과 노력을 충분히 확보하기란 쉽지 않을 것이다. 성취준거를 설정하고자 할 때 세부적인 교과내용에 초점을 맞출 수 있지만 그렇다고 해서 지나치게 협소한 범위로 성취준거를 설정해서는 안 될 것이다. 성취준거의 범위가 협소할 경우 교사는 학업문제의 원인이 될 수 있는 다른 다양한 요인을 고려하지 않을 수 있다. 이번 CBE 1단계에서는 학업의 문제점을 확인하고 정의하는 것이 주된 목적임을 다시 한번 상기할 필요가 있다. 학업의 문제점을 정확히 검증하지 못할 경우, 교사는 성취준거와 관련 없는 교육내용을 제공하게 되며, 결과적으로 교사가 선택한 해결방안만으로 성공적인 교육의 결과를 기대하기는 어려울 것이다. 예를 들어, '학년 수준의 글 읽기'와 같은 성취기준은 구체성이 부족하다. 반면에 '시(poems)에서 r이 뒤따르는 모음이 있는 단어 찾기'는 지나치게 세부적인 성취준거에 해당된다. 아마도 최적의 성취기준은 해당 교과의 하위영역 수준으로 설정될 수 있을 것이다. 예를 들어, 읽기교과에서는 5개의 하위 핵심 영역(음소인식, 파닉스, 유창성, 어휘력, 읽기 이해)을 성취준거로 설정할 수 있을 것이다. 마찬가지로, 수학교과에서도 5개의 하위 핵심 영역(예: 사칙연산, 기하학, 측정, 수 인지, 대수적 사고)을 성취준거로 설정할 수 있다.

학생의 현재 수행수준을 서술할 때에는 현재 할 수 있는 능력과 그 수준을 나타낼 수 있는 내용을 포함해야 한다. 또한 학생의 현재 수행수준은 성취준거의 행동과 관련되어야만 한다. 예를 들어, 성취기준이 '읽기 이해에 도움이 될 수 있도록 일정 수준 이상으로 정확하면서 유창하게 읽기'(이러한 성취기준은 초등학교 1~5학년의 기초 읽기 기술에 해당되며, CCSS에서 제시한 영어/언어의 실제 성취준거를 사용함)라면 재윤이의 현행 수행수준을 '재윤이는 해당 학년 수준의 지문을 중간 정도의 정확성으로 읽을 수 있지만 유창하게 읽지는 못한다'로 기술할 수 있을 것이다. 이러한 방법으로 서술할 경우에는 다음과 같은 요소를 포함해야 한다.

- 학생이 할 수 있는 능력도 진술하기(중간 정도의 정확성으로 글을 읽을 수 있지만 유창성은 매우 낮음)
- 행동 단어를 포함시키기(읽기라는 단어를 포함함)

학업의 문제점을 제대로 정의했는지를 평가하기 위해서는 추가적으로 다음과 같은 사항을 고려할 필요가 있다.

학업 문제점의 정의를 평가하기

적합한 방법으로 기술한 문제점의 정의는 다음과 같은 사항들을 충분히 설명할 수 있어야 한다.

- 관찰과 측정이 가능하도록 학생의 수행능력을 기술해야 한다.
- 설정된 성취준거는 교육적으로 의미가 있어야 한다.
- 학생의 수행능력과 성취준거 간의 차이를 검증할 수 있어야 한다.

죽은 사람 검사, 준거 찾기 검사, 타인의 검증 검사를 실시하여 앞에서 제시된 사항을 평가할 수 있다.

죽은 사람[1] 검사(dead-man test)는 정의의 진술을 평가하고자 할 때 사용될 수 있다. 이 검사에서 교사 혹은 평가팀은 "죽은 사람이 할 수 있는 것인가요?"라는 질문을 제기한 후에 스스로 답변을 찾게 된다. 만약 죽은 사람만이 할 수 있는 행동을 중요한 수행능력으로 포함시켰다면 현실적으로 해당 수행능력을 측정하는 것은 불가능하며, 대신 수행능력이 존재하는지의 여부만을 확인할 수 있을 것이다. 이러한 오류는 주로 행동과 관련된 정의(예: 재윤이는 과제에 집중할 수 없다)를 할 때 가장 빈번히 확인되지만, 학습과 관련된 정의(예: 재윤이는 자신이 읽은 글의 내용을 추론할 수 없다)에서도 쉽

---

1) 이 용어는 오래전부터 사용되어 왔다. 만약 당신이 '죽은 사람(dead man)'이란 용어를 사용하기가 꺼려진다면 '마네킹(mannequin)'이란 용어를 대신 사용해도 괜찮다. 두 용어는 동일한 의미를 지니고 있다.

표 4-1 죽은 사람 검사를 활용한 예시

	수행수준 정의	죽은 사람 검사
성공	수민이는 해당 학년 수준의 지문을 유창하지는 않지만 중간 정도의 정확성으로 **읽을 수 있다.**	죽은 사람은 해당 학년 수준의 지문을 유창하지는 않지만 중간 정도의 정확성으로 **읽을 수 있다.**
실패	수민이는 해당 학년의 읽기 교재를 **읽을 수 없다.**	죽은 사람은 해당 학년의 읽기 교재를 **읽을 수 없다.**

게 범하는 오류에 해당된다. 이 검사에서는 학생의 이름을 '죽은 사람'으로 바꿔서 오류 여부를 판단하게 된다.

〈표 4-1〉은 죽은 사람 검사를 활용한 예시를 제공하고 있다. 이 표에서는 '해당 학년 수준의 지문을 유창하지는 않지만 중간 정도의 정확성으로 읽을 수 있다.'라는 동일한 예시를 실패와 성공으로 구분하고 있다. 앞서서 설명한 것처럼 이 정의에서는 행동을 나타내는 '읽기'라는 용어를 포함하고 있다. 죽은 사람은 읽을 수 없을 것이다. 〈표 4-1〉의 두 번째 열에서 설명된 것처럼 행동의 정의에는 '아니다(not)' '할 수 없다(can't)' 혹은 '못한다(doesn't)'란 용어를 포함해서는 안 될 것이다. 왜냐하면 할 수 없는 행동을 정의에 포함시키게 된다면 죽은 사람이 수행할 수 있는 정의가 되기 때문이다.

'준거 찾기' 검사(so-what test)는 성취준거의 중요성을 평가할 수 있다. 만약 학생의 수행능력을 주(state)에서 제시한 기준점수와 직접적으로 비교할 수 있는 성취준거를 확보하고 있다면 이미 성취준거의 중요성은 어느 정도 확보한 것으로 판단할 수 있을 것이다. 학기말 혹은 학년말의 수행능력은 다양한 평가방법(검사, 수행평가, 혹은 학교 성적)을 사용하여 성취준거와 비교될 수 있다. 학생의 수행능력을 평가한 결과(무거운 책무성을 관련되어 있음)는 학생 본인과 학생의 교육, 그리고 학생의 인생에서 중요한 영향을 미칠 수 있다.

　주에서 설정한 성취준거나 핵심교육과정을 갖고 있지 않다면 준거 찾기 검사를 수행하는 것은 어려울 수 있다. 만약 교육과정상의 교재에서 제공하고 있는 교육내용과 교육순서를 고려하여 성취준거를 설정했다면 해당 교재와 관련된 명확한 성취준거를 확보할 수 있을 것이다. 하지만 다른 교재를 사용할 경우에는 해당 성취준거를 동일하게 적용할 수는 없을 것이다. 사전에 충분히 계획되어 개발된 교재들은 성취준거의 타당성을 증명할 수 있는 경험적 연구 목록을 제공하고 있기 때문에 사용자들이 스스로 성취준거의 타당성을 평가해 볼 수 있다. 하지만 교사가 성취준거를 새롭게 개발해야 하는 상황이라면 관련 연구결과를 찾을 수 있는 교사의 능력에 따라서 성취준거의 타당도 검증결과는 달라질 수 있다. 경험적인 연구결과를 쉽게 찾을 수 있는 방법(What Wokrs Clearinghouse 혹은 Center on Instruction과 같은 웹사이트)이 있지만 이러한 방법조차도 여전히 많은 노력이 필요하다. 따라서 다른 선택의 여지가 없을 경우에만 예외적으로 성취준거를 직접 개발해야 할 것이다.

　타인의 검증검사(stranger test)는 문제점을 정의할 때 관찰 가능하고, 측정 가능하면서, 충분한 의미를 갖고 있는지를 평가하기 위하여 사용된다. 이러한 영역을 모두 검토해야만 문제점의 정의에 해당하는 성취준거와 수행능력 간의 차이를 검증할 수 있다. 타인의 검증검사에서는 먼저 동료 교사에게 교사 본인이 작성한 문제점의 정의를 읽게 한 후에 학생의 수행능력을 관찰 및 측정하는 방법을 결정하게 하고 성취준거의 의미를 평가하도록 요청한다. 만약 동료 교사가 문제점의 정의가 상세하지 않다고 판단한다면 교사가 사용한 교재를 이용하여 질문에 답변할 수 있다는 점을 사전에 공지해야 한다. 교사 본인은 A를 적합한 방법으로 생각하지만 동료 교사는 B를 적합한 방법으로 추천할 수도 있다. 동료 교사가 궁극적으로 유사한 평가방법을 선택했고, 두 가지 방법은 모두 동일 대상을 측정하고 있다면 교사 본인이 서술한 문제점의 정의는 타인에 의해서 검증된 것으로 평가할 수 있다.

타인의 검증검사에서는 누군가에게 서술된 글을 읽도록 요청하고 있기 때문에 다음과 같은 두 가지 사항을 특별히 주의할 필요가 있다. 먼저, '타인(stranger)'이란 당신이 알고 있으면서 신뢰를 가질 수 있는 사람이어야 하며, 또한 의사결정을 수행하고 의견을 제시할 수 있을 만큼의 충분한 사전지식을 갖춘 교육 전문가이어야 한다. 둘째, 학생의 개인정보와 비밀보호에 관한 권리[Buckley 개정으로 알려진 「가족의 교육적 권리와 사생활 보호법(Family Educational Rights and Privacy Act: FERPA)」]를 주의해야 한다. 만약 동료 교사가 당신의 학교에 재직이면서 해당 학생을 가르치고 있다면 해당 정보를 열람할 수 있는 정당한 권리를 갖고 있는 것으로 볼 수 있다. 하지만 같은 학교에 근무하지 않는 동료 교사라면 합당한 권리를 부여하기 어려울 것이다. 이러한 문제점을 사전에 예방하기 위해 교사는 학생의 이름과 개인을 인식할 수 있는 다른 모든 정보를 사전에 삭제해야 한다.

타인의 검증검사에서는 다른 누군가에게 교사가 서술한 문제점의 정의를 검토하도록 요청해야 한다. 이러한 특성 때문에 담당 교사 이외의 다른 교사 혹은 집단도 CBE 과정의 출발점으로서 해당 정의를 사용할 수 있을 것이다. 또한 다른 구성원들도 동일하게 CBE 1단계의 나머지 활동을 모두 수행한 후에 결론을 도출해 보고, 그 결론이 교사 본인이 도달한 결론과 일치하는지를 검증할 필요가 있다. 즉, 문제점을 확인할 수 있었는지를 서로 검증해 볼 필요가 있다. 학생의 수행능력을 평가할 수 있는 준거가 명확하다면 동일한 결론에 도달할 확률도 매우 높을 것이다.

학업문제의 심각성 정도를 평가할 수 있는 준거 정의하기

적합한 성취준거(Criterion of Acceptable Performance: CAP)란 일정한 기준점 이상을 획득했는지를 평가할 수 있는 명확한 기준점을 의미한다. 합당한 CAP는 경험적인 연구결과를 바탕으로 결정되어야 한다. 즉, 일정한 기준점수는 ① 특정한 확률에 해당하는 검사 결과치를 제공하는지와 ② 준거참조검사에서 제공하는 일정한 기준점 이상의 점수를 예측할 수 있는지를 연구를 통해서 검증할 필요가 있다. 고부담 검사(high-stakes tests)에서는 능숙한 수준이라고 판단할 수 있는 기준점수인 CAP 정보를 제공하고 있다. 이러한 기준점수는 다양한 방법으로 결정될 수 있다. 예를 들어, 기준점을 검토한 결과나 전문가들의 합의된 의견, 혹은 40퍼센타일과 같은 정규분포의 수치로 결정할 수 있다. 고부담 검사는 학생 간의 성취 비교를 위한 목적으로 사용되며, 이러한 검사에서 CAP를 사용한다면 유용한 결과를 얻을 수 있을 것이다. 하지만 고부담 검사들과 검사의 기준점수들은 세부적인 문제의 정의를 다루기 어려운 매우 폭넓은 범주인 교과단위(예: 읽기, 수학, 과학)로 사용되고 있다. 또한 한 종류의 정보만으로 학생의 문제점을 정의하는 것은 타당하지 않다고 생각할 것이다. 따라서 CAP는 반드시 경험적 연구결과에 의해서 결정된다고 하지만 여전히 '**경험에 기반한** 연구결과에 의해서 결정되었다는 것은 무슨 의미인가?'라는 질문을 가질 수 있을 것이다.

경험적 연구결과에 의해서 결정된 타당한 CAP를 얻기 위해서는 먼저 실력 있는 연구자를 만나야 한다. 이때 연구자는 엄격한 기준(다양한 단체에서 개발한 기준을 사용하여 연구의 질을 평가해 볼 수 있다)을 충족시킬 수 있는 연구를 수행할 수 있어야 한다. CAP에 적합한 연구들은 다음과 같은 사항을 충족해야 한다.

- 연구결과를 일반화하기 위해서는 대규모 집단과 다양한 유형의 집단을 대상으로 연구를 수행해야 한다.
- 정해진 절차에 따라 검사도구를 사용한 사실을 증명할 수 있어야 한다.
- 학생의 성취결과는 적합한 준거참조검사 결과와 비교해야 한다.
- 준거참조검사의 성취준거에 해당하는 기준점수(수행수준)를 추정해 볼 수 있는 통계분석방법을 사용해야 한다.

고부담 검사에서 규준(예: 40퍼센타일)을 성취준거로 사용하는 것은 적합할 수도 있을 것이다. 왜냐하면 일부 주에서는 실제로 성취준거로 규준을 사용하고 있기 때문이다. 하지만 그 이외의 검사에서 학업성취를 예측하기 위한 목적으로 규준을 사용하는 것은 적합하지 않다. 규준은 집단과 비교했을 때의 상대적인 위치만을 나타내고 있다. 이때 집단은 검사 개발 당시 참여한 학생들(표준화 작업을 위해 참여한 집단)이거나 지역의 집단(지역 규준)일 수 있다. 재윤이가 비교 집단의 40%의 학생들보다 우수한 능력을 갖고 있다고 해서 정해진 성취기준에 도달했다고 해석할 수는 없을 것이다. 또한 재윤이가 성취기준에 미도달했다고 단정지을 수도 없다. 40퍼센타일에 해당하는 재윤이의 점수는 비교 집단의 점수에서 40% 정도에 해당되는 점수라는 것 이상의 의미로 해석할 수는 없을 것이다. 따라서 교사들은 아마도 벤치마크(benchmark)로 불리는 준거참조 절단점 점수(criterion-referenced cut score)를 CAP로 사용하고 싶을 것이다. 벤치마크란 전체 점수분포에서 성취 도달에 해당하는 특정 확률의 점수를 말한다.

행동 1-3: 기존 정보를 수집하기

학업의 문제점을 정확히 정의하기 위해서는 먼저 기존의 사실들을 모두 파악하고 있어야 한다. 이미 존재하는 정보와 알려진 정보를 요약하고 수집할 수 있는 체계적인 시스템이 마련되어 있다면 기존의 사실들을 쉽게 파악할 수 있을 것이다. 교육자로서 우리는 활용 가능한 수많은 정보를 갖고 있다. 특별히 오랜 기간 동안 관련 정보를 수집했던 교사들은 사전에 일부 정보를 인지하고 있을 수 있다. 이러한 상황에서는 현명한 판단을 저해할 수 있는 정보의 현저성(information salience) 편향 오류를 조심해야 한다. 정보의 현저성이란 기억하기 쉽고 회상하기 쉽다는 이유로 특정한 정보를 더욱 중요하다고 생각하는 오류를 말한다(〈표 2-1〉 재검토). 이미 습득한 정보를 포함시키는 것도 중요하지만, 이와 함께 다양한 유형의 정보가 포함되었는지를 점검하는 것도 중요하다.

이 책의 제1장에서는 RIOT[검토하기(Review), 인터뷰하기(Interview), 관찰하기(Observe), 검사하기(Test)]의 평가 절차를 설명하였다. 이처럼 자료 수집 절차는 네 가지의 범주로 구분할 수 있다. CBE 절차의 현재 단계에서는 이미 수집된 모든 정보를 검토했을 것이다. 그

| 표 4-2 | 다른 방법으로 수집한 재윤이의 학습 정보 |

방법	정보
인터뷰하기	재윤 학생: 저는 읽기를 좋아해요. 또한 읽기를 재미있다고 생각하구요. 하지만 가끔 읽는 것이 어려울 때가 있어요. 최 교사: 재윤이는 열심히 노력하는 학생입니다. 하지만 단어인지와 해독을 어려워합니다.
관찰하기	재윤이는 읽기 수업시간에 집중을 잘하고 있으며, 교사와 다른 학생들과도 함께 잘 참여하고 있다.
검사하기	재윤이는 초등학교 2학년 수준의 읽기 지문에서 42개의 단어를 정확히 읽을 수 있다. 하지만 벤치마크의 점수인 72개의 단어보다 낮은 점수를 획득하였다.

럼에도 불구하고 인터뷰, 관찰, 검사 등을 통해서 이미 수집된 정보를 검토해 보는 것은 매우 중요할 수 있다. 왜냐하면 다른 절차를 사용하여 정보를 수집한다면 이전과 다른 정보 혹은 정보에 대한 다른 견해를 가질 수 있기 때문이다. 〈표 4-2〉에서는 세 가지의 다른 방법으로 수집한 재윤이의 읽기 수준 정보를 제공하고 있다.

재윤이와 재윤이의 담임교사인 최 교사에게 읽기와 관련된 질문을 하였다. 재윤이는 읽기에 관한 본인의 능력과 생각에 관한 정보를 제공하였다. 최 교사는 재윤이의 학습동기 혹은 노력에 관한 정보와 교수전략의 특성과 관련된 정보를 제공하였다. 또한 다른 전문가는 최 교사의 학급에서 재윤이의 행동을 관찰한 후 주의집중 능력과 노력의 정도를 평가하였다. 최종적으로 재윤이에게 2학년 수준의 CBM 읽기 지문 검사를 제공하였다. 재윤이의 검사결과에 따르면 성취기준보다 낮은 점수를 획득하였다[학년말의 벤치마크 점수가 72(1분 동안 정확하게 읽은 단어의 수)였을 때, 이 학생의 점수는 42(1분 동안 정확하게 읽은 단어의 수)였다]. 이러한 상황에서는 재윤이를 추가적으로 인터뷰하여 초인지(metacognition)능력("저는 학업에 어려움을 경험하고 있어요")에 관한 정보를 얻을 수 있으며, 담임교사를 인터뷰하여 개념적 지식("이 학생은 자신의 단어를 인지하고 해독하는 데 있어서 어려움이 있어요")에 관한 정보를 얻을 수도 있다. 또한 학생을 관찰하여 초인지능력(과제에 집중을 잘하고 참여하는 정도)에 관한 정보를 얻을 수 있었으며, CBM 점수를 고려하여 해당 교과의 수행수준(1분 동안 42개의 단어를 정확하게 읽음)을 추정해 볼 수 있었다.

기존의 관련 정보를 어디에서 찾을 수 있을까

정보 수집에 있어서 가장 중요한 사항은 가능한 모든 정보를 수집한다는 점이다. 〈서식 4-1〉은 다양한 정보를 확인할 수 있는 체크리스트를 제공하고 있다. 서식에 포함된 모든 정보를 확보할 수는 없을 것이다. 그럼에도 불구하고 최대한의 노력을 통하여 가능한 모든 정보를 수집할 필요가 있다. 예를 들어, 학생의 개별화교육계획(Individualized Education Plan: IEP)이나 504계획(미국의 장애인법)에 관한 정보는 존재하지 않을 수 있다. 또한 학생이 심리학자, 직업치료사 혹은 다른 전문가에게 평가를 받은 적이 없다면 외부 보고서에 관한 정보는 얻기 어려울 것이다. 해당 학교가 보편적 선별검사를 실시하지 않는다면 관련 정보를 얻을 수 없으며, 전학온 학생이라면 이전 담임교사를 인터뷰하는 것이 쉽지는 않을 것이다.

〈서식 4-1〉 수집된 정보의 체크리스트

지시사항: 다음의 정보를 찾아서 검토하기

검토한 사항을 확인하고 관련 정보를 얻을 수 없다면 그 이유를 간단히 서술하기

정보의 출처	검토할 수 없는 이유
☐ 생활기록부(cumulative folder)	
☐ 보편적 선별 데이터	
☐ 진전도 모니터링 데이터	
☐ 학기말/과목 검사점수(예: 국가학업성취도검사)	
☐ 건강, 시력, 청각에 관한 결과	
☐ 학업 성적표	
☐ 학습 결과물들(work samples)	
☐ 현재 혹은 이전 담임과의 인터뷰 결과	
☐ 부모와 학생의 인터뷰 결과	
☐ 교실 관찰	
☐ 중재전략의 계획과 결과 보고서	
☐ 외부 보고서(의사, 심리학자, 물리치료사 등)	
☐ 개별화교육계획, 개별화가족교육계획, 504계획	
☐ 다른 자료들(구체적으로 명시하기)	

조사가 가능한 기존의 정보와 서류들을 철저하게 충분히 검토한다면 중요한 기초 자료를 수집할 수 있을 것이다. 적어도 모든 학생은 생활기록부, 학습 결과물, 건강과 시각 및 청각 선별 검사결과, 부모/보호자 혹은 학생에 관한 인터뷰 결과에 관한 정보를 갖고 있어야 한다. 만약 학생이 이제 막 전학 온 학생이 아니라면 아마도

성적표, 보편적 선별검사의 결과, 학년말의 시험점수의 결과는 얻을 수 있을 것이다. 게다가 학생의 학업문제가 제기된 것은 이번이 처음이 아닐 수 있다. 따라서 지난 과거에 학생에게 제공한 교육내용과 그 성과에 대한 서류들을 확보할 필요가 있다. 또한 해당 학년의 교수지원팀, 전문가 집단의 모임, 혹은 교수전략을 수정한 교사 개인이 작성한 모든 유형의 서류들을 반드시 확보해야 한다.

지금의 단계에서 모든 정보를 검토할 수 있지만, 그중에서도 특히 가변적 변인에 초점을 맞추어야 한다. 왜냐하면 가변적 변인은 교수전략의 계획과 관련되어 있으며, 궁극적으로 그러한 변인은 학업 향상에 도움을 줄 수 있기 때문이다. 빈곤한 환경 때문에 낮은 학업성취를 나타내는 학생들이 있지만 아쉽게도 교육자인 우리는 그러한 변인을 조절할 수는 없을 것이다. 빈곤과 같은 변인은 교수 전략을 선택하고자 할 때 도움을 줄 수 없거나 교수전략의 효과성에도 영향을 미칠 수 없을 것이다. 그렇기 때문에 교사들은 교육에 필요한 직접적인 정보를 찾을 필요가 있다.

평가 영역들

관련된 서류들을 검토할 때 주로 학생에게만 초점을 맞출 수 있다. 물론 학생의 학습능력은 가장 먼저 고려되어야 하는 사항이지만, 학습은 독립적인 변인은 아닐 것이다. 학습은 다양한 요인들과 상호작용할 수 있기 때문에 학습의 문제점도 그러한 다양한 영역 간의 상호작용 속에서 발생

> **CBE 중요사항 9**
> 학업의 문제를 항상 학생 개인의 탓으로만 돌려서는 안 된다!

할 수 있다. CBE 중요사항 9가 우리에게 시사하는 바는 무엇인가?

기존의 관련 정보를 수집할 때 학생 개인의 세부적인 정보에 초점을 맞추기보다는 좀 더 폭넓은 관점을 갖고 정보를 수집할 필요가 있다. 교수전략을 계획 및 평가하고자 할 때 도움이 되는 정보는 다음과 같은 네 가지 영역으로 분류될 수 있다.

1. **상황**(Settings): 특정한 교육환경
2. **교육과정**(Curriculum): 교사가 가르치고 학생이 습득하기 원하는 교육내용
3. **교수**(Instruction): 개별 학생에게 교육과정을 가르치는 방법
4. **학습자**(Learners): 개별 학생

종합적으로 이러한 영역들을 **SCIL 평가영역**으로 명명할 수 있다. 읽기에 어려움이 있는 재윤이의 예로 다시 돌아가 보면, 재윤이가 읽기능력이 부족한 이유는 아직 습득하지 못한 선수지식 때문일 것이다(이러한 사항은 이 책의 제5장 '진단적 의사결정'의 주된 내용이다). 하지만 그러한 결론에 앞서서, 먼저 상황, 교육과정, 교수와 관련된 변인 때문에 학업문제가 발생한 것은 아닌지를 면밀히 검토할 필요가 있다.

〈서식 4-2〉는 기존의 관련 자료를 검토하고자 할 때 사용될 수 있다. SCIL의 열(rows)에 해당되는 한 개 혹은 그 이상의 정보를 얻을 수 있을 것이다. 정보를 수집하기 위해서 어떠한 평가 절차가 필요한지를 결정하는 것은 중요하지 않다. 왜냐하면 현재의 상황에서 단지 기존의 서류만을 검토하고 있기 때문이다. 검토하기, 인터뷰하기, 관찰하기, 검사하기를 모두 제대로 수행했는지를 확인하기 위해서 〈서식 4-2〉의 점검사항을 활용할 수 있다.

〈서식 4-2〉 기존 자료를 검토하기 위한 RIOT/SCIL 행렬표

상황(S)	☐ 검토하기	
	☐ 인터뷰하기	
	☐ 관찰하기	
	☐ 검사하기	
교육과정(C)	☐ 검토하기	
	☐ 인터뷰하기	
	☐ 관찰하기	
	☐ 검사하기	
교수(I)	☐ 검토하기	
	☐ 인터뷰하기	
	☐ 관찰하기	
	☐ 검사하기	
학생(L)	☐ 검토하기	
	☐ 인터뷰하기	
	☐ 관찰하기	
	☐ 검사하기	

출처: John L. Hosp, Michelle K. Hosp, Kenneth W. Howell, and Randy Allison(2014). 저작권은 Guildford Press에 있음. 이 책을 구입한 독자가 개인적인 목적으로 본 서식을 사용할 경우에만 복사가 가능함.

　　다양한 정보를 검토한 후에 특정 정보가 어느 항목에 해당되는지를 검토할 필요가 있다. 생활기록부는 학생의 인적사항, 출결석사항, 전학여부 및 그동안의 학업 성적 결과와 같은 학습자의 정보를 포함하고 있다. 보편적 선별검사 자료, 국가학업성취도 결과, 건강/시력/청각 선별 결과, 성적표도 마찬가지로 학생에 관한 세부적인 정보를 제공하고 있다.

학생의 현재 혹은 이전의 담임교사를 인터뷰함으로써 시험결과와 같이 비교 가능한 학습자의 정보를 얻을 수 있다. 또한 인터뷰를 통해 교수, 교육과정, 환경과 관련된 정보를 얻을 수 있을 것이다. 인터뷰에서는 교수전략을 제공한 시간과 빈도, 사용된 교수전략, 학습 속도와 같이 교수적 특성과 연관된 질문이 포함되어야 한다. 교육과정과 관련된 질문에서는 사용한 교재, 강조된 교수내용(파닉스, 읽기 이해, 계산, 쓰기, 기하학), 교수의 순서와 관련된 내용을 포함해야 한다. 상황변인과 관련된 질문에서는 교실의 정리정돈, 학급규칙, 학급경영계획, 집단을 구성하는 방법을 포함해야 한다.

부모와 학생의 인터뷰는 유사하기 때문에 두 인터뷰에서 모두 동일한 내용을 다룰 필요가 있다. 부모와 학생에게 동일한 질문을 사용한다면 해당 정보에 대한 사실을 검증하거나 혹은 서로 간의 인식 차이를 확인할 수 있을 것이다. 또한 특정 상황과 관련된 유용한 정보를 얻을 수도 있을 것이다. 학생의 인터뷰를 통해 학생이 지니고 있는 자기인식과 동기부여의 유형을 파악할 수 있을 것이다.

구조화된 교실 관찰방법을 사용한다면 다른 영역에서 필요한 정보를 얻을 수 있을 것이다. 가장 많이 활용되고 있는 관찰방법은 학습자(노력, 주의력, 사회적 상호작용을 포함)나 교수전략(수업 진행 속도, 교사와 학생 간의 상호작용, 연습과 피드백의 기회를 포함)에 초점을 맞추는 것이다. 교수전략의 강조점을 관찰하면 교육과정의 특성을 파악할 수 있다. 하지만 교실의 환경(즉, 상황)을 관찰할 때에는 특별한 관찰방법을 사용할 수도 있다. 관찰 대상과 관찰방법은 관찰 목적에 따라 달라질 수 있기 때문에, 우선적으로 관찰 목적은 무엇인지를 명확하게 설정하는 것이 중요하다.

마지막 정보의 유형은 자주 활용하지 않는 정보를 말한다. 만약 이전에 특수교육을 받은 학생이라면 개별화교육계획(IEP)이나 개별화가족교육계획(IFSP)을 갖고 있을 것이다. 또한 특수교육에 포함되지 않은 영역을 보완하기 위한 504계획 문서도 갖고 있을 수 있다. 학교 밖의 외부 전문가들이 작성한 보고서들도 얻을 수 있을 것이다. 예를 들어, 학생의 부모는 소아과 의사, 임상심리사, 언어병리사, 혹은 물리치료사로부터 받은 보고서를 학교와 공유할 수 있을 것이다. 해당 학생을 평가하거나 교육했던 모든 전문가들은 이러한 보고서를 갖고 있을 것이다.

의사결정에 필요한 충분한 정보의 양은 무엇인가

제2장에서 논의한 것처럼 정확한 판단을 위해서는 우선적으로 정확한 정보와 함께 적절한 **양**(amount)의 정보를 확보해야 한다. 충분한 양의 정보를 확보하지 못했을 경우에는 중요한 내용을 놓칠 수 있기 때문에 정확한 의사결정을 수행하기 어려울 수 있다. 〈서식 4-1〉의 체크리스트를 사용한다면 이미 존재하고 있는 정보를 확인할 수 있기 때문에 이러한 문제점을 예방할 수 있을 것이다. 하지만 너무 많은 정보가 존재할 경우 우리는 어떻게 대처할 수 있을까?

자료들을 검토할 때 자료의 포화(saturation)에 대해서 인식할 필요가 있다. 포화란 최적의 의사결정에 도달할 확률을 극대화시키기 위해서 필요한 충분한 자료를 수집한 시점을 말한다. 다른 의미로 포화란 추가적인 시간과 예산을 소비하더라도 최적의 의사결정에 도달할 수 있는 확률이 크게 증가하지 않기 때문에 추가적인 자료 수집이 필요 없는 시점을 의미한다. 이러한 포화 시점의 도달[데시벨(decibels)이나 갤런(gallons)의 단위로 자료를 측정할 수 있는 것과는 다른 문제이다] 여부를 결정할 수 있는 체계적인 기준은 마련되지 않았다. 따라서 개념적으로만 포화의 시점을 추정할 수 있을 것이다. 수집된 정보의 체크리스트(Checklist of Reviewed Sources)를 사용한다면, 해당 영역별로 알려져 있는 정보와 그렇지 않은 정보를 파악할 수 있다. 이러한 표를 사용한다면 충분한 양의 정보가 수집되었는지를 판단할 수 있을 것이다.

행동 1-4: 정보 요약하기

RIOT/SCIL의 행렬표를 이용하여 자료 수집의 검토가 완료되었다면 다음 단계는 수집된 정보를 좀 더 활용하기 편리한 유형으로 정리하는 것이다. 이러한 단계는 자료 정리하기, 질문하기, 답하기의 과정을 포함하고 있다.

첫째, 이미 확보한 정보를 정리하는 과정이 필요하다. RIOT/SCIL 행렬표를 이용하여 이미 분류된 정보를 종합하여 정리할 수 있을 것이다. 하지만 정보의 양이 매우 클 수 있을 것이다. 그렇기 때문에 먼저 RIOT/SCIL 행렬표에 있는 많은 양의 정보를 빠르게 훑어본 후 각각의 평가영역에서 가장 중요한 세 가지 정보만을 가려 내야 한다. 이러한 과정은 〈서식 4-3〉에서 제공하고 있다.

〈서식 4-3〉 의사결정과 질문의 답변에 필요한 미확인된 관련 정보

평가영역	확인된 관련 정보	미확인된 관련 정보	제안된 절차 (활용 가능한 모든 영역에 동그라미를 표시하기)			
교육상황		Q1	R	I	O	T
		Q2	R	I	O	T
		Q3	R	I	O	T
교육과정		Q1	R	I	O	T
		Q2	R	I	O	T
		Q3	R	I	O	T
교수전략		Q1	R	I	O	T
		Q2	R	I	O	T
		Q3	R	I	O	T
학습자		Q1	R	I	O	T
		Q2	R	I	O	T
		Q3	R	I	O	T

다음 단계에서는 'RIOT/SCIL 행렬표의 정보를 검토한 후 아직까지 교육상황, 교육과정, 교수전략, 학습자에 대해서 모르는 것은 무엇인가?'에 대한 질문을 스스로 제기해 보는 것이다. 모든 다른 탐색 작업과 마찬가지로 우선적으로 답변보다는 더 많은 질문을 제기해 보는 것이 중요하다. 일반적으로 최적의 의사결정에 도달하기 위해서 필요한 정보는 무엇인지를 확인하고 싶을 것이다. 이와 함께 미확인 정보를 수집할 수 있는 다양한 절차와 방법을 찾아야 한다.

이러한 질문의 과정 속에서 **불일치 증거**(disconfirming evidence)

를 고려하는 것은 매우 중요하다. 즉, 일부 정보들은 기존의 정보에서 확인된 내용과 일치하지 않을 것이다. 불일치 정보의 확인은 정보의 포화 지점에 거의 도달했음을 나타내는 좋은 징표로 해석될 수 있다. 충분한 정보를 수집하면 이러한 불일치 증거들을 쉽게 확인할 수 있다. 하지만 반대로 불일치 증거가 있기 때문에 충분한 정보를 수집했다고 확신할 수는 없을 것이다.

만약 RIOT/SCIL 행렬표에서 불일치하는 증거를 확인하지 못했다면 교사는 스스로 불일치 증거를 확인하지 못한 이유를 자문해 봐야 한다. 교사는 항상 기존의 정보들과는 불일치하는 정보를 갖고 있어야만 한다. 왜냐하면 교육과 관련된 문제는 단순하거나 간단치 않기 때문이다. 한 교과에서 심각한 학업문제를 나타내는 학생이라도 다른 교과영역에서는 학업의 문제가 없을 수 있다. 학업문제의 심각성 정도, 학업문제가 발생하는 시기, 학업문제가 발생한 이유는 다른 요인에 따라 달라질 수도 있다. 또한 학업에 대한 다른 사람들의 의견을 수집할 필요가 있다. 이러한 과정을 모두 수행했음에도 불구하고 불일치 증거를 확인하지 못했다면 과정을 잠시 멈추고 다음과 같은 질문을 스스로 제기해 봐야 한다.

- 불일치 증거는 존재하지 않기 때문에 찾을 수 없었던 것인가?
  - 이러한 가능성은 매우 낮다.
  - 해결방안: 다시 돌아가서 불일치 증거를 세부적으로 점검해 볼 필요가 있다.
- 불일치 증거를 찾지 못했기 때문인가?
  - 그럴 수 있다. 이러한 결과를 선택적 주의 혹은 확증적 편견 (〈표 2-1〉 재검토)으로 설명할 수 있다.

-해결방안: 다시 돌아가서 불일치하는 증거를 세부적으로 점
검해 볼 필요가 있다.

• 조사를 했지만 관련 없는 영역 혹은 방법으로 증거를 찾았기
때문에 그러한 불일치 증거를 못 찾은 것은 아닌가?

-충분히 가능성 있는 원인이다. 다른 교과영역이나 다른 방
법에 초점을 맞춘 경우라면 충분히 계획하고 검토했다 하더
라도 중요한 정보를 놓칠 수 있다.

-해결방안: 다시 돌아가서 불일치 증거를 세부적으로 점검해
볼 필요가 있지만 이번에는 다른 방법을 사용하거나 다른
정보들을 검토할 필요가 있다.

질문 1: 문제를 확인하였는가

이번 단계에서는 질문에 '답변(answering)'을 해야 한다. 이미 자
료 수집을 마쳤으며, 질문을 제기해 보기도 하였다. 지금의 단계에
서는 추가적인 도움이 필요한 학업의 문제점이 실제로 존재하는지
의 여부에 대해서 확신을 갖고 답변할 수 있어야 한다. 질문에 대해
"예" 혹은 "아니요"만으로 답변해야 한다.

아니요

만약 모든 과정을 수행했음에도 불구하고 학업의 문제점을 확인
할 수 없었다면 다음과 같은 네 가지 이유 때문일 것이다.

1. 실제로 학업에 문제가 없는 학생이었다.
2. 문제점의 정의를 충분히 자세하게 혹은 정확하게 내리지 않았다.
3. 비교 준거가 적합하지 않다.
4. 문제점을 증명하기 위해서 사용한 정보가 부적합하거나 충분치 않다.

첫째, 특정 개별 학생 수준에서가 아닌 한 차원 높은 수준에서 발생하는 문제점을 고려하지 못할 수 있다. 즉, 전체 학생을 대상으로 사용한 중재전략에 문제가 있을 수 있다. 학급에 소속된 모든 학생들에게 먼저 적합한 중재전략을 제공한 이후에 개별 학생 수준에서 문제점이 존재하는지의 여부를 결정해야 할 것이다. 또한 학생의 실제 낮은 학업성취 때문이기보다는 교사의 잘못된 직감이나 기대치 때문에 학업에 문제가 있다고 보는 오류를 범할 수 있다. 교사의 기대치나 직감만으로 학업의 문제점을 인식하지는 않았다 하더라도(교사의 기대치나 직감과 반하는 성취준거들이 존재할 수 있음) 학생의 문제점을 확인할 수 없었다면 교사가 가진 기대치나 직감에 문제가 없었는지를 다시 한번 점검할 필요가 있다.

둘째, 문제점을 정의할 때 핵심영역을 정확히 파악하지 못하는 실수를 범할 수 있으며, 학급이나 학년 수준과 같이 한 단계 높은 수준의 원인이나 혹은 다수의 교과영역에 영향을 미칠 수 있는 다른 가능한 원인을 확인하지 못하는 실수가 있을 수 있다. 또한 문제점을 모호하게 정의하여 사고를 도출하거나 자료를 수집하기 어려웠을 수 있다.

셋째, 부적합한 준거를 사용하여 학생의 현행 능력을 잘못 비교할 수도 있다. 외부의 학년 평가준거(예: CCSS와 같은 기준)를 사용하고자 할 때에는 학생의 해당 학년에 적합한 준거를 사용해야 한다. 2학년인 재윤이에게 1학년 수준의 읽기 중재전략을 제공하고 있더라도 2학년의 읽기 교재와 성취준거를 사용하여 읽기능력을 평가해야 한다. 1학년 수준의 읽기 교육을 받은 재윤이가 1학년 읽기 성취준거에 도달했기 때문에 더 이상 읽기의 어려움은 없다고 결정한다면 학생이 갖고 있는 실질적인 읽기의 문제점을 간과하고 있는 것일 수 있다.

마지막으로, 충분치 않거나 부적합한 정보를 사용했을 수 있다. 점검사항 체크리스트를 사용했음에도 불구하고 여전히 발견하지 못한 다른 자료가 존재할 수 있다. 중요한 정보를 확인할 때 최적의 판단을 위협할 수 있는 변인에 현혹되어 중요치 않은 정보를 중요한 정보로 오인할 수 있다. 또한 다른 정보들과 불일치한다는 이유로 특정 정보의 가치를 폄하할 수도 있으며, 정보에 내포된 의미를 찾는 노력을 소홀히 하여 중요한 정보를 놓칠 수도 있다. 또한 잘못된 방법으로 정보를 수집하거나 혹은 잘못된 방법으로 정보를 해석한다면 최종적으로 부적합한 정보를 얻게 될 것이다. 자료 수집 과정에서 충실도를 고려하지 않거나 표준화 절차를 준수하지 않고 자료를 수집했다면 결국 교사는 부적합한 정보를 얻게 되며, 이러한 정보를 활용한다면 교사는 잘못된 판단을 할 수 있을 것이다.

예

만약 문제점을 확인하였고, 추가적인 평가와 중재전략이 필요할 만큼 문제점이 심각하다고 확신할 수 있다면, 이제는 1단계(사실 확인하기)에서 2단계(진단적 의사결정)로 넘어갈 수 있다.

요약

이 장에서는 CBE의 첫 번째 단계를 자세히 설명하였다. 정보 수집이 목적인 이번 단계에서는 학업의 문제점을 확인하고, 문제점의 해결방법을 고안하며, 해결방법을 실행하고자 할 때 필요한 구체적인 사고능력에 초점을 맞추고 있다. 교사는 빈번히 학생의 학업문제를 고민할 것이다. 교사는 시간을 갖고 학업문제에 대해서 이미 알고 있는 것은 무엇이며 어떻게 알게 되었는지를 생각해 보는 숙고의 과정을 거쳐야만 최선의 판단을 할 수 있지만 이러한 일련의 과정을 저해하는 위험 요인들이 존재하고 있다. 특별히 해결하기 어려운 문제에 직면할 때에는 이러한 심사숙고의 과정이 더욱 중요할 것이다. 만약 간단한 해결방법이 존재했다면 추가적인 정보 수집과정이나 평가 절차 없이도 쉽게 문제를 해결했을 것이다. 최종적으로, 필요한 정보를 확인하고 문제점을 확인했다면 이제는 이러한 문제점을 유발한 원인을 조사할 수 있는 좀 더 세부적인 작업이 필요하다.

CHAPTER **05**

CBE 2단계 과정
-진단적 의사결정-

　　　이전 장에서는 학생의 기초 정보를 확보하기 위하여 '탐색적 조사(legwork)', 즉 학생의 교육과 관련된 모든 정보를 수집하였다. 수집한 정보 중 일부는 교육을 통하여 변화가 어렵기 때문에 중요한 정보로 고려하지 않았다. 하지만 대다수는 중요하면서 가변적인 특성을 갖고 있는 정보들이었다. 기존의 정보(그리고 이전에 이미 습득한 정보들)를 검토하여 학생의 문제점을 확인하였으며, 해결방안에 관한 가설도 설정하였다. 학생의 문제점을 발견하면 이를 숨길 필요는 없다. 이 책의 저자들과 마찬가지로, 교육자는 학생을 돕고자 하는 명확한 신념을 갖고 있었기 때문에 교육분야에서 헌신하고 있을 것이다. 교육자는 교육을 통하여 이러한 문제를 충분히 해결할 수 있다. 따라서 학업에 어려움을 경험하고 있는 학생을 발견한다면, 교사는 '바로 지금이 최선을 다하여 학생을 가르칠 시점이야!'라고 생각해야 한다. 우리 저자들은 이와 관련된 잠재적인 문제점과 함께 해결방안이 무엇인지를 오래전부터 생각하고 있었다.

주의사항

　　교사가 자주 범하는 잘못 중 한 가지는 학업의 문제를 확신(1단계)한 후에 CBE의 2단계를 생략하고 바로 학업의 문제를 해결(3단계)

과정으로 넘어가는 것이다. 하지만 CBE의 2단계를 생략하고 3단계 과정으로 바로 넘어갈 수 있는 예외적인 상황은 극히 드물며, 성공적으로 문제를 해결할 확률도 높지 않다. CBE와 같은 체계적인 의사결정이 필요하지 않은 간단한 학업의 문제라면 CBE의 2단계 과정을 생략하고 3단계 과정으로 바로 넘어갈 수도 있을 것이다. 하지만 심각한 학업의 문제를 다뤄야 하는 상황에서는 제2장에서 설명한 현명한 판단을 저해할 수 있는 위험 요인을 완전히 배제할 수 없기 때문에 결과적으로 더 많은 시간과 자원을 낭비할 수 있다. 학생 개인이 지닌 학업의 문제점을 명확히 인지한 교사들은 비교적 간략한 해결방안을 적용해 보았을 것이다. 또한 교사는 학급 혹은 학년 수준과 같이 상위 수준에 내재된 문제점은 없었는지를 확인해 볼 것이다. 사실 확인하기(fact finding) 과정에서 수집한 정보를 바탕으로 문제점의 해결방안을 도출하고자 할 때에는 다음과 같은 세 가지 상황에 직면할 수 있다.

1. 간단한 문제를 해결하기 위해 지나치게 복잡한 의사결정과정을 적용하였다.
2. 해결방안을 결정하는 데 도움을 줄 수 있는 유용한 정보를 이미 확보했음에도 불구하고 활용하지 못했다.
3. 잘못된(혹은 관련 없는) 정보를 사용하여 해결방안을 모색하였다.

언급된 세 가지의 상황에 직면했다고 하더라도 CBE 절차가 잘못되었음을 의미하지 않는다. 대신 이러한 상황들은 시스템 수준에서 발생할 수 있는 문제(system-level problem)로 인식해야 할 것이다. 의사결정과정에서 데이터를 일관된 방법으로 사용하지 않을 경우에 이러한 문제가 발생할 수 있다. 이러한 조건에서는 간단하거나 단순한 문제조차 놓치기 쉽다. 또한 의사결정에 필요한 적합한 데이터를 수집하지 못했거나 제대로 요약하지 못한 잘못이 원인일 수 있으며, 현명한 판단을 저해하는 위험 요인을 사전에 배제하지 못한 잘못이 원인일 수 있다.

CBE의 2단계를 수행하지 않고도 개별 학생에게 필요한 해결방안을 찾을 수 있었다는 의미는 전문성 함양의 미비, 의사결정과정상의 문제점, 혹은 의사결정 활용상의 문제점과 같은 시스템 수준의 문제가 있었음을 의미한다.

> **CBE 중요사항 10**
> 사전지식은 문제해결을 방해하는 중대한 요인이 될 수도 있다!

이와 달리 CBE 2단계 과정을 수행하지 않아서 해결방안을 찾지 못했다면 명백한 오류가 발생했음을 의미하며, 결국 CBE의 3단계 과정에서 귀중한 시간과 자원을 낭비한 후에 2단계 과정으로 어쩔 수 없이 되돌아가야 하는 상황에 직면할 수 있다. 이러한 상황일 때 CBE 중요사항 10을 명심할 필요가 있다.

CBE를 사용하면 타당한 추론에 도달할 확률이 높기 때문에 CBE를 체계적인 과정으로 정의할 수 있다. 이러한 타당한 추론을 적용한다면 궁극적으로 향상된 교육의 효과를 기대할 수 있다. 학생을 가르치는 하루하루의 반복된 일과 속에서 교사는 잘못된 사고에 쉽게 함몰되기 쉬우며, 자신들이 갖고 있는 사전지식 때문에 부적합한 교수방법을 적합한 방법으로 오인할 수 있다. 옛 속담에 "망치를 들고 있을 때 모든 사물이 못으로 보인다."라는 말이 있다. 이 속담은 친숙함이라는 저해 요인을 주의할 필요가 있음을 경고하고 있다. 모든 유형의 읽기 문제는 동일한 전략 혹은 접근방법으로 해결할 수 있다는 잘못된 생각을 할 수도 있다. 또한 과제에 집중하지 못하는 학생들을 모두 ADHD를 가진 것으로 판단하기도 한다. 학업문제를 일으키는 주된 원인을 철저히 검증하고 확인할 수 있는 일련의 체계적인 절차를 수행한다면, 가장 간편하거나 쉽게 사용할 수 있는 해결방법만을 매번 사용하는 오류를 줄일 수 있을 것이며, 대신 학생에게 가장 효과적이거나 필요한 교수방법을 선택할 수 있을 것이다.

CBE 2단계 과정의 목적: 진단적 의사결정

CBE 1단계 과정에서는 선별(screening)과 관련된 의사결정에 주된 초점을 맞춘 반면에, CBE 2단계 과정에서는 **진단적 의사결정** (diagnostic decisions)에 초점을 맞추고 있다(Hosp, 2011). 예를 들어, 만약 자동차에 문제가 발생하면 먼저 기름 부족, 타이어 상태, 혹은 엔진오일 부족과 같은 단순한 문제를 우선적으로 점검해야 한다. 이러한 간단한 점검사항을 모두 확인했음에도 불구하고 여전히 자동차의 문제점을 해결할 수 없다면 결국 정비사에게 자동차 수리를 요청해야 한다.

자동차 정비사는 차주에게 차의 문제와 관련된 여러 가지 질문을 할 것이며, 자동차에서 어떠한 소리가 났었는지를 물어본 후에 문제의 원인을 찾는 가설을 생각할 것이다. 부드럽게 주행하지 않으면서 일정한 힘을 내지 못하는 문제가 있었다면 아마도 발전기가 문제의 원인일 수 있다. 현명한 정비사라면 곧바로 60만 원이나 소요되는 새로운 발전기의 교체를 요구하지 않을 것이다. 대신 정비사는 문제의 원인이 될 수 있는 간단한 점검사항을 확인할 것이다. 예를 들어, 배터리의 충전은 충분한가, 벨트의 상태는 양호한가, 베어링과 접합부에는 윤활유가 충분한가와 녹슨 곳은 없는가 등을 점검하는 것이다. 이러한 질문들은 새로운 발전기를 교체하기에 앞서서 사전에 점검해야 할 사항들이다. 또한 정비사는 배터리가 정상인지의 여부와 발전기 자체에서 기능상 문제가 없는지를 확인하고자 특정한 검사를 추가적으로 실시할 수 있다.

점검을 마친 정비사는 궁극적으로 문제의 해결방안(자동차가 다시 부드럽게 달릴 수 있도록)을 찾길 원한다. 하지만 정비사는 자신이 결정한 해결방안(자동차의 문제는 발전기에 있는 것이 아니라 벨트에 있었기 때문에 벨트를 교체하려는 방안)이 적합한지의 여부를 다시 한번 확인하고 싶을 것이다. 정비사는 문제가 되는 부분을 찾기 전까지 어떠한 부품도 교체할 수 없다고 생각해야 한다. 정비사는 가장 효과적이면서 효율적인 해결방안을 찾을 수 있는 계획을 반드시 수립해야 한다. 매번 시행착오 없이 바로 문제를 해결한다는 의미는 결코 아니다. 대신 정비사는 문제를 성공적으로 해결할 수 있는 확률을 극대화해야 한다.

앞에서 설명한 원리는 교육분야에서도 동일하게 적용 가능하다. 재윤이가 지닌 학업의 문제점을 확인하고 곧바로 해당 문제점을 해결하기 위해 개별화된 교수방법과 교육과정으로 학생을 교육할 수는 없을 것이다. 또한 교사는 가장 편리하거나 손쉽게 활용할 수 있다는 이유만으로 교수전략을 선택하지는 않을 것이다[만약 정비사가 휴대성이 뛰어나다는 이유로 모든 문제를 렌치만 사용하는 경우를 상상해 보아라]. 학생이 아직 습득하지 못한 교육내용을 효과적으로 지도할 수 있는 방법을 결정하기 위해서는 먼저 학생이 무엇을 필요로 하

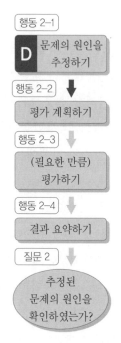

[그림 5-1] CBE 2단계: 진단적 의사결정

는지를 확인할 필요가 있다. 문제를 유발할 수 있는 원인을 추정하고 그 원인을 타당한 방법으로 검증한다면 학생에게 필요한 교육은 무엇인지를 확인할 수 있을 것이다([그림 5-1] 참조).

행동 2-1: 문제의 원인을 추정하기

CBE 1단계 과정에서는 학업의 어려움이 존재하고 있는지의 여부만을 결정하였다. 지금의 단계에서는 문제의 원인을 확인해야 한다. 현 단계에서도 여전히 RIOT/SCIL 행렬표에서 검토한 정보를 활용할 수 있다. 이 행렬표는 상당히 많은 정보를 포함하고 있다.
이러한 정보를 이용하여 교사가 추정하고 있는 문제의 원인은 무
엇인지를 도출할 수 있어야 한다. RIOT/SCIL 행렬표의 정보와 함
께, 학생의 현재 수행수준을 비교할 수 있는 명확한 성취준거나 선
수지식을 알고 있어야 한다. 학생의 현재 수준을 성취준거와 비교
한 후에 다음과 같은 진술을 작성해야 한다.

- 학생이 이전에 습득한 기술
- 미숙련(emerging) 기술
- 미습득(unknown) 기술

습득한 기술은 성공적인 이야기로 회자될 것이다. 교사는 학생
을 특별히 가르칠 필요가 없으며, 학생 또한 더 이상 힘든 연습을
수행할 필요가 없을 것이다. 미숙련 기술이란 기술을 활용하는 방
법은 알고 있지만 아직까지 충분한 수준의 정확성 혹은 유창성을
갖고 있지 못하며, 능숙하게 사용할 수 없는 수준을 의미한다. 학생
들은 다양한 수준의 독립적인 연습이나 교사의 도움을 필요로 할
수 있으며, 이와 함께 기술 향상에 도움을 주는 중재전략을 필요로
할 수 있다. 미습득 기술이란 명백히 가르칠 필요가 있는 기술을 말
하며, 학생들은 아직까지 이러한 기술을 사용하는 방법을 모르고
있는 수준이다. **추정된 문제의 원인**(assumed causes)을 도출하는 과
정에서 미숙련 기술과 미습득 기술은 중요한 기초 자료로 사용할
수 있다.

추정된 문제의 원인을 도출할 때 활용 가능한 규칙

다음과 같은 규칙을 사용하면 추정된 문제의 원인을 검증할 수 있는 확률을 높일 수 있다. 〈표 5-1〉에서는 이러한 특정 규칙을 자세히 설명하고 있다. 추정된 문제의 원인은 반드시 관찰 및 측정 가능해야 하며, 문제점을 정의할 때 사용한 동일한 검사(예: 죽은 사람 검사, 준거 찾기 검사, 타인의 검증검사)에서도 문제가 없어야 한다. 이러한 조건을 요구하는 이유는 중재전략의 목적을 결정하고자 할 때에도 동일한 조건을 필요로 하고 있기 때문이다. 명확한 검증이 불가능한 문제의 원인은 교사의 예감이나 직감에 불과하기 때문에 중재전략을 계획하고자 할 때에 중요한 정보로 활용할 수 없다.

추정된 문제의 원인을 파악하고자 할 때에는 우선적으로 학생이 습득하지 못한 **선수지식**(prerequisite)에 초점을 맞추어야 한다. 추정된 문제의 원인에 해당하는 선수지식을 학생이 습득했다면 교사는 학습내용의 계열성(sequence)을 고려하여 그다음 수준에 해당하는 교과내용을 가르쳐야 하며, 학생의 해당 학년 수준에 도달할 때까지 이러한 교육을 지속적으로 제공해야 한다. 사전에 잘 계획된 학습내용의 계열성이나 성취준거들은 행동(action)으로 개별 단계를 정의하고 있다. 이때 개별 학습내용은 교육을 통하여 변화가 가능해야 한다. 관찰 가능한 행동으로 정의할 수 있는 학습내용은 학생마다 이해수준이 다를 수 있으며, 교육을 통하여 이러한 학습내용을 충분히 가르칠 수 있다.

표 5-1 추정된 문제의 원인을 도출하기 위한 규칙

규칙	설명
1. 변화 가능한 학습내용에 초점 맞추기	변화 가능한 학습내용이란 교사가 학생에게 가르칠 수 있는 교육내용을 의미한다. 교사가 교육을 통하여 향상시킬 수 없는 학습내용일 경우에는 교육제도 밖의 범위에서 해결방안을 찾아야 할 것이다.
2. 필수적인 학습내용에 초점 맞추기	변화가 가능한 학습내용이라고 해서 모두 중요하게 가르쳐야 하는 것은 아니다. 성취준거나 선수지식과 관련 없을 경우에는 중요한 학습내용이 아닐 수 있다.
3. 학습문제의 우선순위 정하기	난해한 학습문제들은 일반적으로 다양한 영역의 기술들과 관련되어 있다. 따라서 우선적으로 학습을 향상시킬 수 있는 기술에 초점을 맞추어야 한다.
4. 가장 유력한 학습문제의 원인을 먼저 선택하기	매우 예외적인 문제의 원인을 우선적으로 추정하기보다는 가장 공통적인 문제의 원인을 먼저 점검할 필요가 있다.
5. 기술의 계열성 고려하기	모든 기술은 선수기술을 필요로 하며, 한편으로 모든 기술들은 또 다른 기술을 습득하기 위한 선수기술이기도 하다. 따라서 기술의 계열성 측면에서 가장 낮은 단계의 기술을 향상시킬 수 있는 교육에 우선순위를 두어야 한다.

하지만 단순히 변화가 가능하다고 해서 무조건 가르칠 필요가 있는 것은 아니다. 대신 성취준거에 포함된 기술이나 학교 교육과정에 포함된 교육내용을 참고하여 가르칠 내용을 선택하는 것이 좀 더 안전한 방법일 수 있다.

> **CBE 중요사항 11**
> 교육을 통해서 변화시킬 수 없다면 측정도 불가능할 것이다.

학생들은 이러한 기술이나 교육내용을 학년말까지 습득해야 하기 때문에 특별히 중요하다. 재윤이의 예에서도 이러한 점을 주의할 필요가 있다. 재윤이는 현재 매우 심각한 학업의 문제를 갖고 있기 때문에 한 가지 이상의 기술에서 어려움을 가질 확률이 높다. 이러한 이유 때문에 우선순위를 고려하여 가르칠 기술을 선택할 필요가 있다. 높은 우선순위를 부여할 수 있는 기술들은 다음과 같다.

- 그 자체로 필수적인 기술
- 다른 기술을 습득하는 데 있어서 기초가 되는 기술
- 기술의 계열성에서 가장 낮은 단계의 기술

필수적인 기술은 특정 학년에서 성취할 것으로 기대되는 교육의 성취결과나 성취준거이며, 동시에 진급할 학년에서 필요한 **도구기술**(tool skill)이기도 하다. 유창하면서 정확히 읽는 읽기능력은 대표적인 예에 해당된다. 초등학교 1~5학년까지의 영어 교육과정에서는 이러한 읽기능력을 성취준거로 설정하고 있다. 유창하면서 정확히 읽는 능력을 습득하기 위해서는 우선적으로 다양한 선수지식(활자의 개념, 음소 인식, 알파벳 지식)을 습득해야 한다. 심지어 중학교와 고등학교에서도 유창하면서 정확히 읽는 능력은 내용교과의 도구기술이기도 하다. 즉, 교과의 내용을 제대로 이해하기 위해서는 일정한 수준의 읽기능력이 발달되어야 한다. 교과의 내용을 이해할 수 있는 읽기능력이 부족하다면 생물교과의 내용을 이해하거나 응용하는 데 있어서 어려움이 있을 것이다. 마찬가지로, 교과서를 읽지 못하는 상황에서 유럽의 역사를 이해하기는 어려울 것이다.

〈표 5-2〉는 추정된 문제의 원인의 올바른 예시와 잘못된 예시

표 5-2 추정된 문제의 원인을 진술한 올바른 예시와 잘못된 예시

	사실	추정된 문제의 원인	검사	결과
올바른 예시	재윤이는 혼합 유형의 수학문제를 45%의 정확성을 갖고 계산할 수 있다.	수학문제에 적합한 수학공식을 선택하지 못함	수학공식에 관한 지식	재윤이는 덧셈과 곱셈의 기호를 혼동하고 있다.
잘못된 예시	재윤이는 혼합 유형의 수학문제를 45%의 정확성을 갖고 계산할 수 있다.	낮은 논리적 사고와 낮은 수학적 지능	인지처리과정 혹은 능력	재윤이는 교과내용을 이해할 수 있는 능력을 갖고 있지 않다.

를 제공하고 있다. 첫 번째 예시에서는 교육과정에서 포함된 기술의 계열성을 고려하고 있으며 중요하면서 가변성을 갖고 있는 기술에 초점을 맞추고 있다. 중요하면서 가변성 있는 기술이란 재윤이가 특정한 수학공식을 정확하게 사용할 수 있는 능력을 의미한다. 문제의 원인을 잘못 추정한 예시에서는 본능적으로 변화가 불가능한 기술에 초점을 맞추고 있으며, 이러한 기술은 기술의 계열성과도 관련이 없다.[1] 이러한 기술은 교육과정에 포함된 기술의 계열성과 관련이 없기 때문에 필수적인 기술도 아니다. 변화가 불가능한 기술이기 때문에 학생에게 그러한 기술을 가르칠 수도 없다. 심지어 이러한 기술들을 문제의 원인으로 추정하더라도, 최 교사는 교수전략을 계획하고자 할 때 이 기술을 고려할 수 없으며, 불

------

1) 교수과정에 관한 잘못된 개념을 논의한 제2장으로 다시 돌아가서 생각해 보자. 여기서 이러한 문제를 해결할 수 있는 한 가지 방안을 제공하고 있다.

필요한 기술을 가르치느라 시간만 낭비하여 교사 스스로 좌절할 수도 있을 것이다.

한 가지 사례

다음의 예는 좀 더 난이도가 높은 기술을 학습하는 데 있어서 필요한 기술과 기술의 계열성을 파악하고, 적어도 현재의 시점에서 중요치 않은 기술은 무엇인지를 결정할 때 도움을 줄 수 있다. 이전 예에서 최 교사는 재윤이가 학년 수준의 읽기 지문을 읽을 때 일정한 수준의 유창성과 정확성이 부족[공통핵심교육과정(CCSS) 기준 RF 2.4]했기 때문에 읽기에 어려움을 보이는 것으로 잠정적으로 결정하였다. 이러한 결과에 근거하여 교사는 재윤이가 해독(decoding) 능력에 있어서 어려움을 갖고 있는 것으로 생각했는데, 그 이유는 이 학생이 글을 정확하거나 빠르게 읽을 수 없었기 때문이다. 또한 교사는 이 학생이 부정확하게 읽은 글을 스스로 교정하지 못하는 문제를 발견하였다. 읽기영역(핵심 기초 능력)의 공통핵심교육과정을 검토하면서, 교사는 먼저 기준 RF 2.4(유창성)에 포함된 기술들을 유심히 검토하였다. 그러한 기술은 다음과 같다.

a. 학년 수준의 글을 읽을 때, 글의 목적과 내용을 이해할 수 있다.
b. 학년 수준의 글을 읽을 때, 감정을 이입하여 정확하면서 적절한 속도로 읽을 수 있다.
c. 단어재인과 글의 내용 이해를 위해서 지문의 단서를 이용하거나 자기교정전략을 사용할 수 있으며 필요한 경우에는 글을 다시 읽을 수 있다.

재윤이의 경우 다양한 목적을 갖고 책을 읽는다는 점을 이해하고 있었으며, 목적에 적합한 책을 선택할 수 있는 능력을 갖고 있음을 교사는 확인하였다. 이 학생의 구두 읽기 능력은 부정확하였으며 읽기 속도가 빠르지 않았기 때문에 교사는 가장 먼저 관심을 가져야 할 문제를 기술 b라고 생각하였다. 하지만 글을 읽는 동안 자기교정을 사용하지 못한다는 문제점과 함께 읽기의 정확성이 낮다는 점(이러한 문제점은 자기교정을 사용할 필요가 있음을 의미한다)을 감안하여 최 교사는 재윤이가 자기교정 기술이 부족하다고 의심할 수 있다. 하지만 이러한 부족한 기술은 읽기의 정확성과 유창성을 위한 필수적인 선행기술이 아니다. 글을 정확하게 읽을 수 있는 기술은 자기교정 기술보다 더 강력한 학년 수준의 읽기능력을 나타내는 지표일 것이다.

추가적인 선수기술을 확인하기 위해 교사는 읽기교과의 CCSS(핵심기술, 준거 RF 2.3: 파닉스와 단어재인)에 초점을 맞출 수 있다. 이 기준에 포함된 읽기 기술들은 다음과 같다.

a. 1음절 단어를 읽을 때 장단모음을 구별하기
b. 자주 사용되는 모음군이 추가될 때 철자와 소리의 대응을 인지하기
c. 장모음이 있는 2음절의 단어를 해독하기
d. 자주 사용되는 접두사와 접미사를 가진 단어를 해독하기
e. 자주 사용되는 불규칙 철자–소리 대응관계를 가진 단어를 인지하기
f. 해당 학년 수준의 불규칙 철자 단어를 읽고 인지하기

앞에서 나열한 읽기 기술은 초등학교 2학년 학기말까지 배워야만 하는 파닉스와 단어분석기술(word analysis skills)들이다. 앞에서 제시한 기술의 순서는 알파벳순으로 내려갈수록 난이도가 증가하며, 이러한 순서는 해당 기술을 지도할 때 기술의 계열성 정보로 활용된다. 재윤이의 선별검사결과 및 다른 기타 결과들을 종합적으로 검토한 결과에 따르면, 주로 불규칙한 철자의 단어와 접두사와 접미사를 포함한 단어를 읽을 때 자주 오류를 범하는 것으로 나타났다. 오류를 범했던 두 가지 읽기 기술은 모두 서로에게 선수지식이 아니었기 때문에(해당 학년 수준의 불규칙한 철자 단어는 반드시 접두사와 접미사를 포함하고 있지 않다), 최 교사는 느리고 부정확한 읽기의 원인을 두 가지 기술의 결함으로 추정할 수 있다. 오류를 범했던 두 가지 읽기 기술들은 해당 학년의 읽기 교육과정에 포함된 내용이다. 따라서 이러한 기술들을 평가할 필요가 있으며 적절한 시점에서 이러한 기술들을 학생에게 가르쳐야 한다. 만약 최 교사가 철저히 검사를 실시했다면(우리는 교사들이 이러한 철저한 조사를 했을 것으로 기대한다), 재윤이가 기술 d의 선수기술인 a~c의 읽기 기술을 습득했는지를 확인할 수 있었을 것이다. 이러한 선수기술들(a~c)은 모두 단어의 어원과 관련된 기술인 반면에 기술 d는 단어의 어원에 추가된 접사를 가진 단어에 초점을 맞추고 있기 때문에 상위수준의 기술로 평가할 수 있다.

이와 함께 이전 학년에 해당하는 읽기 기술을 제대로 습득했는지의 여부를 점검할 필요가 있다. 교육과정은 일반적으로 해당 학년의 교육내용뿐만 아니라 학년 간의 연계성을 고려하여 개발된다. 따라서 올해 배우게 될 학습기술들은 진급할 학년에 배우게 될 기술의 선수기술이 된다. 마찬가지로, 학생이 올해 배워야 할 기술을 습득하는 데 있어서 어려움이 있다면 이전 학년에서 배웠던 기술을 선수기술로 고려해야 한다.

F.AC.T.R.

문제의 원인을 추정할 때 〈표 5-2〉의 내용만으로는 충분치 않으며, 추가적인 사항을 고려할 필요가 있다. 이 책에서 자주 사용한 작업표(worksheet)나 점검사항 목록을 추정된 문제의 원인을 발견하고 검증하기 위하여 사용할 수 있다. F.AC.T.R의 작업표(〈서식 5-1〉)는 여기서 사용할 수 있는 한 가지 예이다. F.AC.T.R은 Fact(사실)−Assumed Cause(추정된 문제의 원인)−Test(검사)−Result(결과)의 첫 번째 철자로 만든 약자 명칭이다. 작업표를 작성하는 절차를 설명하면 먼저 문제를 명확하게 정의(사실)한 후에 가설된 원인(추정된 문제의 원인)을 찾는 것이다. 사실(fact)은 반드시 학생의 실제 현행 수준과 도달해야 할 적합한 수행준거(CAP) 간의 차이로 기술해야 한다([그림 4-7] 재검토). 이러한 사실을 기술할 때는 문제의 존재 여부와 함께 문제의 심각성 정도를 설명해야 한다. F.AC.T.R의 단계를 수행하면서 제시된 작업표 형식에 맞지 않는 내용이 있다면, 이는 과정상의 문제로 봐야 한다. 예를 들어, 지나치게 세부적으로 문제의 원인을 추정하면 교수전략과 관련된 유용한 정보를 얻을 수 없다(예: 재윤이는 ph로 시작하는 2음절의 단어에서 첫 번째 음절의 e는 뒤따르는 r에 의해서 발음에 변동이 있는 단어를 읽을 수 없다). 또한 추정된 문제의 원인은 기술의 계열성이나 표준교육과정 준거에 포함되지 않은 기술일 수 있다.

다수의 문제점을 확인한 경우라면 문제별로 추정된 문제의 원인

〈서식 5–1〉 F.AC.T.R. 작업표

이름:			날짜:	

지시사항: 각각의 영역을 모두 작성하기

사실	추정된 문제의 원인	검사	결과
학생이 습득하지 못한 교육과정의 내용	문제의 원인이 될 수 있는 선행 기술들	선행기술을 측정하는 방법	학생은 선수기술을 습득하였는가?

을 각각 찾아야 한다. 경우에 따라서는 한 문제에 대한 다수의 추정된 문제의 원인을 도출할 수도 있을 것이다. 만약 한 가지 문제점에 대해서 다수의 추정된 문제의 원인을 확인했다면 그중 실제 원인은 무엇인지를 검증할 필요가 있다. 또한 실제로 해당 문제점은 다수의 원인과 관련되어 있는지를 점검할 필요가 있다. F.CA.T.R 작업표의 사실 영역과 추정된 문제의 원인 영역을 모두 작성했다면 그다음 단계에서는 추정된 문제의 원인이었던 기술을 측정하는 평가방법(검사)을 결정해야 한다. 또한 평가를 통해서 확인된 기술은 기존의 준거와 차이가 있는지 여부를 검증할 필요가 있다. 이러한 결과를 종합하여 최종적으로 추정된 문제의 원인이 실제로 문제를 일으켰던 주 원인이었는지를 결정할 수 있다.

　재윤이의 예를 다시 생각해 보자. 사실 확인하기 과정을 통해서 최 교사는 재윤이가 부정확하면서 느리게 글을 읽는 문제점을 확인하였다. 이러한 결과는 CCSS 읽기 기준[기초 기술, 유창성(RF 2.4)]에 해당된다. 최 교사는 결과를 다음과 같이 서술하였다.

　　사실: 재윤이는 2학년 수준의 지문의 글을 1분 동안 42개의 단어
　　　　 (80개의 단어를 읽었으며, 정확하게 읽은 비율은 52.5%
　　　　 였음)를 정확하게 읽을 수 있었으며, 이러한 결과는 해당
　　　　 학년의 겨울학기 벤치마킹 준거 점수(1분 동안 72개의 단
　　　　 어를 읽음)보다 낮은 것으로 나타났다.

　재윤이는 읽기의 정확도와 유창성이 모두 부족했다. 따라서 최 교사는 재윤이가 학년 수준의 읽기 해독기술을 활용하는 능력이 부족하다는 가설을 설정하였다. 이러한 문제는 CCSS 읽기 기준[기

초 기술, 파닉스와 단어재인(RF 2.3a-f)과 관련되어 있다. 특별히 재윤이는 해당 학년 수준에서 배워야 할 불규칙 철자 단어(RF 2.3f)를 읽거나 재인하는 데 어려움을 갖고 있었으며, 자주 사용되는 접미사나 접두사가 있는 단어(RF 2.3d)를 해독하는 데 있어서 어려움을 갖고 있었다. 또한 최 교사는 읽기에 영향을 미칠 수 있는 단어재인의 자기교정능력이나 지문에 포함된 단어의 뜻을 확인하기 위하여 지문의 내용을 검토하는 능력이 부족할 수 있다는 가정을 하였다. 이러한 두 가지 읽기 기술(RF 2.4c)은 동시에 필요한 기술이며, 재윤이는 아직 이러한 기술을 습득하지 못했다. 이러한 기술은 CCSS에 포함된 읽기 기술(기초 기술, 유창성)에 해당된다. 결론적으로 최교사는 다음과 같은 세 가지의 원인 때문에 부정확하면서 느리게 글을 읽는 것으로 가정하였다.

- 추정된 문제의 원인 1: 재윤이는 학년 수준에 해당되는 불규칙 단어를 정확하면서 유창하게 읽을 수 없다.
- 추정된 문제의 원인 2: 재윤이는 자주 사용되는 접미사와 접두사를 가진 단어를 정확하면서 유창하게 해독할 수 없다.
- 추정된 문제의 원인 3: 재윤이는 단어재인을 위한 자기교정전략이나 단어재인을 확인하기 위한 목적으로 지문의 내용을 활용하지 못한다.

최 교사가 〈표 5-1〉에서 제시된 규칙을 적용했다는 점을 다시 한번 상기할 필요가 있다. 문제의 원인으로 추정된 읽기 기술들은 모두 가변적이면서 필수적인 기술이었으며, 기술의 계열성(추정된 기술들은 모두 CCSS에 포함됨), 다른 기술들보다 중요도 측면에서 우

선순위를 부여할 수 있으며 해당 문제와 관련성(재윤이가 갖고 있는
읽기 문제점과 가장 관련성이 높음)이 높은 기술들이다.

행동 2-2: 평가 계획하기

다른 CBE 절차와 마찬가지로, 평가 계획은 이전 행동의 결과에
따라 달라질 수 있다. 이번 행동에서 사용하는 평가 절차는 이전 단
계에서 추정한 문제의 원인과 직접적으로 연관성을 갖고 있어야
한다. 현재의 단계에서는 문제의 원인을 검증하기 위해서 어떤 영
역을 평가해야 하는지 알고 있을 것이다. 학습기술의 계열성과 중
요한 기술에 초점을 맞춘다면 명확한 평가 계획을 수립할 수 있을
것이다. 추정된 문제의 원인을 도출하기 위해 사용한 규칙을 체계
적으로 사용하여 원하는 결과를 얻을 수 있는 확률을 증가시킬 수
있었다. 마찬가지로, 추정된 문제의 원인을 검증할 때에도 적용 가
능한 규칙들이 있다. 〈표 5-3〉은 이러한 규칙을 제공하고 있다.

해당 영역과 관련된 기술의 계열성과 교육과정의 준거를 고려하
면 계열성의 관점에서 기술을 정의할 수 있다. 계열성이란 과제의
난이도가 순서대로 정렬되어 있거나 사전 기술들이 정립되어 있
는 것을 의미한다(만약 계열성을 찾을 수 없다면 심각하게 고민해 봐야
한다). 학년이 증가함에 따라 더 어려운 상위수준의 기술을 습득하
는 것과 마찬가지로, 기술의 계열성에서도 동일한 원리로 기술을
서열화할 수 있다. 교사는 학생을 가르치고 학생은 학습을 하게 되
는 일련의 과정을 통해서 학생은 성장하게 된다. 이러한 과정은 '상
향식' 교수의 계열성을 나타내는 한 예이다. 이러한 점을 고려한다

표 5-3 추정된 문제의 원인을 검증할 때 적용 가능한 규칙

규칙	설명
1. 하향식 검사/ 상향식 교수	학생이 아직 습득하지 못한 다수의 기술을 확인할 수 있는 방법은 기술의 계열성을 고려하여 가장 낮은 단계의 기술을 우선적으로 검증하는 것이다.
2. 일치성 확인하기	평가의 결과와 실제로 필요한 정보가 서로 일치하는지를 확인할 필요가 있다.
3. 반응 유형을 고려하기	제시된 여러 응답 중에서 한 가지를 고르게 하는 객관식 유형의 검사는 지양해야 한다.
4. 여러 조건을 고려하기	학생은 맥락 안에서 과제를 수행할 때와 독립적으로 과제를 수행할 때 차이가 있는가? 과제 수행에 있어서 영향을 줄 수 있는 다른 조건(구두 읽기와 묵독으로 읽기)들이 존재하는가?

면 검사는 하향식 방법으로 진행되어야 한다. 평가의 시작점은 학생의 현재(최근의) 수행능력을 검사하는 것이다. 성취준거에 도달한 학생의 현재 수행능력을 평가를 통하여 확인할 수 있었다면 문제점은 없는 것으로 결론 내릴 수 있다. 즉, 교사는 기존의 방법으로 지속적으로 가르칠 수 있으며, 학생은 그러한 교육을 통해서 지속적으로 성장할 것이다. 그러나 이와 달리 성취준거에 도달하지 못한 경우라면, 바로 이전 단계에 해당되는 선수기술에 초점을 맞추어야 하며, 이러한 선수기술을 평가할 수 있는 검사를 실시해야 한다. 재윤이가 아직 습득하지 못한 '가장 높은' 단계의 학습기술은 무엇인지를 발견할 때까지 이러한 절차[이러한 기술을 **근접발달영역**(zone of proximal development)이라고 명명하기도 한다; Vygostky, 1978]를 반복해야 한다. 하향식 검사와 상향식 교수의 과정은 [그림 5-2]에서 설명되고 있다.

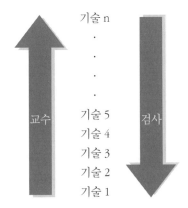

[그림 5-2] 기술의 계열성에서 적용 가능한 하향식 검사/상향식 교수

하향식 검사를 수행할 때 주의해야 할 점은 해당 기술을 제대로 측정할 수 있는 검사도구를 사용해야 한다는 점이다. 해당 기술을 직접적으로 측정할 수 있는 검사도구를 사용하는 것이 가장 이상적인 방법일 것이다. 즉, 목적에 적합하며 직접적으로 측정 가능한 검사를 사용해야 한다.

평가의 직접적인 일치성이란 해당 교과영역을 평가할 때와 동일하게 학생의 반응을 측정한다는 것이다. 이 책의 2장에서 설명한 것처럼, 다양한 유형의 지식이 존재하며, 다양한 방법으로 지식을 표현할 수 있다. 일반적으로 잘 작성된 CCSS의 내용과 기술의 계열체계는 행동적 용어(action words, 예: 해당 학년 수준의 글을 정확하면서 유창하게 읽기)로 표현된다. 이러한 이유로 교사는 해당 기술에 대한 학생들의 수행능력을 직접적으로 측정 가능한 평가 절차(assessment procedure)를 사용하고 싶을 것이다. 해당 학년 수준의 글을 유창하면서 정확하게 읽을 수 있는 기술은 간접적인 평가방법(학생이 묵음으로 글을 읽은 후에 4지 선다형 객관식 문항에서 정답을 선택하는 방법)보다는 직접적인 평가방법(학생에게 글을 구두로 읽게 한 후에 정확하게 읽은 단어의 비율과 기울기를 기록하는 방법)으로 측정되어야 한다. 응답 유형과 불일치하는 기술을 측정하는 것은 대표적인 간접 측정방법이다. 두 가지 검사방법은 모두 '읽기'라는 큰 범주 안에 포함되지만 이번 단계에서 명심해야 할 사항은 기술과 일치된 특정 평가방법을 사용할 필요가 있다는 점이다.

평가의 직접적인 일치성을 확보하기 위해서는 적합한 조건들도 필요하다. 여기서 말하는 적합한 조건이란 적합한 조명이나 온도를 제공해야 함을 의미하지 않는다. 대신 학생에게 적합한 수업 교재를 사용하고 있는 것이 적합한 조건에 해당된다. 교사가 사용하는 수업 교재가 평가에서 측정하는 내용을 포함하고 있는지를 확인할 필요가 있다. 3학년 읽기 평가에서는 3학년 수준에 적합한 지문을 사용해야 한다. 특정 기술을 평가하는 검사에서는 학생들이 해당 특정 기술을 직접적으로 수행해 볼 수 있는 기회를 제공하고 그 능력을 평가해야 한다. 이 밖에도 검사제시 유형(구어, 문어), 검사응답 유형(구어, 문어), 오답지 포함 유무 등과 같은 조건들을 살펴볼 필요가 있다.

다시 최 교사와 재윤이의 예로 다시 돌아가 보자. 최 교사는 추정된 문제의 원인을 CCSS와 비교하길 원했다. 먼저, 최 교사는 '하향식 검사'를 실시하기 위해 추정된 문제의 원인을 순서대로 나열하였다. 즉, 3순위(자기교정), 1순위(불규칙 단어), 2순위(접두사와 접미사)로 나열하였다. 최 교사는 하향식 검사가 어렵지 않으며, 습득한 기술의 일반화와 유지 정도를 확인하기 위하여 어느 정도 검사가 중복될 수 있음을 알고 있다. 또한 최 교사는 (자기교정능력의 유무와 상관없이) 해당 학년 수준의 글을 정확하면서 유창하게 읽기 위해서는 파닉스 기술과 단어재인 능력도 반드시 습득해야 함을 인지하고 있다.

최 교사는 변화 가능하며 측정 가능한 기술을 추정된 문제의 원인으로 설정했기 때문에 해당 기술을 직접 측정할 수 있는 평가 절차를 수립할 수 있을 것이다. 따라서 최 교사는 소리 내어 글을 읽을 수 있는 읽기 검사를 재윤이에게 제공할 수 있다. 경우에 따라서는 추정된 문제의 원인을 좀 더 명확히 검증하기 위하여 추가적인 평가 절차가 필요할 수 있다.

행동 2-3: (필요한 만큼) 평가하기

평가와 관련된 모든 질문(즉, 확인된 문제점에 대한 추정된 모든 원인)에 답하기 위해서는 학생들의 수행수준을 평가할 수 있는 한 가지 이상의 평가 절차가 필요하다. 한 가지 이상의 평가 절차를 사용할 경우, 응답 유형에 따른 검사결과의 차이를 비교할 수 있으며, 다양한 조건에서 수행한 학생의 수행능력을 비교할 수 있다. 즉, 한 가지 이상의 평가 절차를 사용할 경우 교사는 의사결정 시 활용 가능한 더 많은 정보를 얻을 수 있다.

한 가지 중요한 사실은 일부 평가 절차에서는 한번에 다수의 평가 질문에 답변할 수 있다는 점이다. 예를 들어, 재윤이가 부정확한 계산능력을 갖고 있다고 가정해 보자. 먼저, 재윤이의 학년 수준에 해당하는 수학 문항을 포함하고 있는 혼합형 수학 계산 검사지(mixed math computation probes)를 사용하여 진단적 분석을 수행할 수 있으며, 이러한 진단적 분석결과는 학생이 범할 수 있는 오류 유형(수 회상, 계산 절차)의 잠재적인 정보와 더불어 다양한 수리능력에 대한 정보를 추가적으로 제공할 수도 있다. 다양한 정보들을 확인함으로써 교사는 본인이 추정했던 문제의 원인에 대하여 더욱더 확신을 가질 수 있을 것이다.

이번 단계의 행동에서는 제목의 괄호에 포함된 내용(필요한 만큼)을 특별히 중요하게 고려할 필요가 있다. 이전에 살펴봤던 사실 확인하기 과정을 다시 생각해 보면 아마도 모든 정보를 하나로 모으기 위해서 그렇게 많은 시간을 소비했는지 의문을 가질 수 있을 것이다. 하지만 더 이상 궁금해하지는 마시라! 수집한 정보의 양이 방대하다는 것은 한편으로는 추정된 문제의 원인을 검증할 수 있는 충분한 정보를 확보했다는 것으로 해석할 수 있다. 특정 목적에 초점이 맞춰진 진단평가의 의사결정에서는 잠재적인 세 유형의 정보(기존의 결과들, 동일한 과제를 다시 측정하기, 혹은 새로운 평가도구를 사용하기)를 사용할 수 있다.

선택사항 1: 기존의 결과들

해당 학생의 학년, 학교 재학 기간, 재학 연도에 따라 선별검사 및 성취도검사에 관한 정보의 양은 다를 수 있다. 마찬가지로, 학생의 학업성취 결과물이나 관찰결과 혹은 진단적 인터뷰 정보도 학생에 따라 다를 수 있다. 이러한 기존 정보들은 이미 첫 번째 단계에서 재윤이의 문제점을 확인하기 위해서 사용되었다. 여기서 주의해야 할 사항은 첫 번째 단계에서는 단지 개괄적인 수준에서 문제점을 확인했다는 점이다. 현 단계에서는 문제의 원인이 될 수 있는 선수기술을 좀 더 면밀하게 측정할 필요가 있기 때문에 다른 목적을 갖고 있음에 주목할 필요가 있다. 최 교사가 재윤의 구두읽기 지문검사의 결과를 면밀히 조사해 보면, 재윤이의 학년에서 사용하는 읽기 교과서가 적합한지를 평가할 수 있으며, 읽기 도달 성취 준거와 비교하여 상대적으로 읽기 능력이 부족함을 평가할 수 있다. 또한 재윤이가 읽었던 읽기 지문에 교사가 표기했던 중요한 사항들을 다시 검토할 것이다. 이러한 검토를 통하여 최 교사는 ① 자기교정의 사용 여부, ② 해당 학년에서 배워야 할 불규칙 철자를 정확하게 읽을 수 있는 능력, ③ 자주 사용되는 접미사와 접두사를 가진 단어를 정확하게 읽을 수 있는 능력을 평가할 수 있다.

추정된 문제의 원인을 일반화할 때 가장 주의해야 할 사항은 이미 사용된 정보는 문제의 원인을 확인할 때 재사용하지 않는 것이다. 추정된 문제의 원인을 일반화하기 위해서 사용된 정보를 재사용하는 것은 문제 원인을 확인하는 데 가장 확실하면서 손쉬운 방법일 것이다(이 문제는 이전에 설명했던 현명한 판단을 저해할 수 있는 위험요인 중 확증적 편견에 해당된다). 선별검사결과를 이용하여 재윤이가 자주 사용하는 접미사와 접두사가 있는 단어를 정확하게 해독하지 못한다는 결론을 내렸다면, 이러한 동일한 검사결과를 또다시 문제의 원인을 검증하기 위해서 사용해서는 안 될 것이다. 선별검사에서 재윤이가 특정 과제에서 이러한 오류를 범했다고 해서 다른 검사에서도 동일한 오류를 범할 것이라고 가정하기는 어렵다. 특별히 읽기영역에서는 일관된 오류(실수)가 매번 나타난다고 가정하기 어려우며, 이러한 오류는 진단과 관련된 정보를 거의 제공하지 못한다(Flynn, Hosp, Hosp, & Robbins, 2011 비교). 이와 달리 수학의 계산영역에서는 일관된 오류 유형을 좀 더 쉽게 파악할 수 있는 특성을 갖고 있지만(Ashlock, 2009 참조), 그럼에도 불구하고 여전히 오류에 대한 가설검증을 실시하는 것은 매우 중요하다.

두 번째로 주의할 사항은 검사도구의 신뢰도와 타당도를 해석할 때 분석수준을 고려해야 한다는 점이다. 예를 들어, 학년 성취 준거에 부합하는 읽기능력을 평가(준거참조검사를 사용)하거나, 혹은 또래 동료와 읽기능력을 비교(규준참조검사를 사용)하는 의사결정을 하고자 할 때에는 이러한 분석수준에 해당하는 우수한 신뢰도와 타당도를 가진 읽기검사를 사용할 필요가 있다. 만약 하위 소검사별로 읽기 점수를 해석하고자 할 때에는 소검사에 대한 신뢰도와 타당도의 증거가 확보되어야 한다. 즉, 전체 검사점수에 대한 신뢰도와 타당도의 결과를 하위 소검사에도 동일하다고 적용해서는 안 될 것이다. 실제로 전체 검사점수에서 확인한 우수한 신뢰도와 타당도 결과를 하위 소검사 혹은 개별 문항 수준까지 과잉 일반화하는 오류를 쉽게 접할 수 있다. 기존 결과를 재분석하거나 검사를 재실시할 때, 혹은 새로운 검사결과를 도출할 때에도 이러한 점을 주의해야 한다. 검사의 신뢰도와 타당도를 산출한 수준과 분석수준이 서로 일치하는지를 확인하는 것은 매우 중요하다.

최 교사는 그동안 수집한 수많은 정보를 바탕으로 문제의 원인을 추정하였다. 즉, 최 교사는 교실에서 재윤이의 읽기 수행능력(최 교사는 교실에서 재윤이의 학년 수준에 적합한 읽기 지문을 읽는 것을 유심히 관찰함)을 관찰한 결과, 학부모 자원봉사자와 재윤이 부모가 작성한 보고서, 그동안 누적된 재윤이의 교육성취 결과물, 1학년 담임교사의 평가결과 등을 종합적으로 검토하였다. 또한 최 교사는 겨울학기 선별검사에서 실시한 3회기의 구두읽기(OPR)검사결과를 이용하여 재윤이의 읽기 능력을 평가하고자 하였다. 이처럼 최 교사는 본인이 생각한 추정된 원인을 확신할 수 있을 만큼의 충분한 정보를 수집했음에도 불구하고 여전히 문제의 원인을 확증하기 위해서는 추가적인 정보가 필요하다고 생각하였다. 이러한 이유로 최 교사는 추가적인 평가를 실시하기로 결정하였다.

> **CBE 중요사항 12**
> 특정 목적에 적합한 신뢰도와 타당도를 갖춘 검사도구를 사용해야 한다!

선택사항 2: 동일한 과제를 다시 측정하기

추정된 문제의 원인을 도출하기 위해서 이미 사용한 동일한 검사지를 재사용하여 문제의 원인을 검증할 수는 없을 것이다. 이러한 문제를 해결할 수 있는 한 가지 방안은 동형 검사지를 이용하여 동일한 검사를 재실시하는 것이다. 동형 검사지의 경우 모든 문항들은 이전에 실시한 검사지와 동일하지 않기 때문에, 검사의 연습 효과를 예방할 수 있다. 학생이 명확한 특정 오류를 지속적으로 범하고 있을 경우에는 동형 검사를 실시하여 오류의 유무를 재확인할 수 있다. 이러한 과정을 반복가능성(repeatability) 혹은 반복 절차(process of replication)로 명명하고 있다.

문항은 다르지만 동일한 내용을 측정하는 검사지를 동일한 조건하에 재실시한다면, 특정 오류의 발생 유무를 명확히 확인할 수 있을 것이다. 이처럼 동형 검사지를 사용할 경우 교사가 문제의 원인을 정확히 추정했는지를 검증할 수 있다. CBE 1 단계에서 설명한 자료의 포화(saturation)란 개념을 다시 상기해 보자. 추정된 문제의 원인을 검증하는 데 있어서 충분한 확신을 가질 수 있을 때까지 관련 증거를 수집해야 한다.

두 번째 실시한 검사에서 나타난 학생의 오류가 첫 번째 검사와 불일치한다고 해서 문제의 원인을 검증하는 데 실패한 것으로 결론 내려서는 안 될 것이다. 이러한 불일치 결과를 해당 기술을 완전히 습득하지 못한 것으로 평가하기보다는 해당 기술이 지금 발현되고 있다고 해석할 수도 있다. 새로운 기술을 배웠던 가장 최근의 경험을 생각해 보면 좀 더 쉽게 이러한 현상을 이해할 수 있다. 새롭게 배웠던 기술을 점점 완벽하게 사용할 수도 있었겠지만 경우에 따라서는 그렇지 않을 수도 있다. 운동선수나 음악가의 경우 동일한 방법으로 동일한 기술을 수행하기 위해서는 상당히 많은 양의 연습이 필요하다. 이러한 동일한 원리가 학습영역에서도 동일하게 적용될 수 있다. arachibutyrophobia라는 단어를 처음 발음할 때는 매우 어려울 수 있겠지만(특별히 땅콩버터가 입천장에 달라붙은 것처럼 발음하기 어렵다), 결국에는 많은 연습을 통해서 이 단어를 '쉽게 발음할 수 있을 것이다.'

최 교사는 다음과 같은 이유로 또 다른 구두읽기 지문을 사용하고자 했다. 먼저, 구두읽기 지문은 교육과정의 내용과 일치되는 특성을 갖고 있으며, 매번 동일한 검사 조건에서 검사를 실시할 수 있는 장점과 함께, 교과의 특성에 해당하는 검사의 응답 유형을 갖고 있었다. 하지만 궁극적으로 최 교사는 구두읽기 지문을 사용하지 않기로 결정하였다. 왜냐하면 구두읽기 지문을 사용하여 최 교사가 관심을 가졌던 특정한 읽기 기술을 관찰하기는 어려웠기 때문이다. 또한 구두읽기 지문의 난이도는 학생의 선수지식의 차이와 지문 내용의 차이 때문에 동일하지 않았다. 최 교사는 이전에 실시한 3회기의 구두읽기 지문을 재검토한 결과, 학년 수준에 적합한 불규칙 철자 단어는 3개에 불과하였다. 교육과정에서는 50개의 불규칙 단어를 명시하고 있었기 때문에 3개의 단어는 충분치 않다고 생각하였다. 또한 최 교사는 구두읽기 지문을 사용하여 재윤이의 자기조정전략을 측정하는 것은 적합하지 않다고 생각하였다. 왜냐하면 글을 읽는 동안 규칙에 맞게 자기조정전략을 구두로 표현하지 않았기 때문이다. 예를 들어, 최 교사는 재윤이가 글을 읽는 동안 자기교정전략을 단순히 사용하지 않은 것이지 혹은 사용할 필요가 없어서 사용을 안 한 것인지를 확인할 수가 없었다. 마지막으로, 재윤이는 3개의 읽기 지문에서 가장 빈번히 사용되는 접두사와 접미사를 포함하는 14개의 단어를 읽었지만 각각의 단어를 두 번 이상 읽을 수 있는 기회는 없었다. 전반적인 결과를 살펴보면, 재윤이가 읽었던 접두사와 접미사를 가진 단어의 정확성은 전체 단어의 정확성(55% 대 52.5%)과 비교했을 때 큰 차이가 없었다. 하지만 최 교사는 읽기 지문에 사용된 이러한 단어가 접미사와 접두사를 포함하고 있는 단어의 해독능력을 측정하기에 적합한지에 대해서 확신할 수 없었다. 결론적으로 최 교사는 다른 검사가 필요하다는 생각에 도달하였다.

선택사항 3: 새로운 검사를 사용하기/개발하기

기존의 검사결과들을 사용할 수 없거나 동일한 검사를 재사용할 수 없는 경우가 있을 수 있다. 이러한 상황이라면 다른 검사를 사용하여 새로운 자료를 수집해야 한다. 이러한 상황은 '사용빈도가 낮은 수행능력' '비용' '시간' '서로 다른 조건'의 요인 때문에 발생할 수 있다.

앞서서 설명한 것처럼, 특정 기술이 중요한 필수 기술인지를 결정하고자 할 때에는 우선적으로 해당 기술이 향후 습득하게 될 기술의 선행기술인지의 여부를 확인할 필요가 있다. 즉, 선행기술은 미래에 습득할 기술의 전제조건이기 때문에 필수 기술로 고려할 수 있다. 하지만 필수 기술이기 때문에 이미 학생에게 해당 기술을 배울 수 있는 기회가 충분히 주어졌을 것이라고 단정해서는 안 될 것이다. 선행기술이 자주 사용되는 기술이 아닌 경우에는 새로운 검사를 만들거나 사전에 제작된 교재(premade task)를 사용하여 선행기술을 여러 번 수행할 수 있는 교육의 기회를 학생에게 제공할 필요가 있다.

기존 정보를 수집하는 데 있어서 높은 비용을 지불해야 하거나 많은 시간이 소요된다면 '선택사항 2'는 바람직한 대안이 아닐 것이다. 추정된 문제의 원인을 정확하게 검증하는 것도 중요하지만 검사의 효율성도 무시할 수 없는 요인이다. 추정된 문제의 원인은 세부 하위 기술(specific skill)로 정의되며, 상위 기술(broad skill; 읽기, 수학 등)을 수행할 때 이러한 하위 기술을 관찰할 수 있다. 상위 기술을 측정하는 학년말 종합검사나 종합적인 진단 인터뷰 및 관찰 방법(extended diagnositic interview or observations)을 사용하면 관심 있는 특정 하위 기술을 측정할 수 있지만 동시에 주요 관심대상이 아닌 다른 수많은 하위 기술도 함께 측정해야 하는 번거로움이 있을 수 있다. 빈번히 접할 수 있는 접미사와 접두사를 포함한 단어를 재윤이가 얼마나 잘 읽는지를 평가하기 위하여 30~40분이나 소요되는 진단적 인터뷰/관찰이나 검사를 수행하는 것은 마치 sisyphean이라는 단어의 정의를 찾기 위해서 영어사전 전체를 확인하는 것과 유사하다. 필요한 구체적인 정보가 무엇인지를 알고 있다면 무모하게 전체 범위를 조사하기보다는 특정 영역을 한정하여 조사하는 것이 더욱 효율적일 것이다. 추정된 문제의 원인을 검증할 때에도 동일한 원칙을 적용해야 한다. 즉, 관심 있는 영역만을 직접 측정할 수 있는 평가방법을 사용하여 필요한 정보를 수집해야 한다. 특정 하위 기술에 초점을 맞추고 있다면, 검사도구는 상대적으로 짧은 검사시간과 함께 적은 문항 수로 구성되어야 한다.

재윤이의 사례에서는 자주 사용되는 접미사와 접두사가 있는 단어의 목록을 직접 읽게 하는 검사도구를 사용할 수 있다. 최 교사도 동일한 유형의 검사를 사용하였다. 해당 검사지에서는 1학년 교과서에서 추출한 기초어근단어(root word)와 함께 2학년 교육과정의 핵심 접미사와 접두사 단어를 포함하고 있다. 이 검사지에서 1학년 수준의 단어를 일부 포함한 이유는 재윤이가 읽을 수 있는 단어를 제공하기 위함이었다. 실제로 검사지를 제작하기에 앞서서 먼저 최 교사는 재윤이가 기초어근단어를 개별적으로 읽을 수 있는지를 확인하였다. 최 교사는 이러한 검사지 결과를 바탕으로 본인의 가설, 즉 재윤이의 문제점은 자주 사용되는 접두사 혹은 접미사가 있는 단어를 읽을 때(혹은 접사가 추가될 때 발음에 변화가 있는 단어를 읽을 때)의 어려움이라는 추측을 확신할 수 있다.

이와 함께 해당 학년의 교육과정에 포함된 불규칙 철자 단어를 읽고 인지하는 데 어려움이 있다는 추정된 문제의 원인을 검증해야 한다. 최 교사는 재윤이가 구두읽기 선별검사에 포함된 3개의 불규칙 철자 단어 중 2개의 단어를 제대로 읽지 못했다는 점을 확인하였다. 제대로 정확히 읽지 못한 3개의 불규칙 철자 단어 중 한 단어는 이전 학년에서 이미 배웠던 단어였다. 나머지 두 단어 중 한 단어는 올해 교육과정에, 다른 한 단어는 내년에 진급할 학년에서 배우게 될 단어였다. 구두읽기 선별검사만으로 재윤이의 해당 단어 읽기능력을 충분히 측정할 수는 없었다. 최 교사가 기존 정보에서 필요한 정보를 찾는 노력을 하거나 동형 구두읽기 지문을 다시 실시한다면 많은 시간을 낭비하게 될 것이다. 동형 구두읽기 지문을 사용할 경우 최 교사는 불규칙 철자 단어를 읽을 수 있는 충분한 기회를 확보하기 위하여 재윤이에게 많은 읽기 지문을 읽게 해야 하고, 최 교사도 그만큼의 많은 읽기 지문을 주의 깊게 경청해야 하는 번거로움이 예상되었다. 이러한 이유 때문에 최 교사는 2학년 교육과정의 불규칙 철자 단어를 포함하는 검사지를 활용하였다. 또한 최 교사는 재윤이에게 1학년 교육과정에서 배운 불규칙 철자 단어를 읽을 수 있는 기회도 제공하였다. 이러한 검사결과를 통하여 최 교사는 1학년 때 배웠던 내용을 어느 정도 이해하고 일반화할 수 있는지를 평가할 수 있었다. 최 교사는 3학년 교육과정에 포함된 불규칙 철자 단어 목록을 검사지에 포함시킬 수도 있을 것이다. 이러한 검사결과도 해당 기술의 일반화 정도를 가늠할 수 있는 척도로 고려할 수 있을 것이다.

학생이 특정 기술을 다른 조건하에서 어느 정도 수행할 수 있는지를 평가할 때에도 추가적인 검사를 실시할 필요가 있다. 일반적으로 교사들은 학생이 수행한 결과물(work sample)과 그 밖의 다른 평가결과, 즉 특정 조건에서 피험자가 해당 기술을 수행했던 검사결과를 고려하여 문제의 원인을 예측할 것이다. 하지만 이러한 검사결과를 통하여 학생이 향후에 성취할 수 있는 기술을 현재는 습득하지 못했다는 것 이상의 의미 있는 정보를 얻을 수는 없다. 다시 이 책의 제2장에서 설명한 지식의 유형에 대한 논의로 다시 돌아갈 필요가 있다. 사실(fact)과 개념의 의미를 학습할 때 학생은 방해 요인(학생이 정보의 일부가 아닌 모든 정보에 주의를 기울이고 반드시 기억해야 하는 상황)이 있을 경우 해당 정보를 회상하는 것이 매우 어려울 수 있다. 하지만 최소한의 자극이나 정보를 제공할 경우에는 정보를 좀 더 쉽게 회상할 수 있다. 이전에 배우지 않았던 새로운 기술을 가르치는 교수방법은 연습의 기회를 제공하거나 기억전략을 회상하는 교수방법과는 서로 결이 다르다. 절차적 지식을 습득하는 과정에서 학생은 개별 기술만을 수행하는 조건에서는 우수한 성취를 나타낼 수 있지만 해당 기술을 절차에 따라 적용해야 하는 조건에서는 어려움을 나타낼 수도 있다. 교사는 다음의 세 가지 교수를 서로 다른 관점으로 이해할 필요가 있다. 첫 번째는 새로운 기술을 가르치는 것이며, 두 번째는 유창한 수준으로 해당 기술을 가르치는 것이며, 마지막은 절차에 맞게 해당 기술을 적용하는 능력을 가르치는 것이다. 앞에서 설명한 서로 다른 지식의 숙달 수준을 교사가 제대로 인지하지 못한다면, 학생에게 필요한 최적의 교수전략이 무엇인지도 가늠하기 어려울 것이다.

추정된 문제의 원인(내용을 확인하기 위해서 문맥을 사용하지 않거나 혹은 단어를 재인하는 데 있어서 자기교정전략을 사용하지 않음)을 검증하기 위해서 최 교사는 학년에 적합한 지문보다는 새로운 읽기 검사지를 학생에게 읽도록 하였다. 학생의 읽기 정확성이 95% 정도에 해당되는지를 평가하기 위해서 교사는 교수적 수준에 적합한 읽기 지문을 사용하였다. 교사는 의미의 혼동을 일으키기 위해서 일부 핵심 단어를 관련 없는 단어로 대체하여 지문을 재구성하였다(house를 horse로, red를 bed로, cheese를 choice로 단어를 대체하였다. 이러한 방법으로 글을 좀 더 재미있게 읽을 수 있었다). 최 교사는 재윤이에게 시간 제한 없이 지문을 모두 읽도록 하였다. 이렇게 함으로써 최 교사는 재윤이가 문제를 해결하는 방법을 관찰할 수 있었으며, 재윤이에게 대체된 단어와 관련된 질문을 할 수 있었다(재윤이는 잘못된 단어가 무엇인지를 대부분 인지하고 있었지만, 적합한 단어를 찾는 것을 어려워했다).

행동 2-4: 결과 요약하기

F.AC.T.R 서식을 이용하여 학생이 지닌 모든 학업의 문제를 파악하고, 문제를 유발했던 추정된 원인을 찾아보는 것은 어렵지 않을 것이다. 서식의 각각의 항목에서 추정된 원인을 확인할 수 있었는지를 쉽게 파악할 수 있다. 지금의 단계에서는 F.AC.T.R 서식에 있는 모든 결과를 요약할 필요가 있다.

학업의 문제와 추정된 원인이 다수라면 우선순위에 근거하여 문제점을 확인하고 추정된 원인을 찾아야 한다는 점을 명심해야 한다. 학업의 문제나 추정된 문제의 원인에 명확한 기준으로 우선순위를 부여할 수 있는 방법은 무엇일까? 혹은 우리가 생각했던 것보다 더 중요하거나 덜 중요한 문제라고 평가할 수 있는 새로운 기준은 무엇일까? 문제의 원인이 다수 존재할 때 다른 기술(즉, 기술의 계열성이나 교육과정 준거를 고려할 때 가장 낮은 단계에 있는 기술)을 학습하는 데 필요한 선수지식에 우선적으로 높은 순위를 부여해야 한다. 또한 아직 확인되지 않은 문제의 원인과 문제의 심각성 정도도 함께 고려해야 한다. 추정된 문제의 일부 원인들을 검증할 수 없었다면, 검증하지 못한 이유를 확인하는 것도 매우 중요할 수 있다. 부정확한 정보를 사용하여 추정된 문제의 원인을 도출할 경우 검증이 어려울 수 있다. 또한 낮은 신뢰도와 타당도를 갖고 있는 정보를 활용하거나 혹은 높은 충실도가 확보되지 않은 조건에서 정보를 얻었다면, 마찬가지로 추정된 문제의 원인을 검증하기 어려울 것이다. 추정된 문제의 원인을 검증하기 위해 사용한 평가 절차와 추정된 문제가 서로 일치하지 않을 경우에도 마찬가지로 문제의 원인을 검증하기 어려울 것이다. 평가 절차에서 해당 기술을 정확하게 측정하지 않더라도 추가적인 정보를 얻을 수 있지만, 정작 교사가 알고 싶었던 해당 기술의 결과는 아닐 것이다.

F.AC.T.R의 '검사' 항목에서 해당 기술을 습득하지 못한 것으로 확인했다면(즉, 추정된 문제의 원인을 확인했다는 가정하에), 그다음 단계에서는 미습득한 기술의 현재 수준을 확인할 필요가 있다. 90% 혹은 95%의 숙달도를 지닌 학생들은 20%의 숙달도를 지닌 학생들보다 우수한 능력을 갖고 있을 것이다.

문제의 원인을 확인하기 위해 다양한 평가결과를 요약하고자 할 때 주의해야 할 사항은 오직 관련이 있는 결과에만 초점을 맞춰야 한다는 점이다. 평가 절차는 평가목적을 고려하여 선택하기 때문에 평가결과는 일반적으로 평가목적과 일치할 것이다. 하지만 행동 2-3의 단계를 통하여 추가적인 정보를 수집하면서 예상치 못한 다양한 정보를 획득할 수 있다. 꼭 필요한 정보만을 얻기 위해서 그 이외의 관련 없는 정보를 솎아 내는 것은 생각만큼 쉬운 일이 아닐 것이다. 예를 들어, 학생의 단어해독이나 단어재인의 문제점을 확인하기 위해 구두읽기 지문검사와 같은 잘못된 평가방법을 사용할 경우, 수많은 '불필요한 정보(noise)'(즉, 관련 없는 정보)를 얻을 수 있다. 학생이 특정 검사에서 일관된 오류를 충분히 나타냈다면 해당 오류의 결과를 문제의 원인을 검증하기 위한 목적으로 활용할 수 있을 것이다. 하지만 목적에 적합한 기술을 평가하지 않거나 검사결과가 일관되지 않을 경우에는 해당 오류만으로 문제의 원인을 검증하기는 어려울 것이다. 게다가 학생이 특정 조건에서 해당 기술을 수행했기 때문에, 교사는 추정된 문제의 원인 이외의 다른 이유로 오류를 범할 수도 있다(학생이 글을 읽는 동안 단어해독, 의미론, 구문론, 주의력 등에서 오류를 범했다고 해서 그러한 '오류'를 문제의 원인으로 단정 짓기는 어려울 것이다).

F.AC.T.R 서식을 사용하는 중요한 한 가지 이유는 교사가 이러한 서식을 사용하여 지속적으로 관심 있는 의사결정에만 초점을 맞출 수 있으며, 이와 함께 적합한 평가방법을 쉽게 선택할 수 있기 때문이다.

추정된 문제의 원인을 다수 확인했다면, 확인된 모든 문제의 원인을 빠짐없이 모두 검토하는 것도 중요하겠지만, 이에 앞서서 원인들 중에서 우선순위를 결정할 필요가 있다. 학생이 배워야 할 기술은 논리적인 계열성에 근거하여 선후관계를 설정할 수 있으며, 특히 가장 중요한 기술은 계열성을 고려할 경우 가장 낮은 단계에 위치한 기술들이다. 왜냐하면 이러한 기술들은 다른 기술들을 습득하기 위한 도구기술 혹은 필수 기술이기 때문이다. 이러한 기술이 기술의 계열성으로 정렬되지 않았다면 다른 기술들을 습득하는 데 있어서 필요한 선행기술은 무엇인지를 결정할 필요가 있다. 예를 들어, 재윤이는 두 가지 영역에서 읽기의 어려움을 갖고 있는데 첫 번째 어려움은 접두사와 접미사를 가진 단어를 해독하지 못하는 문제이며, 두 번째 어려움은 접두사와 접미사의 의미를 이해하지 못하는 문제였다. 이러한 두 가지 읽기 어려움은 재윤이 학년의 교육과정에 모두 포함된 교육내용과 관련되어 있다. 하지만 최 교사는 교육과정의 순서와 상관없이 두 가지 어려움 중 접두사와 접미사의 해독을 먼저 가르치고 난 후에 접두사와 접미사의 의미를 가르치기로 결정하였다. 왜냐하면 재윤이가 접두사와 접미사를 구분하지 못한다면 이러한 접두사와 접미사의 의미를 이해하는 것은 더욱 어려울 수 있기 때문이다. 최 교사가 직접 작성한 접미사와 접두사의 학습 목록으로 검사를 실시한 결과, 재윤이는 단어를 읽을 때 pre-, re-, de-의 접두사를 혼동하고 있었다.

질문 2: 추정된 문제의 원인을 확인하였는가

지금의 단계에서는 또 한 번 질문에 답변을 해야 한다. 이전에 설명한 것처럼 개별 영역의 마지막 단계에서 이러한 질문을 제기하는 이유는 점검사항을 다시 확인하기 위함이다. 네 가지의 모든 행동을 다 수행했음에도 불구하고 마지막 질문에 대한 명확한 답변이 어렵다면 그다음 단계로 넘어갈 수 없을 것이다. CBE 2단계에서 추정된 문제의 원인을 확인하지 못했다면, CBE 3단계로 이동하여 교수전략을 계획하고 학생에게 제공할 수 없을 것이다. 왜냐하면 2단계에서 확인된 추정된 문제의 원인을 바탕으로 교수전략을 계획할 수 있기 때문이다. 추정된 문제의 원인을 확인할 수 없었다면, 추가적인 도움이 필요한 학생을 선별 못한 것이기 때문에 교수전략을 설계할 필요도 없을 것이다.

추정된 문제의 원인이 한 가지였다면, 2단계의 모든 절차를 수행하는 것은 어렵지 않을 것이다. 하지만 부각되지 않은 다양한 잠재적 문제의 원인이 언제든지 다수 존재할 수 있다. 만약 추정된 문제의 원인을 다수 확인했다면, 다수의 답안을 찾는 과정을 수행해야 한다. 검증이 가능한 문제의 원인도 있는 반면에 그럴 수 없는 원인도 있을 수 있다. 행동 2-4에서 설명한 것처럼, 일부 원인을 검증할 수 있었던 이유와 일부 원인이 중재전략을 설계할 때 중요하지 않은 이유를 생각해 보는 것은 매우 중요하다. 이번 질문에 답변하기 위해서는 중재전략과 관련된 한 가지 이상의 추정된 원인을 찾아야 한다.

아니요

추정된 개별 문제의 원인을 검증할 수 없었다면 문제의 원인을 가설하고 검증하는 계획 단계로 다시 돌아가야 한다.

예

문제의 원인을 확인할 수 있었다면 이제는 2단계(진단적 의사결정)에서 3단계(형성적 의사결정)로 이동해야 할 시기이다. 3단계에서는 확인된 문제점을 극복할 수 있는 중재전략을 계획하고 실행할 것이다.

요약

이 장에서는 CBE의 두 번째 단계를 설명하였다. CBE 1단계(사실 확인하기)는 CBE 2단계(진단적 의사결정)와 CBE 3단계(형성적 의사결정)를 수행할 때 필요한 세부적인 사고과정을 제공하고 있다. CBE 1단계에서 확인한 문제점을 바탕으로 CBE 2단계에서는 문제의 원인을 추정해 본다. 마찬가지로, CBE 2단계에서 문제의 원인을 검증한 결과를 CBE 3단계의 중요한 기초 자료로 활용할 수 있다. 즉, 이제는 문제의 원인을 검증하는 단계에서 해결방안을 개발하고 수행하는 단계로 이동해야 한다.

CHAPTER **06**

CBE의 3단계 과정
-형성적 의사결정-

이 장은 CBE의 전체 과정 중 3단계 과정에 대
한 자세한 설명을 제공하고 있다([그림 6-1] 참조).

CBE 3단계는 형성적 의사결정으로 개념화될 수 있으며, 형성적
의사결정에 부합하는 평가 목적과 의사결정이 필요하다. 이 단계
에서는 교수전략을 계획하고, 실행하며, 학생에게 제공한 교수전
략을 평가하는 일련의 과정을 지속적으로 반복하게 된다.

형성적 의사결정을 성공적으로 수행하기 위해서는 먼저 이전과

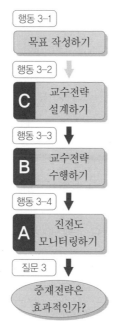

[그림 6-1] CBE 3단계: 형성적 의사결정

는 다른 교수전략을 학생에게 제공해야 하며 교수전략의 효과성을 평가할 수 있는 진전도 모니터링 방법을 함께 사용해야 한다. 이 단계에 포함된 개별 행동을 설명하기 위해서 주로 읽기나 수학 교과를 사용하고 있지만 그 이외의 교과에서도 이 단계를 동일하게 적용할 수 있다. 또한 학생이 어려움을 나타내는 모든 영역(행동 문제를 포함함)에서 이 3단계를 적용할 수 있다.

이전 단계인 진단적 의사결정에서 제기한 마지막 질문으로 이 단계를 시작할 수 있다. 일단 마지막 질문에서 "예"(혹은 어느 정도의 확신을 갖고 있는 "예"라는 대답)라고 대답했다면 형성적 의사결정 단계를 어렵지 않게 시작할 수 있을 것이다. 3단계에서는 적합한 교육목표를 설정하고, 가르쳐야 할 기술이 무엇인지를 정확히 파악하고, 문제를 해결할 수 있는 방법과 문제해결을 위해서 필요한 세부사항을 확인하는 것이 매우 중요하다. 따라서 이 단계에서는 우선적으로 명확한 목표를 설정해야 하며, 그 이후에 가르쳐야 할 교과내용과 적합한 교수방법을 선택하고, 학생의 진전도를 모니터링할 수 있는 평가방법을 결정해야 한다.

행동 3-1: 목표 작성하기

목표(goal)란 용어는 교육학에서 다양한 의미로 사용되고 있다. 목표는 장기, 단기, 학년말의 목표일 수 있으며, 경우에 따라서는 **목적**(objective), **학습목표**(learning targets), 혹은 학습결과(outcome)를 명명할 때 목표란 용어를 사용한다. **목표**란 용어는 사람들에게 개별화교육계획(IEP)을 떠올리게 한다. 하지만 이 장에서는 개별화교육계획을 언급하기 위한 목적으로 목표란 용어를 사용하지 않는다(개별화교육계획을 작성할 때 목표란 용어를 사용하는 것은 사실이다). 여기서 사용하는 목표란 용어는 좀 더 넓은 의미로, 현재의 학업능력 수준을 감안하여 궁극적으로 도달해야 할 성취수준을 의미한다.

몇 가지 구성요인을 고려한다면 명확하게 이해할 수 있는 학습목표를 진술할 수 있다. 명확한 학습목표를 적합한 방법으로 정의할 수 있다면 학습목표를 측정하고 관찰할 수 있는 방법을 쉽게 찾을 수 있을 것이다. 목표 작성 시 도움이 되는 일곱 가지 구성요인은 다음과 같다.

1. 시간(목표를 달성해야 하는 기간): "20주 동안……"
2. 학습자(목표를 달성해야 하는 학생): "재윤이는……"
3. 행동(학생이 배워야 할 구체적인 기술): "……구두로 글을 읽어야 한다."
4. 교재의 수준(학생이 배우게 될 교재의 학년 수준): "……2학년……"
5. 교과(학생이 배워야 할 교과영역): "……읽기……"
6. 검사지(학생이 사용할 검사지): "……구두읽기 CBM 검사에서 사용된 지문……"
7. 성취준거/CAP(시간과 정확도로 표현하는 기대수준): "……95% 이상의 정확도로 1분 동안 90단어를 읽기……"

읽기교과에서 작성된 교육목표의 예는 "20주 동안 재윤이는 2학년 수준의 구두읽기 CBM 검사에서 95% 이상의 정확도로 1분 동안 90단어를 읽을 것이다."일 수 있다.

CAP란 교육을 통해서 도달하고자 하는 최종 성취준거를 말한다. "이러한 준거를 어디에서 얻을 수 있을까?"라는 질문을 할 수 있을 것이다. 이 책에서는 검사 개발자가 사전에 개발한 벤치마크(benchmark) 혹은 절단점 점수(cut score)를 사용할 것을 추천한다. 벤치마크의 개념을 충분히 이해했다면 추천한 이유를 쉽게 파악할 수 있다. 벤치마크(즉, 목표)란 학생이 반드시 성취해야 하는 기준 점수를 말하며, 이러한 기준점수 이상을 획득했다면 중요한 학년말 검사의 기준점수도 무사히 통과할 확률이 높은 것(즉, 성취기준 도달에 해당하는 학업성취를 얻음)으로 예측할 수 있다. 보편적 선별을 위한 목적으로 학교현장에서 사용하는 다수의 진전도 모니터링 검사를 사용할 수도 있을 것이다. 이러한 검사는 학년말에 도달해야 하는 벤치마크 기준점수를 제공하고 있기 때문에 이러한 점수를 이용하여 목표를 설정할 수 있을 것이다. 만약 기준점수를 제공하지 않는 진전도 모니터링 검사를 현재 사용하고 있다면 대안적인 방법을 이용하여 적합한 기준점수를 설정할 수 있다[자세한 사항은 『The ABCs of CBM』(Hosp et al., 2007)의 제8장 참조]. 행동영역에 관한 목표를 설정한다면 부정적인 행동을 감소시키기 위한 목표를 설정하는 것과 함께 긍정적인 행동을 증가시킬 수 있는 방안에 초점을 맞출 필요가 있으며, 학업영역에서 사용한 유사한 성취기준과 목표 설정 방법을 사용할 수 있다.

목표를 명확하게 정의하면 학생의 현재 수준을 고려하여 학생에게 가르쳐야 할 기술은 무엇인지를 쉽게 파악할 수 있다. 학생에게 가르쳐야 할 기술을 명확히 알고 있다면 교육에 소요되는 예상 시간과 필요한 지원을 감안하여 필요한 중재전략을 수월하게 계획할 수 있을 것이다. 일부 학생들은 목표에 포함된 기술을 학습하기 위해 필요한 선행기술을 배우고 연습할 수 있는 기회를 필요로 할 수 있다. 선행기술은 CCSS의 학습내용의 계열성과 관련되어 있다는 점을 상기할 필요가 있다. 만약 제5장에서 언급한 재윤이의 사례를 다시 생각해 본다면, 자주 사용되는 접두사와 접미사를 포함한 단어를 해독할 수 있는 능력은 2학년뿐만 아니라 3학년(그리고 그 이상의 학년)에서도 중요한 선행기술로 고려할 수 있다. 학생에게 적합한 교육목표를 인지하고, 그 목표에 도달하기 위해 필요한 선행기술이 무엇인지를 인지했다면 교수전략에 관한 중요사항을 결정할 수 있으며, 행동 3-2는 이와 관련된 자세한 설명을 제공하고 있다.

행동 3-2: 교수전략 설계하기

교수전략을 설계할 때에는 교사 본인이 통제 가능하고, 학업 성취에 큰 영향을 미칠 수 있는 교수전략의 특성에 초점을 맞춰야 한다. [그림 6-2]에서 이러한 주장을 시각적으로 설명하고 있다. 이 그림에서는 교수전략 설계에 필요한 세 가지의 F, 즉 **빈도**(Frequency), **초점**(Focus), **유형**(Format)과 한 개의 S(Size, **크기**)를 포함하고 있다. 꽃의 중심은 중재전략을 의미하며, 화분은 중재전략 수행 시 필요한 전문성 개발, 그리고 중재전략 선택 시 필요한 데이터를 의미한다. 먼저, 화분의 의미를 설명한 후에 꽃에 관한 설명을 할 것이다.

화분은 CBE에서 교사의 전문성 발달을 의미하며, 이러한 전문성 개발을 위해 교과의 성취준거(예: 읽기, 수학, 과학, 행동 영역)를 설정하는 방법과 교수전략 수행 및 평가 시 필요한 특정 기술을 배울 수 있는 연수를 교육자에게 제공할 필요가 있다. 즉, 전문성 개발에서는 교수전략과 관련된 모든 내용을 다루며, 교사들에게 필요한 교육적 지원을 제공한다. 이 책의 1, 2장에서 설명한 CBE의 기초 개념을 다시 한번 상기시키는 의미에서 설명하면, 우수한 전문성 개발 프로그램을 통하여 교사들은 데이터를 수집하는 방법을 습득할 수 있다.

그림에 포함된 데이터란 중재전략이란 꽃을 키우기 위해서 필요한 토양을 의미한다. 이러한 관점으로 볼 때, CBE의 1단계(사실 확인하기)에서는 모종삽으로 우리가 갖고 있는 모든 자료를 한쪽으로 모아 놓는 작업을 하게 된다. 그런 다음, CBE의 2단계(진단적 의

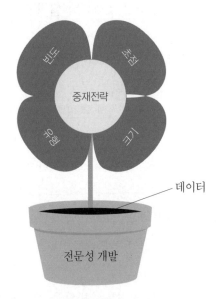

[그림 6-2] 중재전략 설계를 '꽃 모형'으로 비유한 그림

출처: 플로리다 연구센터(Florida Center for Research(FCRR))의 Just Read, Florida! 프로그램과 플로리다 교육부. 최초의 그림은 Elizabeth Crawford, Joseph Torgesen, Christopher Bice가 만들었음.

사결정)에서는 교사가 자신의 옷소매를 걷어 올린 후에 자료를 깊숙이 파는 작업이며 결국 손은 더러워질 것이다. 손으로 자료를 깊숙이 훑어본 후에 결국에는 가장 더러운 것, 즉 문제의 원인을 손에 거머쥘 수 있을 것이다. 이러한 작업을 마무리하면 3단계(형성적 의사결정)로 넘어갈 수 있다. 일단 문제를 확인하고, 그 문제를 유발시켰던 원인을 파악했으며, 학습목표로 사용할 수 있는 성취기준을 갖고 있다면 이제는 꽃의 꽃잎에 관심을 가져야 한다. 꽃의 꽃잎은 3개의 F와 1개의 S로 구성되어 있다. 교사는 학생들의 학업성취를 증진시키기 위하여 네 가지 구성요인을 조정할 수 있다.

빈도(중재전략 제공 횟수)

첫 번째 빈도(F)에서는 얼마나 자주 중재전략을 제공해야 하는지에 관한 내용을 포함하고 있다. 즉, 1회기 중재전략의 시간, 그리고 중재전략을 제공하는 일정 기간을 결정할 필요가 있다. 학업에 어려움이 있는 학생을 지도할 경우 대부분의 중재전략은 20~50분으로 구성된 영역으로 수업을 설계한다(Wanzek & Vaughn, 2008). 1년간의 중재전략을 계획하고자 할 때 1회기 중재전략에 소요되는 시간을 반드시 고려해야 한다. 이와 함께 중재전략을 제공하는 기간 혹은 몇 주 동안 제공할지에 관한 사항을 결정할 필요가 있다. 중재전략을 제공하는 기간은 일반적으로 8주 이상에서 30주 미만까지 다양할 수 있다(Torgesen et al., 2001; Vaughn, Linan-Thompson, & Hickman, 2003). 만약 중재전략 제공 기간을 늘릴 수 없다면, 하루에 제공하는 1회기 중재전략의 시간을 늘리는 방안을 생각해 볼 수 있다. 중재전략을 제공할 수 있는 기간(주)과 1회기 중재전략의 시간을 결정하기 위해서 교사는 미리 자신의 스케줄을 점검하고 계획해야 한다. 즉, 중재전략을 제공할 수 있는 기간과 시간을 결정할 때에는 교사의 스케줄을 우선적으로 고려해야 한다. 또한 중재전략을 설계할 때에는 학습자의 요구를 중요하게 고려해야 한다. 만약 중재전략으로 향상시키고자 하는 기술이 다른 기술 습득에 기초가 되는 선수기술이라면 중재전략을 제공하는 주(week)의 기간은 짧게 설정하는 대신에 1회기 동안 제공되는 중재전략의 시간을 최대한 늘려야 할 것이다. 1회기 중재전략의 시간과 중재전략을 제공하는 기간은 차후에 모두 조정이 가능한 요인이기 때문에 학년을 시작하는 학기초에 이러한 사항들을 사전에 결정하는 것은 어렵지 않을 것이다. 사전에 이러한 사항들을 미리 결정한 후에 추가적으로 도움을 많이 필요로 하는 학생, 즉 예상치 못하게 많은 시간이 소요되는 경우가 발생할 경우에는 스케줄을 유연하게 조정할 수 있다.

초점

초점은 중재전략의 특성과 관련된 내용을 포함하고 있다. 여기서 말하는 초점은 거시적인 관점으로 정의할 수 있다. 예를 들어, 읽기의 다섯 가지 핵심 요인(즉, 음소 인식, 파닉스, 유창성, 읽기 이해, 어휘) 중 한 가지 요인을 초점으로 고려한다면, 거시적인 관점으로 초점을 정의한 것이다. 하지만 그보다 먼저 교사가 관심을 가져야 할 초점의 대상은 상위 기술에 포함된 하위 세부 기술일 것이다. 왜냐하면 우선적으로 교사는 문제의 구체적인 원인을 추정하고 확인할 필요가 있기 때문이다. 하위 세부 기술에 초점을 맞출 수 있는 좀 더 간편한 방법은 이전에 설명한 F.AC.T.R 서식을 사용하는 것이다.

　　교사가 공통핵심교육과정인 CCSS를 올바르게 이해하고 있다면 학생에게 가르쳐야 할 기술은 무엇이며 학생이 반드시 배워야 할 기술은 무엇인지를 좀 더 쉽게 확인할 수 있다. 교사가 가르쳐야 할 기술을 정의하고자 할 때는 다음과 같은 사항을 주의할 필요가 있다. 가르쳐야 할 기술을 세부적으로 정의하지 않는다면, 결국에는 학생에게 실제로 필요한 기술을 습득할 수 있는 중재전략을 제공하지 못하는 결과를 초래할 수 있다. 반대로 기술을 너무 세부적으로 정의하게 되면 상위 수준의 기술을 향상시킬 수 없을 것이다. 그렇기 때문에 두 가지 사항을 조화롭게 조정할 필요가 있다. 한 가지 명심할 사항은 기술을 독립적으로 지도할 경우 해당 교과를 습득하기 위해서 필요한 전반적인 이해능력과 일반화능력을 향상시킬 수 없다는 점이다. 예를 들어, 파닉스 교수전략이 필요한 학생에게 단어 수준에 한정한 파닉스 교수전략만을 제공하게 된다면 결국에는 학생은 학습했던 기술을 다른 상황(예: 학습했던 단어를 포함하고 있는 읽기 지문을 읽는 활동)에서 적용할 수 있는 능력을 배울 수 없을 것이다. 이와 반대로 교사가 개별 단어를 이용하여 파닉스를 교육하면서 학습했던 동일 단어가 포함된 책을 이용하며, 철자를 지도할 때 동일 단어를 직접 써 보게 하면서 동일 단어를 포함한 학습과제를 부여한다면 학생은 파닉스 기술을 습득하는 것과 함께 다양한 과제에서 해당 기술을 적용할 수 있는 능력을 함양할 수 있을 것이다.

유형

　　유형이란 중재전략을 제공하는 구체적인 방법을 말하며, 행동 3-3에서 자세히 설명할 것이다.

크기

중재전략 집단에 포함된 학생의 수는 매우 중요한 변인으로 고려할 수 있다. 일반적으로 대규모(대략 10명)보다는 소규모(대략 3명)로 집단 구성원의 인원수를 설계하면 더 나은 중재전략의 효과를 기대할 수 있다. 또한 개별 지도 유형, 즉 학생 간의 비율이 일대일인 교수방법이 소규모 집단 유형보다 반드시 더 우수하다고 단정할 수는 없다(Elbaum, Vaughn, Hughes, & Moody, 1999; Vaughn et al., 2003). 따라서 이상적인 중재전략이란 먼저 대략 3명 정도의 소규모 집단으로 구성되며, 하루에 제공하는 중재전략의 시간은 20분에서 50분 사이이며, 학생의 가시적인 성취를 확인하기 위해서 적어도 8주 이상 중재전략을 제공할 수 있도록 계획해야 한다. 하지만 이러한 요건들이 모든 중재전략에서 의무적으로 동일하게 적용될 필요는 없으며 단지 참고할 수 있는 기준으로 이해할 필요가 있다.

꽃의 핵심은 중재전략이다

앞에서 설명한 모든 변인을 투입하여 중재전략을 계획할 수 있다. 학생의 학업성취에 큰 영향을 미칠 변인을 수정할 수 있기 때문에 한 번에 한 가지 변인에 초점을 맞추면서 학생에게 필요한 최선의 중재전략 조건을 찾을 수 있다. 여기서 인지해야 할 중요한 사항이 있다. 특정 중재전략은 다른 중재전략과 비교했을 때 학생들의 학업성취를 향상시킬 수 있는 확률이 높다는 점이다. 중재전략의 성공 확률을 측정할 수 있는 한 가지 방안은 중재전략의 **효과 크기**(effect size)를 조사하는 것이며, 이러한 효과 크기는 중재전

략을 충실하게 수행할 경우 기대할 수 있는 값이다. 다수의 자료
와 웹사이트에서는 교육자들에게 효과 크기 정보를 제공하고 있
다. 구체적으로 국립중재전략연구센터(National Center for Intensive
Intervention), 효과적인 중재전략 정보 공유 사이트(What Works
Clearinghouse), 교수전략센터(Center on Instruction), 그 밖의 많은
자료(좀 더 자세한 사항은 이 책의 '추가적인 정보' 참고)에서 이러한 정
보를 제공하고 있다. 이와 같은 사이트에서는 수학, 읽기, 쓰기, 문
제행동지도와 같이 교과영역별로 효과적인 중재전략을 찾을 수 있
다. 또한 초등학교와 중학교 연령의 학생들에게 적합한 중재전략
은 무엇인지를 알 수 있다. 특정 목적에 적합하다는 과학적 증거를
갖춘 중재전략을 선택하는 것은 매우 중요한 사항이다.

　중재전략을 실행하기에 앞서서 마지막으로 고려해야 할 변인은
중재전략을 진행하는 속도이다. 만약 학
생의 낮은 학업성취를 이미 확인한 후라
면 지체 없이 교사는 중재전략을 빠르
게 실행해야 한다. 즉, 학생이 특정 교과
내용을 충분히 이해한 후에는 곧바로 습

> **CBE 중요사항 14**
> 중재전략은 특정 목적에 효과적임
> 을 증명하는 근거를 갖고 있어야
> 한다.

득한 내용을 연습할 수 있는 기회를 제공해야 하며, 충분한 연습이
이뤄진 이후에는 다시 새로운 학습내용을 제공하는 일련의 절차
를 빠르게 수행해야 한다. 교사가 제공한 중재전략이 성공적이어
서 학생의 학업성취가 향상될 경우 교사와 학생은 모두 성공을 경
험할 것이다. 하지만 이러한 성공적인 결과 때문에 오히려 역으로
중재전략 수행을 지체시킬 수 있다. 왜냐하면 교사는 이러한 경험
을 바탕으로 이미 성공을 확인한 중재전략만을 지속적으로 고수할
수 있기 때문이다. 학생들은 새로운 학습내용을 배울 수 있었기 때

문에 스스로 똑똑하다는 생각을 할 수 있다. 교사도 성공적으로 학생들을 가르쳤고, 이를 확인할 수 있었기 때문에 무척 흡족해 할 수 있다. 하지만 지금의 단계에서 만족하기는 이르며, 최종목표에 도달하기 위해서는 여전히 시급한 과제들이 산적해 있을 것이다. 학생이 이미 충분히 습득한 학습내용만을 초점을 맞추어 중재전략을 제공할 경우 소중한 시간을 낭비할 수 있다.

이러한 이유로 인하여 교사는 스스로에게 '학생이 해당 학습내용을 충분히 습득하여 다음 단계로 넘어갈 수 있는 시점을 알 수 있는 방법은 무엇인가?'라고 질문할 수도 있다. 교사가 제시한 과제를 학생이 어려움 없이 수행할 수 있다면 다음 단계로 넘어갈 시점일 것이다. 교사가 학생에게 추가적인 학습과제를 제공하였을 때 학생

> **CBE 중요사항 15**
> 느린 학업의 문제를 개선할 수 있는 최선의 방법은 신속하게 교수전략의 절차를 진행하는 것이다.

이 마치 자신이 좋아하는 사탕을 손에 쥐는 것과 마찬가지로 과제를 받아든 후에 책상에 앉아서 즐겁게 과제를 마무리할 수 있다면, 이제는 다음 단계로 넘어갈 수 있는 시점이라고 판단할 수 있을 것이다. 또한 사전검사(pretest)를 실시하여 학생이 100% 정확한 응답을 했다면 다음 단계로 넘어갈 수 있을 것이다. 이러한 과정에서 교사는 최적의 지점(즉, 비고츠키의 근접발달 영역)을 확인할 필요가 있다. 최적의 지점이란 심한 좌절감을 경험할 만큼 어렵지 않으면서 이미 충분히 학습한 내용을 반복하지 않는 수준의 과제를 의미한다. 즉, 최적의 지점은 지나치게 어렵지도 않으면서 쉽지도 않은 과제 사이에 존재할 것이다. 이러한 수준의 과제를 수행할 때 학생은 이미 필요한 선수지식을 충분히 습득한 이후이기 때문에 새로운 과제를 실패 없이 수월하게 학습할 수 있다. 실제로 이러한 최적의

지점은 교수전략을 계획할 때 매우 중요하다. 왜냐하면 교사는 교수전략을 지속적으로 수정하여 최적의 지점에 해당하는 과제를 학생에게 지속적으로 제공할 필요가 있기 때문이다.

행동 3-3: 교수전략 수행하기

행동 3-2에서 설명한 모든 변인을 고려하여 중재전략을 설계했다면 이제 남은 것은 행동 3-3을 통해서 적합한 교수방법의 유형을 결정하는 것이다. 행동 3-3은 교수전략을 실제로 전달하는 구체적인 방법 혹은 앞서 꽃 그림에서 소개한 세 번째의 F(유형)에 해당된다. 다음의 일곱 가지 단계를 통해서 효과적인 중재전략의 특성을 결정할 수 있으며, 이러한 단계는 교육내용과 상관없이 공통적으로 적용이 가능하다.

- 1단계: 매 수업마다 명확한 장/단기 수업목표를 제시하기
  (예: "오늘 우리가 공부하게 될 수업은……")
- 2단계: 해당 기술을 배워야 하는 중요한 이유 제공하기
  (예: "오늘 배우게 될 학습내용은 차후에 ……을 위해 도움을 줄 수 있어요.")
- 3단계: 적합한 수준의 성취준거와 기술은 무엇인지를 시범 보이기/알려 주기
  (예: "선생님을 잘 봐 주세요……" "선생님은 ……할 수 있어요.")
- 4단계: 교사와 학생이 함께 연습하기
  (예: "자, 우리가 같이 해 봅시다……" "우리는 ……할 수 있어요.")

- 5단계: 기술을 수행하는 학생을 관찰하기

  (예: "자, 오늘 배운 내용을 혼자서 해 보세요." "학생은 ……할 수 있을 거예요.")

- 6단계: 수행결과에 대한 신속하고 명확한 피드백을 제공하기

  (예: 정확한 수행에 대한 반응: "바로 그거예요. 잘했어요." 부정확한 수행에 대한 반응: "선생님이 하는 것을 잘 보세요……" "자, 다시 한 번 시도해 봅시다.")

- 7단계: 연습의 기회를 추가적으로 제공하기

  (예: "우리 배웠던 내용을 다시 연습해 봅시다.")

앞에서 소개한 각각의 단계는 모두 교사의 행동으로 시작하며, 각 단계의 행동을 시작할 때 교사가 사용할 수 있는 발화의 예시를 제공하고 있다. 사전에 모든 단계를 계획할 필요가 있으며 이러한 단계를 반복적으로 사용해야 효과적이다. 개별 단계에 대한 설명은 다음과 같다.

1단계: 매 수업마다 명확한 장/단기 수업목표를 제시하기

이 단계에서 교사는 먼저 가르쳐야 할 기술은 무엇인지를 명확하게 이해할 필요가 있으며, 모든 학생들이 배워야 하는 상위 수준의 기술(즉, 학업성취준거)과 새롭게 학습하게 될 하위 기술 간의 관련성을 이해할 필요가 있다. 교사는 수업 이전에 미리 수업목표를 명확히 설명할 수 있는 방법을 계획해야 한다. 이러한 사전 준비는 학생뿐만 아니라 교사에게도 도움을 줄 수 있다. 교사는 소중한 수업시간에 해당 기술을 가르쳐야 하는 명확한 이유를 알고 있어야

하며, 이전에 설정한 교육의 목적과 새롭게 학습하게 될 기술이 어떠한 관련이 있는지도 파악할 필요가 있다. 만약 교사가 해당 기술을 가르쳐야만 하는 명확한 이유를 찾지 못했다면 아마도 그 기술은 중요한 기술이 아닐 수 있다. 수업목표가 무엇인지를 명확히 정리할 수 있다면 수업시간의 대부분을 필요한 교수(teaching)활동으로 채울 수 있을 것이다. 결국 교사는 이러한 활동을 통하여 명확한 수업목표를 학생들에게 제공할 수 있으며, 수업의 목표가 무엇인지를 지속적으로 인지할 수 있을 것이다.

수업시간에 배울 내용을 학생에게 미리 알려 주는 것은 결국 수업에 집중해야 할 이유를 알려 주는 것이기 때문에 학생들에게 도움이 된다. 즉, 수업목표와 수업내용을 명확히 이해한다면 학생들은 수업에 좀 더 집중할 수 있을 것이다. 성인의 경우 특정한 기술을 학습하고, 재학습을 통해 완전히 이해해야 하는 이유를 잘 알고 있다고 가정해 볼 수 있지만, 학생의 경우, 특히 낮은 학업성취를 나타내는 학생은 더더욱 이러한 이유를 모를 수 있다. 만약 학생이 특정한 기술을 배워야 하는 이유를 알고 있다면 수업의 목표가 무엇인지도 알고 있기 때문에, 교사는 교육의 방향을 제시할 수 있으며, 학습을 스스로 통제할 수 있는 기회를 학생에게 제공할 수 있을 것이다. 오래된 속담인 "내가 그렇게 말했으니까 무조건 따라야 한다(because I said so)."라는 사고는 학습을 향상시키는 데 아무런 도움을 줄 수 없을 것이다.

2단계: 해당 기술을 배워야 하는 중요한 이유 제공하기

한 단계 더 나아가서 교사는 학습해야 할 기술은 무엇이고, 그 기술을 배워야 하는 이유는 무엇인지를 학생들과 공유할 필요가 있다. 이 단계는 재윤이와 최 교사 모두에게 도움을 줄 수 있을 것이다. 1단계와 마찬가지로 해당 기술을 배워야 하는 이유를 찾기 전에 먼저 사전에 계획을 체계적으로 수립해야 한다. '공통핵심교육과정인 CCSS에 포함되어 있기 때문에 해당 기술을 배워야 한다.' 혹은 '교과서에 포함되어 있기 때문에 배워야 한다.'['내가 그렇게 말했으니까 무조건 따라야 한다(Because I said so).'의 구체적인 화법]는 적합한 이유가 될 수 없다. 특정 기술을 배움으로써 현재와 향후의 학습에 있어서 혹은 새로운 기술을 학습하는 과정에서 학생에게 어떠한 도움을 줄 수 있는지를 명확하게 설명할 필요가 있다. 특정한 기술을 '왜(why)' 배워야 하는지에 대한 질문의 답변을 찾아봄으로써 좀 더 큰 틀 안(bigger picture)에서 기술을 배워야 하는 중요성을 인지할 수 있다. 예를 들어, 교과의 내용을 이해하기 위해 기술을 배워야 하는 것과 향후 미래에 해당 기술이 필요한 이유를 찾아보는 것은 큰 틀 안에서 기술의 중요성을 고려하는 것이다. 이러한 이유를 찾는 과정은 얼핏 보기에 쉬워 보일 수 있어도, 실제로는 많은 연습이 필요하다. 예를 들어, 자주 사용되는 접두사와 접미사를 포함하고 있는 단어를 해독해야만 하는 이유는 일생 동안 사용해야만 하는 기술이기 때문이다. 이처럼 이유는 쉽게 설명될 수 있을 것이다. 교사는 이러한 정보를 다음과 같이 설명하면서 학생과 그 이유를 공유할 수 있다.

"접두사와 접미사를 알게 됨으로써 특정한 조합으로 구성된 단어를 항상 동일한 방법으로 읽을 수 있을 거예요. 또한 단어의 의미도 쉽게 파악할 수 있을 거예요. 결국 이러한 기술을 습득할

수 있다면 글을 읽는 동안 단어를 좀 더 수월하게 해독하고 그
뜻을 쉽게 이해할 수 있을 거예요."

2단계의 장점은 특정 기술을 배워야 하는 중요한 이유가 무엇인
지를 확인해 볼 수 있는 것이다. 하지만 실제 수업시간에는 2단계
를 자주 생략한다. 그 이유는 수업시간의
대부분은 '가르치는 활동'으로만 채워지
며, 해당 기술이 중요한 이유를 수업시간
에 설명하지 않기 때문이다. 특정 기술이

> **CBE 중요사항 16**
> '교사 혼자'서가 아닌 팀으로 교육
> 을 제공할 필요가 있다.

중요한 이유를 파악하는 것은 학부모와 상담할 때에도 중요하다.
예를 들어, 최 교사는 특정 기술을 배워야만 하는 이유를 확인함으
로써 명확한 교육계획(roadmap)을 수립할 수 있으며, 이러한 교육
계획을 재윤이 및 재윤이 부모님과 함께 공유함으로써 부모님과
협력할 수 있는 팀을 구성할 수 있다. 최 교사는 재윤이의 부모님
을 만나서 다음과 같은 사항을 말씀드릴 수 있을 것이다. 즉, 재윤
이는 교과서의 글을 읽기 위해서 필요한 다수의 기초 읽기능력을
습득하고 있지만 여전히 특정한 접두사와 접미사를 포함한 단어를
읽을 때는 어려움을 갖고 있다고 부모님께 말씀드릴 수 있을 것이
다. 최 교사는 재윤이 부모님에게 현재 가르치고 있는 특정 접두사
와 접미사는 무엇인지를 말해 줄 수 있으며, 그러한 교육내용이 재
윤이에게 중요한 이유도 설명할 수 있을 것이다. 즉, 향후에도 다른
책이나 교과서에서 특정 접두사와 접미사를 정확히 읽을 수 있어
야 하며, 단어의 해독을 넘어서 글의 이해에 초점을 맞춰야 하기 때
문에 재윤이에게 중요하다고 그 이유를 설명할 수 있을 것이다.

3단계: 적합한 수준의 성취준거와 기술은 무엇인지를 시범 보이기/알려 주기

학습과제를 정확히 수행하는 시범을 명확히 보여 줄 수 있다면 학생들은 해당 과제를 쉽게 이해할 수 있을 것이다. 이 책에서는 이러한 활동을 '선생님은 할 수 있어'라는 이름으로 명명하였고, 수업의 일부분으로 포함하였다. 실제로 이러한 활동은 배워야 할 내용이 무엇인지를 알려 줄 수 있는 좋은 예로 적용할 수 있다. 학생이 도달해야 할 성취준거를 명확히 설정하는 것은 학습에 있어서 중요할 뿐만 아니라 교수활동으로 소요되는 시간을 극대화할 수 있을 것이다. 앞서서 설명한 1, 2단계와 마찬가지로, 3단계에서도 사전에 계획을 수립할 필요가 있다. 1, 2단계를 이미 완수한 상황이라면 3단계에서는 좀 더 수월하게 계획을 수립할 수 있을 것이다. 학생이 해당 기술을 습득했는지의 여부를 결정하기 위해서 먼저 교사는 궁극적으로 학습해야 할 기술은 무엇인지를 명확히 알고 있어야 한다.

교사가 시범을 제공함으로써 기대할 수 있는 또 다른 장점은 학생의 현재 수행수준과 목표행동 간의 차이를 비교할 수 있다는 점이다. 이러한 비교의 결과는 중재전략을 수정하고자 할 때 중요한 참고 자료로 활용할 수 있다. 예를 들어, 12개의 서로 다른 접미사와 접두사를 100%의 정확도로 읽는 것을 성취준거로 설정했다고 가정해 보자. 이때 교사는 학생의 현재 수준을 감안하여 도달해야 할 성취목표를 설정할 수 있을 것이다. 이러한 과정으로 설정한 성취목표를 교사의 시범으로 설명한다면 학생은 자신의 학습목표가 무엇인지를 쉽게 이해할 수 있을 것이다. 이러한 교사의 시범으로 학생은 과제에 좀 더 집중할 수 있으며 실수를 줄이면서 기술을 학습할 수 있을 것이다.

행동지도 영역에서도 마찬가지로, 교사의 시범은 학생들에게 도달해야 하는 성취목표가 무엇인지를 보여 줄 수 있는 방법으로 사용될 수 있다. 예를 들어, 성취목표를 친구들과 올바르게 인사하는 방법으로 설정했다면 교사는 친구와 인사를 할 때 사용되는 적절한 말과 행동을 시범을 통해서 학생들에게 설명할 수 있을 것이다. 경우에 따라서 일부 학생들은 교사가 지시한 사항을 정확히 이해하기 위하여 교사의 시범을 필요로 할 수 있다. 학생에게 피드백을 줄 때 교사의 시범을 함께 제공한다면 명확한 성취기준을 알려 줄 수 있을 것이다.

4단계: 교사와 학생이 함께 연습하기

이번 단계에서는 학생의 행동을 면밀히 관찰하면서 교육 받은 내용을 정확하게 이해하고 있는지를 점검할 수 있다. 이 책에서는 수업의 일부분인 이번 단계를 '우리 함께 해 보자'라는 이름으로 명명하고 있다. 이번 단계에서 학생은 교사와 함께 해당 기술을 수행하게 된다. 이번 단계를 통해서 교사는 1~3단계에서 문제가 없었는지를 점검하고 학생들은 매 단계를 잘 이해하고 있는지를 확인할 수 있다. 만약 도달해야 할 성취목표를 명확히 이해하지 못했다면 그다음 단계로 이동할 수는 없을 것이다. 따라서 이러한 사항을 먼저 점검한 후에 다음 단계로 넘어가야 할 것이다.

5단계: 기술을 수행하는 학생을 관찰하기

이번 단계는 '학생이 직접 해 보기'라는 활동이다. 이번 단계에서 학생은 혼자서 행동을 수행하거나 반응을 해야 한다. 학생 스스로 과제를 수행해 보는 기회가 부족하게 주어지면 교사는 학생에게 필요한 추가적인 교육적 지원을 파악할 수 없을 것이다. 또한 다음 단계의 기술을 배울 준비가 되어 있는지도 결정할 수 없을 것이다. 이번 단계에서 교사는 도달해야 할 성취목표와 학생의 현재 수준 간의 차이를 직접적으로 관찰할 수 있다.

이번 단계에서 학생들은 자신이 과제를 정확히 이해하고 있는지를 증명할 수 있을 것이다. 이와 함께 과제를 정확히 수행하는 시범을 제공한다면 잘못된 방법으로 과제를 수행하는 비율을 낮출 수 있으며, 성취목표에 도달할 확률도 높일 수 있다. 하지만 학생이 지속적인 오류를 범하고 있다면 다음 단계로 빠르게 이동하여 즉각적인 피드백을 학생들에게 제공해야 한다.

6단계: 수행결과에 대한 신속하고 명확한 피드백을 제공하기

교사는 정확한 피드백 방법에 관한 계획을 사전에 수립할 필요가 있다. 만약 학생이 올바른 반응을 보였다면 그에 대하여 교사는 학생에게 칭찬이나 격려를 아끼지 말아야 하며, 다음 단계에서 혼자 독립적으로 기술을 수행하는 기회를 제공해야 한다. 하지만 학생이 잘못된 응답을 했다면 교사는 반드시 신속하고 정확한 피드백을 제공해야 한다. 이러한 피드백을 제공함으로써 정확한 기술을 학습하는 시간을 극대화할 수 있고, 부정확한 기술을 학습하느라 낭비하는 시간을 최소화할 수 있다. 오래된 속담 중에 "연습만이 완벽해질 수 있다."라는 말이 있다. 하지만 이 속담은 정확한 연습이라는 전제하에서만 유용할 것이다. 따라서 "정확한 연습만이 완벽해질 수 있다."가 좀 더 정확한 표현일 것이다.

교사는 정확한 반응을 이끌 수 있는 가장 쉬운 방법과 함께 추가적인 시범 방안을 생각해 볼 필요가 있다. 논리적으로 타당한 첫 번째 방안은 3단계를 반복하는 것으로 학생들에게 도달해야 하는 목표가 무엇인지를 관찰할 수 있는 기회를 제공하는 것이다. 그 이후에 4단계를 실시하여 학생이 바르게 수행하고 있는지를 반복적으로 관찰할 필요가 있다. 만약 추가적인 시범을 제공하여 성취기준에 도달할 수 있었다면 이제는 6단계로 넘어갈 수 있다. 하지만 학생이 여전히 해당 기술을 이해하지 못한다면 교사가 사용한 시범 방법을 수정할 필요가 있다. 예를 들어, 재윤이가 z라는 발음을 s로 계속 발음한다면 최 교사는 학생에게 손으로 목을 만져 보게 한 후에 /z/를 발음할 때에는 목의 떨림이 있지만 /s/를 발음할 경우에는 떨림이 없다는 경험을 제공할 필요가 있다. 이 단계에서는 재윤이에게 추가적인 교수전략을 제공할지 혹은 해당 기술을 습득하는 데 있어서 선수지식이 부족한지를 결정해야 한다. 즉, 필요한 교수수준(instructional level)과 다음 단계는 무엇인지를 결정해야 할 것이다. 우선적으로 ① 3, 4단계를 반복하거나, ② 추가적인 교수전략을 제공할 수 있으며, ③ 선수기술을 가르칠 수도 있을 것이다. 일단 재윤이가 필요한 기술을 습득했다면 다음 단계인 7단계로 넘어갈 수 있다.

7단계: 연습의 기회를 추가적으로 제공하기

이번 단계에서 교사는 추가적으로 학습할 수 있는 기회와 연습을 제공해야 한다. 특히 기존에 배우지 않은 과제를 사용하여 습득한 기술을 연습해 볼 수 있는 추가적인 시간을 제공해야 한다. 이전의 각각의 단계와 마찬가지로, 교사는 연습할 수 있는 기회와 필요한 교재를 사전에 준비해야 한다. 또한 큰 맥락 속에서 해당 기술을 연습해 볼 수 있는 기회를 제공해야 한다. 예를 들어, 재윤이가 접두사와 접미사를 해독하는 연습을 하고 있다면 접두사와 접미사만을 독립적으로 연습하고, 그다음으로 단어에 포함된 접두사와 접미사를 연습하며, 마지막으로 해당 단어가 포함된 문장을 연습해보는 것이다. 만약 학생이 해당 기술을 좀 더 큰 맥락 속에서 활용하거나 전이할 수 없다면 아직은 해당 기술을 충분히 이해한 것으로 평가할 수 없을 것이다. 분리된 상황에서 해당 기술을 학습하는 방법은 처음 학습을 시작하는 단계에서는 효과적인 방법일 수 있지만 궁극적으로 다양한 상황 속에 해당 기술을 사용할 수 있는 기회를 제공해야 한다. 학습한 기술을 최대한 유용하게 활용할 수 있는 능력을 함양하는 것이 교육의 궁극적인 목적일 것이다. 예를 들어, 접두사와 접미사를 해독하는 능력이 중요한 이유는 책을 읽을 때 필요한 기술이기 때문이다. 행동영역에서도 마찬가지로 평범한 일상에서 학습한 행동을 적용할 수 있을 때 교육의 목적을 달성한 것으로 평가할 수 있을 것이다.

이번 단계에서 학생은 자신이 습득한 기술을 유용하게 활용해 보는 기회를 가질 수 있다. 즉, 그동안 교육받았던 학습내용이 학생의 배움으로 전이되는 과정이 이번 단계에서 이뤄진다. 이 단계에서 학생은 혼자서 학습한 기술을 사용할 수 있음을 증명해야 한다.
또한 다양한 학습상황에서도 해당 기술을 사용할 수 있어야 한다.
학생의 현재 수행수준을 비교할 수 있는 명확한 시범(3단계)을 사
용한다면 학생이 해당 기술을 제대로 습득했는지를 판단할 수 있
다. 이러한 활동을 통해서 적합한 진전도 모니터링 검사도구를 선
택할 수 있는 지침을 제공할 수 있다(행동 3-4의 학생의 진전도 모니
터링하기). 학생의 학습결과를 지속적으로 모니터링하여 최종 성취
목표에 도달할 수 있을 것이다. [그림 6-3]과 [그림 6-4]에서는 개
별 단계를 읽기와 행동 영역에서 적용해 본 예시를 제공하고 있다.

   이전 단계들과 마찬가지로 모든 준비는 사전에 이뤄져야 한다.
사전에 계획을 수립하기 위해서는 추가적인 시간과 제원이 소요되
지만 일단 계획을 잘 수립하면 각각의 단계와 사용되는 교구들을
크게 수정할 필요가 없기 때문에 결국 시간을 절약하는 효과를 기
대할 수 있다. 일단 교사가 이와 같은 유형의 교수전략에 익숙해지
면 더 많은 학습이 이뤄지며, 학습 참여도 증대시킬 수 있을 것이
다. 이러한 방법을 사용한다면 가르치고 배우는 일 속에서 더 많은
보람을 느낄 것이다. 또 다른 보람된 경험은 학생들의 향상된 진전
도를 지켜보는 것이다.

1단계: 매 수업마다 명확한 장/단기 수업목표를 제시하기

"오늘 우리는 foil과 boy이라는 단어처럼 /oi/의 소리를 포함하고 있는 단어를 읽고 쓰는 방법을 배울 예정입니다. 우리는 이미 foil과 같은 단어처럼 단어 중간에 oi가 포함될 경우 /oi/ 발음은 oi로 표기되며, boy처럼 단어의 마지막에 /oi/가 포함되면 oy로 표기된다는 점을 알고 있어요."

2단계: 해당 기술을 배워야 하는 중요한 이유 제공하기

"너무나 많은 단어에서 이러한 소리를 포함하고 있어요. 그래서 이러한 단어를 읽고 쓰는 방법을 알게 된다면 /oi/를 포함하고 있는 단어를 좀 더 쉽게 읽거나 쓸 수 있을 거예요."

3단계: 적합한 수준의 성취준거와 기술은 무엇인지를 시범 보이기/알려 주기

"선생님이 /oi/를 가진 단어를 읽는 것을 잘 들어 보세요. foil, join, point, boy, ahoy, convoy, destroy."

4단계: 교사와 학생이 함께 연습하기

"이 단어들을 선생님과 함께 읽어 봅시다. foil, join, point, boy, ahoy, convoy, destroy."

5단계: 기술을 수행하는 학생을 관찰하기

"자, 이제 재윤이가 이 단어를 읽어 보세요. foil, join, point, boy, ahoy, convoy, destroy."

6단계: 수행결과에 대한 신속하고 명확한 피드백을 제공하기

(재윤이는 join의 단어를 'jon'으로 읽고 있다.) "잠깐, 이 단어는 join이에요. 다시 읽어 보세요." (재윤이는 "join"으로 단어를 다시 읽는다.)

7단계: 연습의 기회를 추가적으로 제공하기

"여기서는 /oi/ 소리를 포함한 더 많은 단어를 읽어 볼 거예요. 충분히 연습한 후에는 /oi/ 단어를 많이 포함하고 있는 지문의 글을 읽을 거예요. 이렇게 한다면 이야기 글 속에서 해당 단어를 충분히 연습해 볼 수 있을 거예요."

[그림 6-3] 읽기 수업에서 일곱 가지 단계를 모두 적용한 사례

1단계: 매 수업마다 명확한 장/단기 수업목표를 제시하기

"오늘 우리는 이번 수업시간에 다른 사람과 부딪침 없이 조용히 교실에 들어오는 방법을 배울 거예요."

2단계: 해당 기술을 배워야 하는 중요한 이유 제공하기

"많은 학생이 작은 공간에서 공부하고 있을 때에는 다른 사람을 방해하지 않으면서 들어오고 나가는 방법을 반드시 알아야 합니다."

3단계: 적합한 수준의 성취준거와 기술은 무엇인지를 시범 보이기/알려 주기

"선생님이 낮은 목소리와 바른 자세로 교실에 들어와서 자리에 앉는 모습을 잘 관찰해 주세요."

4단계: 교사와 학생이 함께 연습하기

"이번에는 선생님과 함께 바른 자세와 낮은 목소리로 교실에 들어오는 연습을 해 볼 거예요."

5단계: 기술을 수행하는 학생을 관찰하기

"이번에는 재윤이가 혼자서 교실에 들어오는 연습을 할 차례이고, 선생님은 재윤이를 관찰할 거예요."

6단계: 수행결과에 대한 신속하고 명확한 피드백을 제공하기

(교실에 들어올 때 다른 친구의 몸과 부딪히게 되었다.) "들어오면서 다른 친구의 몸을 부딪혔네요. 다시 선생님을 잘 보세요. 선생님이 충분한 공간을 유지하면서 다른 친구와 부딪히지 않고 교실에 들어오는 방법을 알려 줄 거예요. 이제 재윤이가 다시 해 보세요." (다른 친구와의 부딪힘 없이 교실에 들어오는 연습을 시작한다.)

7단계: 연습의 기회를 추가적으로 제공하기

"이번 단계에서는 다른 친구와 부딪히지 않으면서 낮은 목소리로 교실에 들어오는 연습 기회를 충분히 제공할 거예요. 오늘은 교실을 나가거나 들어올 때마다 동일한 연습을 반복적으로 할 거예요."

[그림 6-4] 행동지도 수업에서 일곱 가지 단계를 모두 적용한 사례

행동 3-4: 진전도 모니터링하기

교사는 교육의 효과를 측정하기 위하여 진전도 모니터링을 사용한다. 이러한 목적 때문에 진전도 모니터링은 CBE의 3단계, 즉 형성적 의사결정의 과정에서 마지막으로 수행하는 행동으로 계획되어 있다. 진전도 모니터링의 가장 큰 장점은 일정한 기간 동안 측정학적으로 적합한 검사를 사용하여 학생들의 학업성취를 관찰할 수 있다는 점이다(Deno, 1985; Fuchs & Deno, 1991). 행동지도 영역에서도 동일한 목적으로 진전도 모니터링을 사용할 수 있다. 학생들의 진전도를 모니터링할 수 있는 능력은 "교사가 제공한 중재전략으로 학생의 학업성취는 향상되었나?"라는 질문의 핵심이기도 하다. 이러한 질문에 답변할 수 없다면 결국 교사는 본인이 제공한 중재전략이 실제로 학생에게 효과적이었는지를 모르고 있다는 것이다. 학생의 학업성취가 향상되고 있는지를 판단하기 위해서 우선적으로 진전도를 모니터링할 수 있는 검사도구를 사용해야 한다. 이러한 검사도구를 사용한다면 행동 3-1에서 작성한 교육목표를 측정할 수 있을 것이다. 적합한 진전도 모니터링 검사도구를 선택하기 위해서 우리는 최소한 네 가지의 기준을 고려할 필요가 있다.

1. 적합한 검사는 충분한 동형 검사지를 갖고 있어야 한다. 이러한 특성 때문에 일정한 기간 동안 검사를 실시할 수 있으며, 학생들이 검사 문항을 기억하는 연습의 효과를 예방할 수 있을 것이다. 또한 매번 동일한 방법으로 검사를 실시하기 때문

에 반복적인 측정이 가능하다(행동영역에서 매번 동일한 방법으로 등급 척도, 체크리스트, 혹은 관찰법을 실시한다).

2. 적합한 검사는 학생의 변화를 민감하게 측정할 수 있어야 하며, 이러한 민감도는 기울기라는 계수로 측정된다. 즉, 민감한 특성을 지닌 검사에서 획득한 학생의 점수는 해당 기술의 실제 향상 정도를 나타내며, 측정방법이나 검사도구 차이로 인하여 나타난 결과는 아닌 것으로 해석할 수 있다.

3. 검사는 측정학적으로 적합해야 한다(즉, 양호한 신뢰도와 타당도를 확보해야 한다).

4. 적합한 검사는 교육적으로 의미 있는 영역을 측정해야 한다. 즉, 교수전략과 직접적으로 관련된 영역[즉, 숙달도 검사(mastery measure)]이나 좀 더 상위 영역[즉, 전반적인 성취측정(general outcome measurement)], 즉 교수전략의 최종결과와 관련 있는 영역을 측정해야 한다.

관찰방법(행동을 모니터링하는 일반적인 측정방법)을 선택할 때에는 추가적인 고려사항이 있다. 즉, 실제로 목표행동을 일관되게 측정할 수 있는지를 확인할 필요가 있다. 행동을 관찰한 결과는 검사자의 주관적인 판단에 영향을 받기 때문에 특히 **측정 변동**(measurement drift, 기록하지 않거나 혹은 일관된 기준을 사용하지 않음)에 더욱 취약한 약점을 갖고 있다. 측정할 대상의 행동을 명확히 정의한다면 측정방법의 신뢰도를 향상시킬 수 있을 것이다.

진전도 모니터링 검사도구 선택하기

진전도 모니터링을 위한 목적으로 사용할 수 있는 검사도구는 앞에서 언급된 네 가지 조건을 충족해야 한다. 이러한 조건을 고려하여 검사자는 다음과 같은 질문을 해 봐야 한다. "이러한 조건을 충족하는 진전도 모니터링 검사도구는 무엇인가?"와 "적합한 검사도구를 선택하는 방법은 무엇인가?"[1]의 질문들이다. 중재전략의 효과성을 검증하는 연구의 중요성이 부각되고 있으며, 연방과 주 차원에서 진전도 모니터링 사용을 강조하고 있기 때문에 진전도 모니터링에 대한 관심은 점차적으로 증대되고 있다. 진전도모니터링 국가센터(National Center on Progress Monitoring), 진전도모니터링연구소(Research Institute on Progress Monitoring), 중재반응연구 국립센터(National Center on Response to Intervention), 효과적인 중재전략연구 국립센터(National Center on Intensive Interventions)에서는 효과적인 진전도 측정방법을 찾고 있으며 여러 가지 검사방법을 검토하고 있다. 이러한 연구소들의 노력을 통하여 소비자인 현장의 교사들은 진전도 모니터링 검사도구를 손쉽게 비교할 수 있으며, 최적의 검사도구를 선택할 수 있는 '검사도구 목록(tool charts)'(평가도구에 대한 **소비자 보고서**로 생각할 수 있다)을 활용할 수

---

1) 이 책의 나머지 부분에서 우리는 주로 학업적인 영역에만 주로 초점을 맞추고 있다. 행동지도의 모니터링에 대한 추가적인 설명을 원한다면『학교중심행동평가: 중재전략과 교수전략(School-Based Behavioral Assessment; Informing Intervention and Instruction)』(Chafoulcas, Riley-Tillman, & Sugai, 2007) 혹은『일상생활 행동 보고서 카드: 증거에 기반한 평가 및 중재전략(Daily Behavior Report Cards: An Evidence-Based System of Assessment and Intervention)』(Volpe & Fabiano, 2013)을 참조하기 바란다.

있다. 효과적인 중재전략연구 국립센터에서는 진전도 모니터링 검사도구에 대한 검토 결과를 지속적으로 제공하고 있다. 검사도구 목록은 학년(초등학교 혹은 중학교)과 과목(읽기, 수학, 쓰기)으로 분류된다. 교사는 이러한 검사도구 목록을 유용하게 활용할 수 있으며, 학업과 관련된 교과영역에 적합한 진전도 모니터링 검사도구를 선택하는 첫 출발지점으로 활용할 수 있을 것이다. 진전도 모니터링 검사도구 목록은 효과적인 중재전략연구 국립센터와 그 밖의 다른 연구소에서 제공되고 있기 때문에(Hosp et al., 2007) 여기서는 모든 목록을 제공하고 있지 않다. 하지만 여전히 숙달도 측정(Mastery Measures: MMs) 검사와 전반적 성취측정(General Outcome Measures: GOMs) 검사 간의 차이를 살펴보는 것은 매우 중요한데 그 이유는 교사가 사용하는 중재전략 유형에 따라 검사도구도 달라질 수 있기 때문이다.

MM 검사와 GOM 검사 간의 구별된 특성을 파악할 수 있는 최선의 방법은 두 검사를 사용하는 목적을 확인하고, 두 검사 간의 유사점과 차이점을 살펴보는 것이다. MM 검사는 빈출 횟수가 높은 단어, 혹은 한 자릿수 덧셈 문항만을 포함하는 검사지를 사용하여 특정 세부 영역에 관한 자료를 수집하고자 할 때 사용된다. 이처럼 MM 검사는 교수전략이 특정한 세부 기술에만 초점을 맞추고 있으면서 이와 관련된 의사결정을 해야 할 때 유용하게 활용될 수 있다. 이러한 검사를 사용하여 학생들의 진전도를 모니터링하게 된다면 교사는 "학생이 구체적인 세부 기술을 얼마나 정확하면서 유창하게 사용할 수 있는가?"에 대한 질문에 답변할 수 있을 것이다. MM 검사는 교수방법과 교수내용과 직접적으로 관련된 시사점을 제공한다. 즉, MM 검사에서 도출된 학생들의 진전도 결과에 따라서 교수방법과 교수내용을 결정할 수 있을 것이다.

GOM 검사를 사용하는 목적은 교과의 전반적인 성취를 나타내는 학생들의 자료를 수집하기 위함이다. 예를 들어, 한 수학 검사지에 덧셈, 뺄셈, 곱셈, 나눗셈의 문항들이 모두 포함된 경우나 혹은 읽기 검사에서 지문을 읽는 유형은 GOM 검사에 해당된다. 이러한 GOM 검사에서는 학생이 지니고 있는 좀 더 일반적인 혹은 전반적인 능력을 측정한다. GOM 검사는 1년간의 교육과정 혹은 해당 학년 수준 전체에 초점을 맞추고 있기 때문에 그러한 목적으로 활용이 가능하다. GOM 검사를 사용한다면 다음과 같은 질문에 답변할 수 있을 것이다. "이 학생은 교사가 설정한 2학년 수학교과의 성취목표를 학기말까지 도달할 수 있을까?" 혹은 "학생의 학년 수준에 해당하는 읽기 지문을 유창하게 읽을 수 있을까?"의 질문들이다. MM 검사와 마찬가지로 GOM 검사도 교수방법과 교육과정에 관한 직접적이면서 즉각적인 시사점을 제공할 수 있다. 하지만 차이점도 존재하는데, MM 검사는 특정 세부 기술을 확인하고자 할 때 유용한 반면, GOM 검사는 중재전략을 수정해야 할 시점을 파악하고자 할 때 유용하다.

두 가지 유형의 검사를 사용할 때에는 모두 표준화된 동일한 검사방법을 사용해야 한다. 왜냐하면 CBE에서는 전적으로 CBM의 방법을 고수하고 있기 때문이다. CBM은 짧은 검사시간(1~5분)을 갖고 있으며, 검사를 실시하고 채점할 때 표준화된 절차를 사용하며, 습득한 기술의 유창성과 정확성을 나타내는 점수를 제공한다. 다른 특성으로는 수집된 자료를 그래프화할 수 있다는 점이며, 행동 3-1에서 설정한 교육목표 지점을 고려하여 학생들의 진전도를 비교할 수 있다.

하지만 두 검사는 상대적으로 적합하게 측정할 수 있는 대상, 즉 특정 하위 기술과 전반적인 기술에 있어서 차이점을 갖고 있다. 예를 들어, MM 검사는 고빈출 단어만을 측정하고 있기 때문에 글의 지문 속에서 이러한 단어를 함께 읽을 수 있는 폭넓은 경험의 기회를 제공하지 않는다. 반면에 GOM은 읽기 유창성 지문을 사용하고 있기 때문에 거시적인 관점에서 읽기능력을 평가할 수 있다. 즉, MM 검사에서는 학습기술의 일반화 정도와 유지 기간에 관한 정보를 제공하기 어렵다. 이와 달리 GOM은 그러한 정보들을 제공할 수 있는 장점을 갖고 있다. MM 검사에서 사용하는 측정도구와 문항은 매번 동일하지 않기 때문에 이전에 학습한 기술의 유지 정도와 다양한 교과영역에서 새로운 기술을 일반화할 수 있는 능력을 측정할 수 없다.

두 검사 간의 차이점을 고려해 보면, 교사들은 아마도 학생들의 학업성취를 모니터링할 때 GOM 검사와 MM 검사를 모두 사용하고 싶을 것이다. MM 검사는 중재전략으로 향상되길 원하는 특정 기술을 어느 정도 학습하였는지에 관한 정보를 제공할 수 있는 반면에 GOM 검사는 최종 성취목표에 도달할 수 있는 진전도를 이루었는지를 평가하고자 할 때 사용할 수 있다. 다음 두 가지 활동을 수행한다면 교육의 목적에 적합한 최적의 검사도구를 선택하고자 할 때 도움을 얻을 수 있다. 먼저, 교사는 충분한 시간을 할애하여 학생이 배워야 할 학습내용을 신중하게 결정해야 하며, 두 번째는 〈표 6-1〉에서 나열한 진전도 모니터링 검사의 특성을 이해하는 것이다.

| 표 6-1 | 학업영역에서 사용하는 MM 검사와 GOM 검사의 특성 |

장점	숙달도 검사 (MMs)	전반적인 성취 측정 검사(GOMs)
검사와 채점에 소요되는 시간이 짧다(1~5분)	✓	✓
표준화된 채점방법을 갖고 있다.	✓	✓
기술의 정확도와 유창성을 측정할 수 있다.	✓	✓
수집된 자료를 그래프로 표현할 수 있다.	✓	✓
특정 세부 기술에 초점을 맞추고 있다.	✓	
상위 기술에 초점을 맞추고 있다.		✓
일반화 정도를 측정할 수 있다.		✓
유지 정도를 측정할 수 있다.		✓
학기말 성취목표를 제공한다.		✓
특정 세부 기술에 적합한 중재전략 정보를 제공한다.	✓	

모니터링 측정 빈도

적합한 진전도 모니터링 검사도구를 선택한 후에는 검사 실시의 빈도를 결정해야 한다. 가장 일반적인 원칙은 학생의 수행수준과 성취 기대수준 간의 차이가 클수록 해당 기술(즉, 학생의 진전도를 측정하기)을 좀 더 자주 측정할 필요가 있다는 점이다. 대부분의 진전도 모니터링 검사는 주(week) 단위로 검사를 실시하도록 설계되어 있다. 행동영역의 경우 매일 혹은 하루 종일 행동을 측정해야 한다. 학업영역과 동일하게 행동영역에서도 동일한 원칙을 적용할 수 있다. 즉, 현재의 행동과 목표로 설정한 행동 간의 간격이 클수록 학생의 진전도를 자주 측정해야 한다. 측정 빈도는 학습할 기술의 중요성에 따라 달라질 수 있다. 학업 및 사회성 영역에 포함된 일부 기술들은 기초가 되는 중요한 기술일 수 있다. 따라서 이러한 기술을 제대로 습득하지 못한다면 전반적인 교과능력을 측정하는 검사에서 낮은 진전도를 나타낼 것이다. 예를 들어, 읽기교과에서 읽기 이해에 초점을 맞추기 위해서는 우선적으로 낯선 단어를 해독할 수 있어야 한다. 그러한 이유로 단어해독은 매우 중요한 기초 기술이며, 단어를 해독하는 능력을 습득해야만 성공적인 읽기 학습자가 될 수 있다. 행동지도 영역에서는 과제에 집중할 수 있는 주의력을 중요한 기초 기술로 고려할 수 있다. 과제에 집중할 수 없다면 모든 교과 및 사회성 영역과 관련된 과제를 성공적으로 수행하기가 어려울 것이다.

학생의 수행수준을 그래프로 그리기

진전도 모니터링의 또 다른 중요한 특성은 학생의 성취결과를 시각적으로 그래프화할 수 있다는 점이다. 학생의 자료를 그래프화할 때 중요한 사항은 학생의 정반응과 함께 오반응(즉, 학생의 실수)도 함께 표시해야 한다는 점이다. 학생의 오반응을 그래프화하여 지속적으로 추적하는 것이 중요한 이유는 **자동성**(automaticity)의 개념으로 설명할 수 있다. 자동성이란 학습의 정확성(accuracy)과 학습속도(rate)를 포함하는 개념으로 성공적인 학습자로 평가받기 위해서 학생은 반드시 일정한 수준 이상의 자동성을 습득해야 한다.

만약 학생이 학습의 속도(제한된 시간 동안 획득한 정반응의 수)와 학습의 정확성(정반응의 비율)에서 모두 일정한 수준 이상의 준거를 충족하지 못했다면 궁극적으로 학생은 최종 성취준거에 도달할 수 없을 것이다. 정확성과 속도는 다음과 같은 네 가지 경우의 수가 있을 수 있다.

1. 정확함+느린 속도= 목표 미도달
2. 부정확함+빠른 속도=목표 미도달
3. 부정확함+느린 속도=목표 미도달
4. 정확함+빠른 속도= 목표 도달

학생의 진전도가 지속적으로 상승하고 있을 때에는 결과를 신중하게 해석해야 한다. 교사는 이러한 결과를 바탕으로 진전도 모니터링 검사를 멈추거나 검사의 빈도를 줄여야 한다는 의미로 단정해서는 안 될 것이다. 학생의 최종 목표에 도달하기 전까지는 차트나 그래프를 사용하여 진전도(정확성과 속도)를 지속적으로 모니터해야 한다.

교사는 학생의 데이터를 그래프화하여 학생의 진전도 평가에 관한 빠른 의사결정을 실시할 수 있다. 하지만 이러한 논리는 교사가 학생의 데이터를 올바르게 도식화했을 경우에만 타당하다. 혹자는 모든 그래프가 동일한 그래프일 뿐이라고(혹은 그래프를 항상 바르게 사용하고 있다고) 생각할 수 있을 것이다. 하지만 사용할 그래프의 유형과 그래프에 데이터를 표시하는 방법의 차이에 따라 의사결정에 영향을 미칠 수 있다. 그래프의 Y축은 항상 측정한 검사점수의 단위로 표시한다. 예를 들어, 읽기교과의 경우 Y축은 1분 동안 읽기 지문에서 정확하게 읽은 단어의 수와 부정확하게 읽은 단어의 수로 표시한다. 마찬가지로, 수학교과에서 그래프의 Y축은 혼합형 유형의 수학(mixed-math) 검사에서 획득한 정반응의 문항

수와 오반응의 문항수를 나타낸다. 행동지도 영역의 경우 그래프
의 Y축을 올바른 행동의 횟수로 표기한다. 그래프의 X축(즉, 가로
선)은 모니터링을 실시했던 날짜나 주(week)를 나타낸다. 교사는
이러한 내용을 사전에 결정해야 한다. 즉, 측정할 학업기술의 대상
과 함께 중재전략을 제공할 기간(예: 날짜 혹은 주)을 사전에 계획한

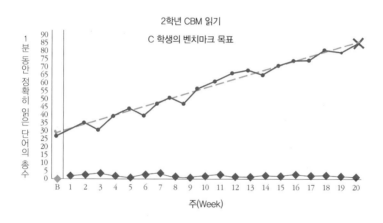

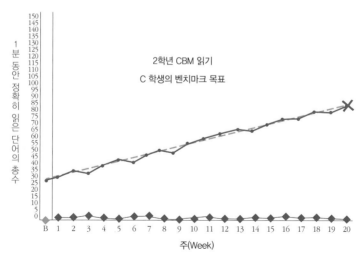

[그림 6-5] Y축 척도의 차이를 보여 주는 그래프

후에 그래프에 해당 내용을 표기해야 한다.

 Y축의 데이터 범위(range)도 그래프의 모양에 영향을 미칠 수 있다. [그림 6-5]에서 제공한 2개의 그래프를 비교해 보면 시각적으로 아래의 그래프보다 위의 그래프에서 더 높은 상승이 나타난 것으로 해석할 수 있을 것이다. 하지만 두 개의 그래프는 모두 동일한 데이터를 이용하였기 때문에 동일한 그래프에 불과하며, 단지 Y축 범위에서만 차이가 있었다.

 서로 다른 Y축의 척도를 가진 두 개의 그래프를 해석하는 것은 쉽지 않다. 이러한 문제를 해결할 수 있는 방법은 매번 진전도를 측정할 때 표준화된 척도를 사용하는 것이다. 이러한 표준화된 척도를 사용하게 되면 다수 학생 혹은 다수 학급을 대상으로 적용이 가능한 그래표를 작성할 수 있다. 이처럼 표준화된 척도로 그래프를 작성한다면 개인 간, 학급 간, 중재전략 간의 비교를 위한 목적으로 유용하게 사용할 수 있다. 예를 들어, Super Duper 읽기 중재전략이라는 것을 사용하여 3명의 교사가 5명의 학생을 교육하고자 할 때 누군가는 다음과 같은 질문을 제기할 수 있을 것이다. "Super Duper 읽기 중재전략은 학생의 읽기능력에 효과적인가?"[2] 이러한 질문은 다음과 같은 방법을 사용하여 답변할 수 있다. 만약 모든 교사가 동일한 검사와 동일한 그래프를 사용한다면, ① 각각의 그래프를 서로 나열하여 서로 간의 그래프를 비교할 수 있으며, 혹은 ② 한 개의 그래프 안에 모든 학생들의 자료를 서로 다른 색깔로 구분하여 표시하는 것이다. 이러한 예는 [그림 6-6]에서 제공하고 있다.

---

2) Super Duper 읽기중재전략을 구매하려고 노력하지 마세요. 예시의 목적으로 이 책에서 지어 낸 읽기중재전략이라 실제로 존재하지 않아요^^.

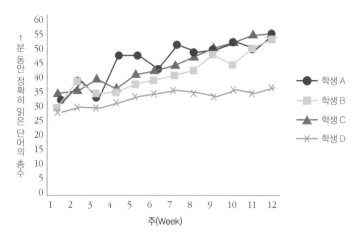

[그림 6-6] 동일한 읽기중재전략(Super Duper 읽기중재전략)을 받은
4명의 학생들의 진전도 모니터링 그래프

이와 같은 방법으로 그래프를 작성하면 개인뿐만 아니라 중재전
략을 제공 받는 전체 집단에게도 중재전략이 효과적이었는지 확인
할 수 있다. 또한 이러한 그래프를 사용하면 성공적으로 중재전략
을 사용하는 교사가 누구인지를 알 수 있을 것이다. 이러한 그래프
를 작성함으로써 교사는 성공적인 경험과 함께 실패의 경험을 서
로 공유할 수 있는 좋은 기회를 가질 수 있을 것이다. 또한 이러한
경험의 공유를 통해서 교사들은 서로를 지지해 줄 수 있으며 서로
의 경험을 통해서 많은 것을 배울 수 있을 것이다.

그래프 유형을 결정한 이후에 그래프 상에 표시된 정보를 해석
할 수 있는 가이드라인을 작성해야 한다. 학생의 진전도를 평가하
기에 앞서서 교사는 충분한 양의 데이터를 확보해야 한다. 즉, 중
요한 의사결정을 위한 목적으로 사용할 수 있는 충분한 양의 데이
터가 확보되어야 하는데 그 이유는 검사의 오류로 인하여 데이터
의 결과에 미칠 수 있는 영향을 최소화하기 위함이다. 일반적으로

최소한 6~8회기의 데이터를 수집할 필요가 있으며, 의사결정을
실시할 때에는 마지막으로 측정한 4개의 연속 데이터를 활용한다.
〈표 6-2〉에서는 정확성과 속도에 관한 네 가지 조합, 마지막으로
측정한 4개의 연속 데이터 평가, 다음 단계를 위한 가이드라인의
정보를 제공하고 있다.

〈표 6-2〉에서 제공하고 있는 정확성과 속도의 조합과 마지막
으로 측정된 4개의 연속적인 데이터의 결과를 고려하여 교사는 필
요한 다음 단계를 결정할 수 있다. 데이터의 특성을 파악하기 위한
다른 방법은 추세선과 **목표선**(goal line, 첫 번째 데이터 혹은 기초선과
목표지점을 서로 연결한 직선)을 비교하는 것이다. **추세선**(trend line)
은 학생의 실제적인 향상을 나타내는 궤적으로 7~8개의 데이터를

표 6-2 **4개의 연속적인 데이터에 기반을 둔 결정 규칙 가이드라인**

정확성과 속도의 조합	마지막으로 측정한 4개의 연속 데이터 위치	다음 단계를 위한 가이드라인
1. 정확함+느린 속도=목표 미도달	목표선 하회	기존의 중재전략을 지속적으로 사용하면서 연습의 기회를 충분히 제공해야 함. 다만 목표지점은 변동 없음
2. 부정확함+빠른 속도=목표 미도달	목표선 상회	기존의 중재전략에 대한 검토가 필요함. 다만 목표지점은 변동 없음
3. 부정확함+느린 속도=목표 미도달	목표선 하회	기존의 중재전략, 선수지식의 습득여부를 검토할 필요가 있음. 다만 목표지점은 변동 없음
4. 정확함+빠른 속도=목표 도달	목표선 상회	다음 단계의 기술을 가르쳐야 하며 목표를 상향 조정 함

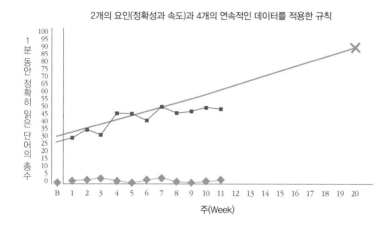

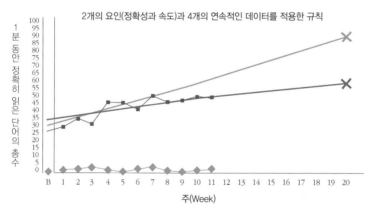

[그림 6-7] 4개의 데이터 위치와 추세선의 규칙을 적용하여
'정확성+속도'를 추정한 그래프

사용하여 산출된다. [그림 6-7]에서 제공한 2개의 그래프는 동일
한 데이터를 사용하고 있지만 서로 다른 결정규칙을 적용한 사례
이다. 두 개의 그래프 중에서 앞의 그래프에서는 마지막 4개의 연
속적인 데이터의 점수를 고려한 결정규칙을 사용하였으며, 다음의
그래프는 추세선을 사용한 결정규칙을 사용하고 있다. 두 그래프
에서 모두 중재전략의 변화가 필요함을 확인할 수 있었다.

학생의 그래프를 충분히 검토한 후에 교사는 다음과 같은 결정 중에서 한 가지를 선택해야 하는데, ① 기존의 중재전략을 지속적으로 사용하기, ② 중재전략을 수정하기, ③ 새로운 기술을 가르치기 위한 다음 단계로 넘어가기

등이다. 중재전략을 수정할 경우에는 다음과 같은 사항을 주의해야 한다. 즉, 이 책의 저자들은 중재전략을 수정한다고 해서 기존에 수행했던 모든 것을 버리고 새로운 중재전략을 사용해야 한다고 제안하지 않는다. 그보다는 일단 그동안 수행한 모든 CBE 절차를 검토한 후에 수정하거나 조정이 필요한 영역은 무엇인지를 결정하는 것이 더욱 타당한 방법일 것이다. 교사가 사용하는 중재전략 그 자체는 효과적이더라도 학생에게 제공하는 교육의 기회가 충분치 않다면 교육의 성과를 기대하기 어려울 것이다. 이러한 경우에는 중재전략을 제공하는 1회기의 교육시간이나 횟수를 증가시킬 필요가 있다. 앞서서 설명했던 꽃의 빈도(F)를 다시 한번 생각해 볼 필요가 있다. 무언가를 새롭게 다시 시작하는 것보다는 학생에게 제공하는 교육의 시간을 확대하는 것이 좀 더 쉬운 방법일 것이다.

이러한 모든 노력에도 불구하고 특정한 학생은 우리가 기대했던 진전도를 나타내지 못하며 학생의 진전도 모니터링 데이터는 새로운 변화가 필요함을 나타낼 수 있다. 이러한 결과를 얻게 되었다면 이제 CBE의 마지막 단계인 '**문제해결방안**(troubleshooting)'으로 넘어가야 한다. 문제점 진단을 설명하는 장에서는 CBE의 전체 흐름도에서 다시 검토해야 할 단계는 무엇인지를 확인할 수 있는 체크리스트와 가이드라인을 제공하고 있다. 이러한 과정을 검토한다면

학습과정에서 문제가 발생한 원인을 찾을 수 있을 것이다. 이러한 원인을 보완한다면 다시 학생을 가르치는 단계로 돌아갈 수 있을 것을 것이다.

요약

이 장에서는 CBE의 3단계를 자세히 설명하였다. 형성적 의사결정이 이뤄지는 이번 단계는 교육자에게 실질적인 '교육의 시작지점'을 제공하고 있다. 교사들은 매우 난해한 학업의 어려움을 해결하는 데 초점을 맞추고 있기 때문에 우선적으로 중재전략을 사전에 철저히 계획한 후에 성실하고 꾸준히 중재전략을 제공할 필요가 있다. 학업의 어려움을 확인하면 그 문제의 원인을 부족한 선수기술(과거, 현재, 미래 학년의 교육과정에 포함된 교육내용 기준)로 추정해야 할 것이다. 이러한 원인에 초점을 맞춘다면 교사는 현재 및 미래에 필요한 중재전략을 계획하는 데 있어서 도움을 얻을 수 있을 것이다. 효과적인 중재전략에 초점을 맞춘다면 교사는 학생의 필요에 적합한 중재전략을 성공적으로 제공할 확률이 높을 것이다. 학생의 진전도를 지속적으로 모니터링한다면 목표지점에 도달할 수 있는 교육적 방안을 지속적으로 모색할 수 있을 것이다. 하지만 아무리 계획을 잘 세우고 주의를 기울이더라도 일부 학생들은 여전히 교사가 기대했던 진전도를 나타내지 못하는 경우가 있다. 이와 같은 사례처럼 학생이 여전히 학습하는 데 있어서 어려움을 갖고 있다면 CBE 과정상의 문제점과 개선사항을 확인하기 위하여 CBE의 모든 단계를 조사할 필요가 있다.

CHAPTER 07

CBE 절차의 문제해결방안

　　　　　이 장에서는 CBE의 문제해결방안을 다섯 가지 단계로 자세히 설명하고 있다. 우리 저자들은 이 장을 '도움을 주세요(HELP ME)!!!'라고 명명하였고, 이 장의 내용을 CBE의 한 부분으로 개념화하여 포함시켰다. 진전도 검사결과에서 학생이 충분한 진전도를 보이지 않을 경우에 이러한 도움은 더욱 명백하게 필요할 것이다. CBE 절차를 수행하면서 충분한 준비와 수많은 노력을 기울였음에도 불구하고 여전히 문제는 발생할 수 있다. 이러한 문제는 심지어 사전에 잘 계획된 CBE를 수행하더라도 발생할 수 있을 것이다. 따라서 문제가 발생했을 경우 이러한 문제를 해결할 수 있는 계획을 사전에 수립할 필요가 있다.

　문제해결방안의 과정([그림 7-1] 참조)은 A, B, C, D, E의 다섯 가지 점검사항(checkpoints)으로 구성되어 있으며 이러한 점검사항들은 이전의 CBE 절차를 통해서 교사가 이미 수행을 마쳤던 행동들과 관련되어 있다. 이 책의 저자들은 [그림 7-1]과 같이 점검사항을 5단계의 순서로 구조화하였다. 이처럼 구조화된 점검사항을 사용하

> **문제해결방안 팁 1**
> 가장 명확한 문제를 항상 먼저 해결해야 한다. 왜냐하면 가장 쉽게 해결할 수 있기 때문이다.

게 되면 CBE의 첫 번째 단계부터 모든 사항을 점검해야만 하는 수고로움을 줄일 수 있다. 또한 점검사항에 해당되는 행동만을 우선적으로 검토하고, 행동과 관련된 구체적인 질문을 제기함으로써 교사가 놓쳤던 중요한 사항 혹은 준수하지 않은 사항은 무엇인지

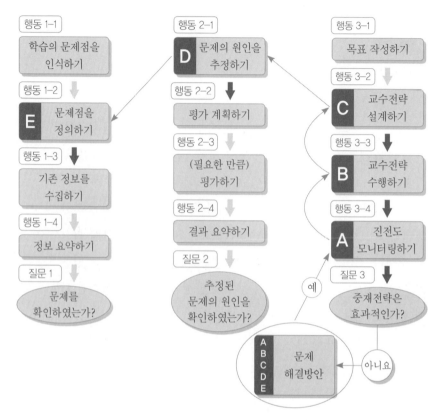

[그림 7-1] CBE 문제해결방안을 위한 점검사항 흐름도

를 빠르게 확인할 수 있다. 학생의 부족한 부분을 확인하고 이를 극복할 수 있는 최선의 중재전략을 학생에게 제공하였음에도 불구하고 향상된 교육의 결과를 얻을 수 없었다면 교사는 심한 좌절을 경험하게 될 것이다. 문제해결방안 전략은 교사가 사용하고 있는 중재전략에서 수정되어야 할 사항이 무엇인지를 쉽게 확인할 수 있는 가이드라인을 제공하기 때문에 절망적인 교육의 결과로 귀결되기 전에 문제를 사전에 예방할 수 있다. 문제해결방안 전략을 사용

한다고 해서 반드시 사용했던 중재전략을 버리고 새로운 중재전략을 제공하는 것은 아니다.

교사가 최선을 다하여 학생을 교육했음에도 불구하고 원하는 학생의 성취를 얻지 못했다면 교사는 좌절감을 경험할 수 있다. 만약 우리 저자들이 절망하는 교사들에게 더 이상 머리카락을 쥐어뜯을 만큼 좌절할 필요가 없다고 말해 주면 어떨까? 아마도 너무 좋아서 믿지 않을 수도 있을 것이다. 이 장에서 설명하는 개별 단계에서는 가이드라인, 체크리스트, 도움이 되는 조언들을 제공하고 있기 때문에 교사의 부담을 경감시키는 방법으로 사용할 수 있을 것이다.

문제점이 발생하는 흔한 이유는 중재전략의 충실도와 관련되어 있다. 즉, 교사가 중재전략을 사용할 때 정해진 절차와 활동을 얼마나 철저히 준수했는지의 여부를 확인해 볼 필요가 있다. 충실도는 쉽게 확인할 수 있을 것이다. 한 가지 도움이 되는 전략은 체크리스트와 안내서를 사용하는

> **문제해결방안 팁 2**
> 충실도가 부재하다면 학생의 학업 성취도 기대할 수 없다.

것이다. 이러한 전략을 사용하여 예상되는 문제의 범위를 좁히면서 문제점을 바르게 직시할 수 있는 장점을 기대할 수 있다. 향상된 학업성취를 기대하기 위해서는 우선적으로 중재전략을 실시하면서 진전도 모니터링을 계획된 대로 사용하고, 타당하며 표준화된 방법으로 사용해야 한다. 만약 충실도가 높지 않았다면 학생의 학업 향상을 기대할 수 없을 것이다. 따라서 첫 번째 단계에서는 우선적으로 점검사항 A(행동 3-4: 진전도 모니터링하기)를 확인해 볼 것이다.

점검사항 A. 행동 3-4: 진전도 모니터링하기

만약 진전도의 그래프에서 향상된 학업성취를 확인할 수 없었다면 교육자는 스스로에게 몇 가지 질문을 제기해 볼 필요가 있다. 첫 번째 질문은 데이터 수집을 얼마나 성실히 수행했는지를 나타내는 충실도와 관련되어 있다. 진전도 모니터링 데이터를 수집하기 사전, 중간, 사후에 발생할 수 있는 특별한 사항들을 점검해 볼 수 있을 것이다. 먼저, 데이터 수집이 얼마나 잘 이뤄졌는지를 검토해 봄으로써 문제의 원인은 수행했던 행동과 관련되어 있으며 학생과는 관련이 없다는 사실을 빠르게 확인할 수 있다. 〈서식 7-1〉을 사용한다면 데이터 수집 방법에서 예상되는 문제점의 범위를 좁힐 수 있을 것이다.

〈서식 7-1〉 진전도 모니터링의 전 과정(사전, 중간, 사후)에 관한 충실도 체크리스트

사전	
1. 교육목표에 적합한 학생용 검사도구와 교사용/검사자용 검사도구를 확보하였는가?	예 / 아니요
2. 교사용/검사자용 검사지의 표기를 위한 필기도구를 준비하였는가?	예 / 아니요
3. 분(second) 단위로 시간을 점검할 수 있는 타이머나 스톱워치를 준비하였는가?	예 / 아니요
4. 검사자의 검사도구를 학생이 볼 수 없도록 예방할 수 있는 클립보드를 준비하였는가?	예 / 아니요

중간	
5. 검사 매뉴얼과 일치하게 검사의 지시사항을 정확하게 읽어 주었는가?	예 / 아니요
6. 검사의 지시사항에 따라서 스톱워치를 사용하였는가?	예 / 아니요
7. 개별 문항별로 할당된 검사시간을 준수하였는가?	예 / 아니요
8. 교사용/검사자용 검사지에 학생의 오류를 표기하였는가?	예 / 아니요
9. 학생이 오류를 범했을 경우 학생의 오류를 바로 교정하지 않는가? (단, 검사의 예시문항에서는 오류의 수정이 가능함)	예 / 아니요
10. 검사중지 규칙을 준수하였는가?	예 / 아니요
11. 정해진 검사시간을 준수하여 검사를 실시하였는가?	예 / 아니요
12. 검사시간이 끝났을 때 학생은 검사를 멈췄는가?	예 / 아니요
사후	
13. 학생이 범한 오류의 수를 정확하게 계산하였는가?	예 / 아니요
14. 학생이 풀었던 전체 문항의 수를 확인하였는가?	예 / 아니요
15. 학생이 풀었던 전체 문항에서 오류의 수를 뺀 점수를 산출하였는가?	예 / 아니요
16. 만약 정해진 검사시간이 끝나기도 전에 모든 문항을 다 풀었다면 비 례식을 대입하여 학생의 최종점수를 추정하였는가?	예 / 아니요

예를 들어, 최 교사가 일관된 방법으로 타이머를 사용하지 않고 있다면, 이러한 문제를 사전(before)에 확인할 수 있을 것이다. 만약 최 교사가 검사시간을 정확하게 준수하지 않았다면 진전도 모니터

> **문제해결방안 팁 3**
> 카운트 타이머(countdown timer)를 사용하면 시간 측정과 함께 학생의 행동을 관찰할 수 있는 여유를 가질 수 있을 것이다.

링을 사용하는 동안(during) 이러한 문제를 확인할 수 있을 것이다. 만약 최 교사가 정확한 방법으로 검사점수를 계산하지 않았다면

이러한 문제를 진전도 모니터링 이후(after)에 확인할 수 있을 것이다. 각각의 점검사항을 확인해 봄으로써 유용한 정보를 얻을 수 있을 것이다. 즉, 세 가지 시점별로 예측되는 부정확한 데이터의 설명과 함께 문제점을 쉽게 해결할 수 있는 방법을 알게 될 것이다.

만약 정확한 방법(충실도)으로 데이터를 수집했다는 사실을 확인했다면 최 교사에게 축하의 인사를 건네면서 문제가 발생할 수 있는 다른 사항들을 점검해야 한다. 다음에 제시된 질문들은 다음 단계에서 조사해야 할 내용과 관련되어 있다.

> **문제해결방안 팁 4**
> 데이터를 수집하기 사전, 중간, 사후에 나타날 수 있는 문제점을 확인하기

- 질문 1: 진전도 모니터링의 데이터는 정확한 방법으로 그래프화하였는가?
- 질문 2: 적합한 목표를 설정했는지의 여부와 함께 목표선을 정확하게 그렸는가?
- 질문 3: 적합한 시점에서 데이터를 수집하였는가?
- 질문 4: 올바른 진전도 모니터링 검사도구를 사용하고 있는가?

질문 1: 진전도 모니터링의 데이터는 정확한 방법으로 그래프화하였는가

이미 설명하였듯이 그래프의 Y축은 교사가 측정하고 있는 검사점수의 척도이며 X축은 진전도 모니터링을 실시한 주(week) 혹은 날짜로 설정해야 한다. 특히 Y축의 범위는 매우 중요한데, 그 이유는 Y축의 범위에 따라 데이터의 모양이 축소되거나 확대되는 모

〈서식 7-2〉 행동 3-4(진전도 모니터링하기)를 위한 문제해결방안 체크리스트

지시사항: 각각의 질문을 읽은 후에 개별 질문에 대한 답변을 "예" 혹은 "아니요"로 답변해야 한다. 만약 첫 번째 질문에 "아니요"로 응답했다면 질문을 멈추고 해당 항목으로 돌아가서 수정해야 한다.				
질문 1: 진전도 모니터링의 데이터는 정확한 방법으로 그래프화하였는가?	그래프의 Y 축은 진전도 모니터링의 평가결과를 표기하는 척도를 나타내는가?		그래프의 X 축은 진전도 모니터링을 실시한 주(week) 단위로 표기되었는가?	
	예	아니요	예	아니요
질문 2: 적합한 목표를 설정했는지의 여부와 함께 목표선을 정확하게 그렸는가?	학년말에 도달해야 할 목표점수를 목표선의 최종 도달지점으로 설정하고 있는가?		첫 번째 데이터와 학년말에 도달해야 할 목표점수를 연결하여 목표선을 설정하고 있는가?	
	예	아니요	예	아니요
질문 3: 적합한 시점에서 데이터를 수집하였는가?	매주 같은 요일과 시간에 데이터를 수집하고 있는가?		매주 동일한 검사자가 데이터를 수집하고 있는가?	
	예	아니요	예	아니요
질문 4: 올바른 진전도 모니터링 평가도구를 사용하고 있는가?	진전도 모니터링의 평가도구는 교수전략과 관련된 단일 기술 혹은 일련의 기술들을 측정하고 있는가(예: 교수전략과 평가방법의 일치 여부)?		진전도 모니터링의 검사도구는 학생의 학년 수준에 적절한가(예: 학년별 수준에 적합한 평가방법인가)?	
	예	아니요	예	아니요

양을 나타낼 수 있기 때문이다. 〈서식 7-2〉의 체크리스트를 사용할 경우 데이터를 그래프화하는 방법에 있어서 문제점은 무엇이었는지를 확인할 수 있다. 만약 정확한 방법으로 데이터를 그래프화했다면 그다음 질문 2로 넘어갈 수 있다. 만약 그래프에 문제가 있다면 적합하게 수정해야 할 것이다.

질문 2: 적합한 목표를 설정했는지의 여부와 함께 목표선을 정확하게 그렸는가

진전도 모니터링 검사에서 제공하고 있는 학기말 벤치마크 점수를 사용한다면 교사가 적합한 목표를 설정했는지의 여부를 판단하는 데 도움을 얻을 수 있다. 여기서 말하는 벤치마크란 대부분의 진전도 모니터링 검사에서 제

공하고 있는 보편적 선별 벤치마크(universal screening benchmark)를 의미한다. 만약 학기말 벤치마크 점수를 얻을 수 없는 상황이라면, 규준을 사용하여 목표를 설정할 수 있다. 일단 목표 설정이 정확하다는 점을 확인했다면, 그다음으로 점검해야 할 사항은 목표선을 정확하게 그렸는지를 확

인하는 것이다. 목표선을 정확하게 그렸는지를 확인하는 방법은 다음과 같다. 먼저, 그래프 상에서 표시된 목표지점을 확인한 후 첫 번째 데이터와 목표지점이 정확하게 직선으로 그려졌는지의 여부

를 검토하는 것이다. 만약 목표선을 정확히 표시했다고 확신할 수 있다면 이제 질문 3으로 넘어갈 수 있다.

질문 3: 적합한 시점에서 데이터를 수집하였는가

현재 사용하고 있는 교수전략으로 학생의 학업성취가 향상되고 있는지를 결정할 수 있는 방법은 정해진 기간 동안(주, week) 일정한 기준으로 자료를 수집하는 것이다. 데이터를 수집하는 데 있어서 영향을 줄 수 있는 요인들은 다음과 같다.

- 검사를 실시하는 요일(day of week, 검사를 실시할 특정한 요일을 선택한 후에 매주 해당되는 요일에 검사를 실시함)
- 검사를 실시하는 시간(만약 학생이 학교에 항상 늦게 등교를 한다면 아침시간에 검사를 실시해서는 안 됨)
- 매주 동일한 피검자가 검사를 실시하여 자료를 수집하기(중재전략을 제공하고 있는 사람이 데이터 수집도 함께 해야 함)
- **매주** 검사를 실시하여 데이터를 수집하기

시간과 노력을 기울여서 앞에서 언급한 네 가지 방법으로 데이터를 수집하는 것은 어쩌면 현명하지 못한 것으로 생각할 수도 있을 것이다. 하지만 이러한 방법으로 데이터를 수집하면 정보를 좀 더 유용하게 활용할 수 있다. 만약 교사가 진전도 데이터 수집에 많은 시간을 소비할 예정이라면 본인에게 유리한 방법으로 조금은 수정할 수 있을 것이다. 우리가 강력히 권고하고 싶은 사항은 중재전략을 사용하는 사람과 데이터를 수집하는 사람은 동일해야 한다는 점이다. 이렇게 함으로써 교사는 학생들이 어느 정도의 학업성취를 나타내고 있는지를 눈으로 직접 확인할 수 있는 기회를 얻을 수 있다.

우리가 권고하고 싶은 또 다른 중요한 사항은 데이터를 수집할 기회를 놓쳤을 때에는 가장 빠른 시기에 곧바로 검사를 다시 실시하여 데이터를 수집해야 한다는 점이다. 금요일 아침에 모든 학생들이 등교하지 않았다면, 교사는 다음 두 가지 중 한 가지를 선택할 수 있다. 첫째, 교사는 동일한 날의 오후에 데이터를 수집할 수 있다. 둘째, 교사는 다음 주 월요일까지 기다려서 데이터를 수집할 수 있다. 만약 다음 주 월요일에 데이터를 수집했다면, 그 주의 금요일에 데이터를 다시 수집할 필요가 있다. 이러한 측정주기로 데이터를 수집함으로써 우리는 적어도 한 주에 한 번의 데이터를 수집할 수 있게 된다. 교사가 주의해야 할 사항은 학생에게 한 번의 검사에서 2회기 이상의 진전도 검사를 실시한 후에 마치 그러한 검사가 매주 측정된 자료인 것처럼 그래프에 도표화해서는 안 된다는 점이다. 이러한 검사방법은 학생과 교사에게 시간만 낭비하게 될 것이다. 복수의 검사를 연속적으로 한 번에 실시하여 획득한 데이터는 정확하지 않기 때문에 교사에게 유용한 정보를 제공할 수 없다.

> **문제해결방안 팁 8**
> 하루 일과 중 학생이 최선의 능력을 발휘할 수 있는 시간대에 진전도 모니터링 검사를 규칙적으로 실시해야 한다.

만약 교사가 데이터를 정확하게 수집했다면, 그다음 단계의 질문인 질문 4를 검토해야 한다.

질문 4: 올바른 진전도 모니터링 검사도구를 사용하고 있는가

올바른 진전도 모니터링의 검사를 사용하고 있는지의 여부를 확인하기 위해서 먼저 교사는 본인이 가르쳤던 내용과 부합하는 검사도구를 선택했는지를 점검할 필요가 있다.

- 진전도 모니터링의 검사도구는 교수전략과 관련된 단일 기술 혹은 일련의 기술들을 측정하고 있는가?
- 진전도 모니터링의 검사도구는 학생의 학년 수준에 적절한가? (예: 학년별 수준에 적합한 평가방법인가?)

먼저 첫 번째 질문을 살펴보면, 이 질문에서는 교수전략과 평가방법이 얼마나 밀접하게 일치하고 있는지를 확인하고 있다. 만약 재윤이에게 특정한 읽기 해독전략을 제공한다면, 그때 교사는 해독과 관련된 진전도 모니터링 검사를 사용하고 싶을 것이다. 예를 들어, 무의미 단어나 OPR과 같은 진전도 검사도구의 유형들은 해독과 관련되어 있으며 해독능력을 측정하기 위한 목적으로 사용할 수 있을 것이다. 무의미 단어 검사는 MM의 검사 유형으로 분류되는데, 그 이유는 무의미 단어 검사가 온전히 해독능력만을 측정하기 때문이다. 반면에 OPR은 전반적인 성취측정(GOM) 검사인데, 그 이유는 단순한 해독능력 이상의 읽기능력을 측정하고 있기 때문이다. 단어를 해독할 수 없다면 학생들은 읽기 지문의 문장을 읽을 수 없을 것이다. 따라서 이와 같은 관점을 고려한다면 OPR은 해독능력과 관련된 대표적인 읽기 기술을 측정할 수 있다. 철자 이름 대기 과제에 기반한 진전도 모니터링 검사도구는 해독능력과 관련성이 부족하기 때문에 적합한 검사방법으로 사용할 수 없을 것이다.

앞에서 제시한 두 번째 질문에서는 학생의 해당 학년에 적합한 진전도 모니터링의 검사도구를 사용하고 있는지의 여부를 확인하고 있다. 앞서서 사용했던 예시의 상황, 즉 해독능력과 관련된 모니터링 검사도구를 찾는 상황에서 우리는 세 가지 유형[철자 소리 검사, 무의미 단어 검사, 유창성 검사(OPR)]의 진전도 모니터링 검사를 사용하여 해독능력을 측정할 수 있음을 이미 알고 있다. 이때 우리는 해당 학년의 수준을 고려하여 적합한 진전도 모니터링 검사도

> **문제해결방안 팁 9**
> 해당 학생의 학년 수준에 가장 적합한 진전도 모니터링 검사를 사용하기

구를 선택해야만 한다. 예를 들어, 검사 대상이 유아나 유치원생이라면 철자 소리 검사 유형의 진전도 모니터링 검사를 사용하는 것이 적합하다. 만약 피검사자인 학생이 유치원 혹은 초등학교 1학년 학생이라면 무의미 단어 검사를 사용하는 것이 적합하며, 마지막으로 초등학교 1학년 혹은 그 이상의 학년이라면 OPR를 사용하는 것이 학생들의 수준에 적합할 수 있다. 적합한 진전도 모니터링의 검사도구가 무엇인지 확인했다면, 이제 그다음 단계인 행동 3-3(교수전략 수행하기)으로 넘어갈 수 있다.

점검사항 B. 행동 3-3: 교수전략 수행하기

학생에게 필요한 정확한 교수전략을 선택했다고 하더라도 잘못된 방법으로 교수전략을 사용한다면 교수전략의 교육적 효과를 기

대하기는 어려울 수 있다. 이번에 설명하는 문제해결방안에서는 교
수전략을 정확히 수행했는지를 확인하며, 만약 교수전략이 제대로
수행되지 않았을 때에는 그 원인이 무엇인지를 확인하는 것에 초점
을 맞추고 있다. 이러한 도움을 얻기 위한 방법으로 여기서는 일곱
가지 단계의 충실도 체크리스트(〈서식 7-3〉)을 재사용할 것이다.

- 1단계: 매 수업마다 명확한 장/단기 수업목표를 제시하기
- 2단계: 해당 기술을 배워야 하는 중요한 이유 제공하기
- 3단계: 적합한 수준의 성취준거와 기술은 무엇인지를 시범 보

〈서식 7-3〉 7단계의 교수전략 수행에 대한 충실도 체크리스트

1단계: 매 수업마다 명확한 장/단기 수업목표를 제시하기	예	아니요
2단계: 해당 기술을 배워야 하는 중요한 이유 제공하기	예	아니요
3단계: 적합한 수준의 성취준거와 기술은 무엇인지를 시범 보이기/알려 주기	예	아니요
4단계: 교사와 학생이 함께 연습하기	예	아니요
5단계: 기술을 수행하는 학생을 관찰하기	예	아니요
6단계: 수행결과에 대한 신속하고 명확한 피드백을 제공하기	예	아니요
7단계: 연습의 기회를 추가적으로 제공하기	예	아니요

출처: John L. Hosp, Michelle K. Hosp, Kenneth W. Howell, and Randy Allison(2014). 저작권은
　　Guildford Press에 있음. 이 책을 구입한 독자가 개인적인 목적으로 본 서식을 사용할 경우에
　　만 복사가 가능함.

이기/알려 주기
- 4단계: 교사와 학생이 함께 연습하기
- 5단계: 기술을 수행하는 학생을 관찰하기
- 6단계: 수행결과에 대한 신속하고 명확한 피드백을 제공하기
- 7단계: 연습의 기회를 추가적으로 제공하기

1단계: 매 수업마다 명확한 장/단기 수업목표를 제시하기

매 수업마다 명확한 수업의 목표를 제시하는 연습을 교사가 한다면, 그로 인하여 교사는 수업시간에 행해지는 활동들이 중요한 이유가 무엇인지에 대해서 관심을 가질 수 있을 것이다. 영어나 수학 교과의 수업목표는 교육과정의 목표와 직접적으로 관련되어 있어야 한다. 하지만 교육과정 안에서 관련된 수업목표를 찾지 못한다면 지금 수업에서 행하고 있는 활동들이 어떠한 의미를 갖고 있는지를 교사 본인도 모를 수 있다. 최 교사가 스스로 '왜 나는 이 수업을 가르치고 있지?'란 질문을 갖는 것은 바람직하다. 만약 이러한 질문에 대한 답변으로 '난 모르겠는데…….'라고 한다면 그땐 교사는 자신의 모든 수업에 대해서 다시 고찰해 볼 필요가 있다. 만약 그 질문에 대해서 '이 수업이 교과서에 제시된 다음 수업의 차시이기 때문이지.'라고 답변하면 적절한 답변일까? 이러한 질문의 답변은 수업내용이나 사용한 교과서에 따라서 적합할 수도 있지만 그렇지 않을 수도 있다. 수업을 하는 이유가 오로지 교과서의 다음 차시를 위함이라면 아마도 다음 단계의 질문(해당 기술을 배워야 하는 중요한 이유 제공하기)에 대한

> **문제해결방안 팁 10**
> 수업목표는 반드시 학습해야만 하는 수업내용에 초점을 맞춰야 한다.

답변을 찾는 것은 더욱더 어려울 수 있다.

2단계: 해당 기술을 배워야 하는 중요한 이유 제공하기

교사가 학생들에게 이번 수업내용은 읽기나 수학 혹은 행동지도 영역을 더 잘하기 위해서 필요한 기술이라고 설명할 수 있다면 충분한 배움의 동기를 제공한 것으로 볼 수 있을 것이다. 만약 교사가 수업에 대한 명확한 장/단기 목표를 갖고 있지 않다면 학생들에게 이 수업이 왜 중요한지에 대한 이유를 설명할 수 없을 것이다. 앞에서 언급한 예시처럼 만약 교과서의 다음 수업차시이기 때문에 이 수업이 중요하다고 생각한다면 최 교사는 다음과 같은 답변을 할 수 있을 것이다. "이번 수업은 교과서의 다음 차시 수업을 이해하기 위해서 배워야 합니다." 이러한 답변만으로 학생들은 수업을 배워야만 하는 충분한 이유를 찾을 수 없을 것이다. 심지어 이러한 답변은 교사 자신에게도 충분한 이유가 될 수 없다. 왜냐하면 이러한 답변을 하는 교사 스스로가 왜 이 수업을 해야 하는지에 대한 명확한 목표를 갖고 있지 않기 때문이다.

3단계: 적합한 수준의 성취준거와 기술은 무엇인지를 시범 보이기/알려 주기

이번 단계의 주된 목적은 교과내용을 수행하는 명확한 과정/시범을 제공하는 것이다. 이러한 단계를 통하여 교사가 이번 수업을 통하여 가르칠 명확한 수업목표가 무엇인지를 학생들에게 쉽게 설명할 수 있다. 교사는 "우선 선생님이 하는 것을 잘 지켜보세요."

"내가 먼저 해 볼게요." "먼저, 선생님을 주목하세요."와 같은 발문을 해야 한다. 학생들에게 질문을 하기에 앞서서 교사는 이러한 발문들을 사용해야 하며, 그 이후에 교사는 교과내용을 수행하는 시범을 보여야 한다. 이러한 일련의 과정을 사용한다면 다음의 단계를 좀 더 쉽게 수행할 수 있을 것이다.

> **문제해결방안 팁 12**
> 교사가 시범을 보일 때 학생들이 주목하고 있는지를 확인하기

4단계: 교사와 학생이 함께 연습하기

교사가 교과내용을 수행하는 시범을 보였다면 이젠 점차적으로 학생 스스로 수행할 수 있는 전략을 사용해야 하며 궁극적으로 교사의 관찰하에서 학생 스스로 과제를 수행할 수 있는 기회를 제공해야 한다. 학생 혼자서 과제를 수행하기에 앞서서 교사와 함께 과제를 수행하는 기회를 학생에게 충분히 제공해야 한다. 이러한 과정에서 교사는 "자, 선생님과 같이 해 봐요." "지금 우리는 동시에 같이 과제를 수행해 볼 거예요." "우리 함께 해 봅시다."와 같은 발문을 사용해야 한다.

> **문제해결방안 팁 13**
> 학생들과 과제를 수행할 때 매번 동일한 발문을 사용하여 학생들이 언제 자신의 차례인지를 알 수 있게 해야 한다.

5단계: 기술을 수행하는 학생을 관찰하기

학생이 교사와 함께 과제를 충분히 연습했다면 그다음 단계에서는 교사의 도움 없이 학생 혼자서 과제를 수행할 필요가 있다. 이러

한 단계에서 교사는 "자, 지금부터 혼자
서 해 보세요." "자, 지금은 학생이 할 차
례입니다." "선생님에게 어떻게 과제를
수행하는지 보여 주세요."와 같은 발문
을 사용해야 한다. 이러한 발문을 사용함

> **문제해결방안 팁 14**
> 학생 개개인에게 질문하고 답변할
> 수 있는 기회를 제공함으로써 교
> 사는 학생이 과제를 얼마나 잘 이
> 해하고 있는지를 확인할 수 있다.

으로써 학생들은 교사의 도움 없이 혼자서 과제를 수행해야 함을
인지할 수 있다.

6단계: 수행결과에 대한 신속하고 명확한 피드백을 제공하기

　교사는 학생이 과제를 제대로 이해하고 수행하기를 원할 것이
다. 교사가 학생의 행동을 교정할 수 있는 발문을 지속적으로 제공
한다면 학생은 스스로 과제를 수행하는 방법을 습득할 수 있다. 예
를 들어, 교사가 "잠깐 멈추고, 선생님을 보세요. 지금 학생은 이렇
게 했어요." "선생님을 보세요. 그 과제는 이렇게 하는 거예요. 학
생은 지금 이렇게 과제를 수행했어요."와 같이 발문할 수 있다. 교
사는 말을 많이 할 필요가 없으며, "잘못했네요." 혹은 "학생은 실
수를 했어요."와 같은 말도 부적절한 표현이다. 하지만 학생의 주
의를 끌 수 있는 표현, 즉 "멈추세요." "선생님을 보세요."와 같은
표현은 교사가 사용해야만 하는 표현들이며, 이로 인하여 교사는
학생들의 잘못된 행동을 즉시 교정할 수 있으며 학생에게 정확하
게 과제를 수행할 수 있는 기회를 제공할 수 있다.

7단계: 연습의 기회를 추가적으로 제공하기

이번 단계에서는 추가적인 학습의 기회를 제공하고자 하는 목적을 갖고 있는데, 특별히 다양한 상황(조건)에서 학습된 과제를 수행할 수 있는 연습의 기회를 제공해야 한다. 만약 특정한 상황에서만 과제를 연습할 수 있는 기회를 제공한다면 학생은 다른 상황에서 학습한 과제를 적용하는 데 있어서 어려움을 나타낼 수 있다. 이번 단계는 학생들에게 다양한 상황에서 과제를 수행하는 추가적인 기회를 제공하는 목적을 갖

> **문제해결방안 팁 15**
> 다양한 유형의 과제를 연습할 수 있는 충분한 기회를 제공하기

고 있으며, 이로 인하여 학생들은 추가적인 연습의 기회를 가질 뿐만 아니라 학습한 내용을 성공적으로 수행할 확률을 높일 수 있을 것이다.

교수전략과 관련된 모든 단계를 점검한 결과 문제가 발견되지 않았다면 이제는 교수전략이 제대로 설계되었는지를 확인할 필요가 있으며, 다음의 행동 3-2(교수전략 설계하기)를 통하여 이러한 내용을 점검할 수 있다.

점검사항 C. 행동 3-2: 교수전략 설계하기

앞서 [그림 6-2](〈서식 7-4〉)에서 제시한 꽃 그림의 내용과 일치하는 충실도 체크리스트를 사용하여 교수전략을 제대로 설계했는지의 여부를 확인할 수 있다. 꽃 모양에서는 F로 시작하는 3개의 요인과 S로 시작하는 1개의 요인으로 구성되었다는 점을 기억할

필요가 있다. 이 책의 앞선 장에서 이미 교수전략의 유형(format)을 의미하는 F의 요인은 설명되었기 때문에 이 장에서는 나머지 요인들만을 설명하고자 한다.

- 빈도(Frequency)
- 초점(Focus)
- 크기(Size)
- 유형(Format, 이미 교수전략 수행 부분에서 충분히 설명함)

〈서식 7-4〉 중재전략 설계에 대한 충실도 체크리스트

영역	요인	계획	실제 수행결과
빈도	중재전략을 제공하는 기간(주)		
	일주일 중 중재전략을 제공하는 날짜(횟수)		
	하루에 중재전략을 제공하는 시간(분)		
초점	상위 기술		
	하위 기술 1		
	하위 기술 2		
	하위 기술 3		
유형	일곱 가지 단계의 교수전략을 수행하기 위한 충실도 체크리스트(〈서식 7-3〉)를 참조하기		
크기	집단의 학생수		

출처: John L. Hosp, Michelle K. Hosp, Kenneth W. Howell, and Randy Allison(2014). 저작권은 Guildford Press에 있음. 이 책을 구입한 독자가 개인적인 목적으로 본 서식을 사용할 경우에만 복사가 가능함.

빈도

빈도와 관련된 세 가지 질문들이 있다. 이러한 질문의 답변이 중요치 않다고 생각할 수 있을 것이다. 하지만 교사들은 의외로 이러한 질문(예: 하루 동안 제공되는 교수전략의 시간 혹은 주당 제공되는 교수전략의 횟수)과 관련된 계획을 세울 때 자주 잘못을 범하고 있다. 누구나 알고 있듯이 학교는 상상할 수 없을 정도로 바쁜 곳이며 교사는 하루 일과 중에서 일부 시간만을 할애하여 학생을 위한 의미 있는 교수활동에 참여하고 있다. 교사들은 좀 더 긴급한 업무에 주의를 빼앗기기 때문에 교수활동에만 집중하기는 매우 어렵다. 한 가지 좋은 방법은 하루 동안 제공할 수 있는 교수전략의 시간과 주당 제공할 수 있는 날짜를 사전에 결정하는 것이다. 이러한 방법을 사용하면 해당 문제를 극복할 수 있을 것이다.

만약 교수전략을 제공하는 빈도를 수정해야 한다면 먼저 교사의 하루 일과나 스케줄을 수정하여 가능한 수업 횟수를 생각해 볼 수 있다. 예를 들어, 최 교사가 40분인 수업에서 "지난 수업시간에 선생님과 함께 배운 내용은 무엇인지 기억할 수 있나요?"라는 발문으로 수업을 시작한다면 개별 학생들이 해당 내용을 이해했는지를 확인하느라 대략 10분 정도의 시간을 소요할 것이다. 결국 교사는 수업으로 사용해야 할 10분의 시간을 낭비하는 결과를 초래할 수 있다. 더욱 중요한 사항은 교사는 이러한 질문을 통해서 구체적으로 학생들이 어떠한 수업내용을 기억하고 있는지 제대로 파악하기 어렵다는 점이다. 최 교사가 사용한 질문은 지나치게 광범위하며 학생들은 "준우가 지난 수업시간에 계속 저에게 재채기를 해서 너무 더러웠던 것이 저는 기억이 납니다."와 같이 의미 없는 답변을 할 수도 있다. 따라서 교사는 학습내용과 관련된 구체적인 질문을 해야 한다. 예를 들어, 최 교사가 지난 수업시간에 배웠던 모음 u에 대해서 학생이 기억하고 있는지를 알고 싶다면 "지난 수업시간에 배웠던 모음 u를 기억하고 있나요?"라고 구체적으로 질문해야 한다.

교수전략을 제공하는 시간의 손실은 중재전략을 제공하는 일수 (the number of days)와도 관련되어 있다. 중재전략을 일주일에 3일 동안 제공하기로 계획하였고, 스케줄에 잡힌 일정은 월요일, 수요일, 금요일이라면, 교사는 해당 요일에 지속적으로 중재전략을 제공할 수 있는지의 여부를 검토하여 결정할 필요가 있다. 만약 학교조회, 야외활동, 그리고 다른 학교 활동들이 주로 금요일에 잡혀 있어서 중재전략의 절반 정도의 시간만 학생이 참여할 수 있다는 점을 알게 된다면 어떻게 해야 할까? 간단한 해결방안은 다른 날짜를 선정하거나 혹은 학교 행사의 시간을 줄이는 것이다(학생들은 그러한 부분을 이해해 줄 것으로 믿는다).

> **문제해결방안 팁 16**
> 학생들이 학교에서 교육받기에 용이한 날짜를 선택한다.

교수전략으로 사용할 수 있는 최대한의 수업시간을 확보하고, 학사 일정에서 중재전략을 제공하는 요일을 미리 계획하여 고정시킬 수 있다면 최대한의 빈도를 확보할 수 있을 것이다.

초점

상위 기술(broad skill), 하위 기술(narrow skill), 혹은 두 가지를 모두 포함한 기술들 중에서 중재전략은 어떠한 영역에 초점을 맞추고 있는가? 교사는 학생들이

> **문제해결방안 팁 17**
> 공통핵심교육과정(혹은 다른 중요한 기준)에 해당하는 교육내용만을 가르쳐야 한다.

학습한 기술들을 다양한 교과영역에서도 적용해 볼 수 있는 교수 전략을 제공해야 한다. 만약 특정한 조건에서만 해당 기술을 가르친다면 학생들은 특정한 조건 이외의 상황에서 학습된 기술을 일반화할 수 없을 것이다. 예를 들어, 재윤이가 한 가지 유형(가로식 혹은 세로식)으로만 두 자릿수의 덧셈을 배운다면, 이러한 학습내용을 다른 상황에서 적용하기는 어려울 것이다. 다시 말해서, 문장제 문제의 유형이나 다른 유형의 수학 문제를 접하게 된다면 재윤이는 학습한 내용을 활용하지 못할 것이다. 전이가 어려운 교육을 제공하는 것은 궁극적인 교육의 목표가 아니기 때문에 교사는 중재전략을 제공할 때 이러한 점을 주의 깊게 고려할 필요가 있다. 즉, 교사는 다양한 조건에서 학습내용을 지도해야 한다는 점을 잊어서는 안 될 것이다. 또한 교사가 선택한 교육내용이 교육과정에 포함되어 있는지를 확인하는 것도 중요한 고려사항이다.

> **문제해결방안 팁 18**
> 다양한 조건에서 학습된 기술을 활용할 수 있는 충분한 연습을 학생에게 제공해야 한다.

크기

중재전략을 제공할 때 몇 명의 학생으로 집단을 구성해야 하는가? 이러한 집단의 크기를 결정하는 것은 매우 중요하며, 교사들은 일대일 교수전략보다는 그 이상의 소규모 크기(3~5명)의 집단에서 좀 더 효과적이었다는 연구결과를 인지할 필요가 있다. 그렇다면 한 집단에 몇 명 이상의 학생들이 참여할 경우에 그 규모가 크다고 평가할 수 있을까? 대략 10명 이상

> **문제해결방안 팁 19**
> 교사들과 협력하여 소규모 집단으로 중재전략을 제공해야 한다.

으로 집단을 구성한다면 그 집단의 크기를 크다고 평가할 수 있다. 왜냐하면 이러한 조건하에서 교사는 학생들에게 필요한 개별 지도나 명확한 피드백을 제공하기는 매우 어려울 수 있기 때문이다. 가능한 모든 지원을 학생에게 제공하기 위해서 교사는 유사한 교육적 요구를 지닌 학생들로 집단을 구성하고 스케줄을 함께 관리할 필요가 있다. 또한 교사 간의 스케줄을 조율할 수 있다면 서로 다른 집단에 속한 학생들을 함께 교육할 수도 있을 것이다. 만약 교수전략을 제공하는 시간을 모든 학생들과 사전에 공유한다면 동일한 교수전략을 제공하는 집단을 복수로 운영하지 않아도 되기 때문에 더 많은 학생들의 교육적 요구를 충족시킬 수 있을 것이다.

유형

중재전략의 유형에 대한 주제는 이미 행동 3-3(교수전략 수행하기) 영역에서 논의된 내용이다. 꽃의 꽃잎에 해당되는 네 가지 요인에서 문제점을 찾을 수 없었다면 그다음 단계인 행동 2-1(CBE의 2단계인 문제의 원인을 추정하기)을 검토할 필요가 있다.

점검사항 D. 행동 2-1: 문제의 원인을 추정하기

이전에 설명했듯이 이번 방안은 학생의 학습을 방해하고 있는 문제의 원인을 추정해 보고 그 원인을 검증하고자 하는 목적을 갖고 있다. 이러한 목적을 달성하기 위하여 이번 방안과 관련된 중요한 사항들을 재검토할 필요가 있으며, 이러한 사항들은 〈표 5-1〉(추정된 문제의 원인을 도출하기 위한 규칙)에 제공된 내용을 검토함으로써 확인될 수 있다. 〈표 5-1〉의 내용은 다음의 항목들로 요약될 수 있다.

1. 변화 가능한 학습내용에 초점 맞추기
2. 필수적인 학습내용에 초점 맞추기
3. 학습문제의 우선순위 정하기
4. 가장 유력한 학습문제의 원인을 먼저 선택하기
5. 기술의 계열성 고려하기

> **문제해결방안 팁 20**
> 반드시 습득해야 하는 선수지식에서 추정된 문제의 원인을 발견해야 한다.

추정된 문제의 원인을 찾기 위하여 CBE 2단계에서 제공했던 F.AC.T.R의 작업표를 재검토한다면 문제해결에 도움이 되는 중요한 단서들을 찾을 수 있을 것이다.

F(Fact): 사실

> **문제해결방안 팁 21**
> 교육을 통해서 변화가 가능하고 가르칠 수 있다고 해서 모든 교육내용을 가르칠 필요는 없다.

학생의 문제점은 현재의 수행수준과 도달하고자 하는 수행수준 간의 차이로 진술될 필요가 있다. 이러한 방법으로 학생의 문제를 정의한다면 문제가 무엇인지를 확인할 수 있으며 문제의 심각성 정도를 명확히 이해할 수 있을 것이다. 만약 현재 가르치고 있는 읽기 혹은 수학 교과의 학습내용들이 교육과정에 포함되어 있지 않다면

그러한 학습내용을 가르칠 필요는 없을
것이다. 즉, 학생들이 성취하길 바라는
교육과정의 내용이나 도달하길 바라는
준거들을 교육과정에서 확인할 수 없다
는 의미이다. 다른 교과영역에서도 교육
청 혹은 주(州)의 성취준거나 혹은 교육

> **문제해결방안 팁 22**
> 교사가 가르쳐야 하는 교육내용을 선정할 수 있는 판단 준거를 갖고 있지 않다는 사실은 결국 도달해야 하는 성취기준을 교사는 모른다는 의미이다.

과정 자체에서 명시한 기준들을 참조하여 가르칠 교육 내용을 선정할 필요가 있다. 교사가 가르치고 있는 내용들이 교육과정에 포함되어 있지 않다면 잘못된 교육을 하고 있다는 점을 인지할 필요가 있다.

AC(Assumed Cause): 추정된 문제의 원인

이번 요인은 문제의 원인이 되는 선수지식과 관련되어 있다. 추정된 문제의 원인은 학생이 이미 학습했을 것으로 기대했지만 결과적으로 학습하지 못한 학습내용과 관련되어 있다. 교사는 이러한 선수지식들을 가르침으로써 좀 더 어렵고 복잡한 학습내용을 가르칠 수 있을 것이다. 읽기와 수학 교과에서 선수지식을 확인할 수 있는 한 가지 방법은 교육과정에 제시된 공통핵심교육과정(CCSS)을 사용하는 것이다. 공통핵심교육과정을 참조하면 해당 학습내용을 배우기 위해서 필요한 선수지식이 무엇인지를 확인할 수 있다. 또 다른 문제해결방안은 일단 교육을 잠시 멈춘 후에 학업에 방해가 되는 다른 요인들이 제거되었는지를 점검해 보는 것이다.

학생의 청력과 시력을 학업에 영향을 미칠 수 있는 요인으로 고려해 볼 수 있을 것이다. 혹은 좀 더 복잡한 원인들, 즉 /s/와 /z/의 발음과 /f/와 /v/ 발음을 혼동하는 것이 문제의 원인이 될 수도 있다. 즉, 학생들은 쉽게 혼동할 수 있는 유성음과 무성음의 차이를 모르고 있을 수도 있다. 또 다

> **문제해결방안 팁 23**
> 명백한 문제의 원인을 우선적으로 찾아야 한다.

른 예로 다음절의 단어 읽기를 어려워할 수도 있을 것이다. 혹은 다음절의 단어에서 음절을 구분하여 읽는 방법을 모를 수도 있다. 예를 들어, 학생에게 다음절의 단어를 제시한 후에 몇 개의 음절이 단어에 포함되었는지를 질문했을 때 답변을 하지 못한다면 교사는 단어를 말하면서 턱 아래에 손을 받치는 방법으로 음절을 구분하는 방법을 학생에게 알려 줄 수 있다. 즉, 음절을 구분할 때마다 턱을 내려서 표시할 수 있다. 수업시간에 선수지식을 가르치기 위해서 지나치게 많은 시간을 소비할 필요는 없을 것이다. 대신 부족한 선수지식은 무엇인지를 파악할 수 있어야 하며, 이러한 선수지식을 교육한다면 좀 더 난이도가 높은 학습내용에 초점을 맞출 수 있을 것이다.

T(Test): 검사하기

추정된 문제의 원인을 제대로 확인했는지를 결정하기 위하여 문제의 원인을 검사를 통해서 검증해 볼 필요가 있다. 앞서서 언급된 유성음과 무성음의 예에서 교사는 유성음과 무성음을 평가하는 검사지를 사용하여 학생이 각각의 철자를 제대로 발음할 수 있는지를 평가할 수 있다. 학생이 마찰음(예: /f/, /v/)을 제대로 발음하지 못했다면 교사는 학생에 관한

> **문제해결방안 팁 24**
> 이미 수집된 데이터가 있다면 새로운 검사를 하기 전에 먼저 해당 데이터를 확인해야 한다.

중요한 정보를 확인한 것이다. 앞서서 언급된 단어의 음절을 확인하는 예에서 교사는 다음절을 포함하고 있는 단어를 검사할 수 있는 시험지를 사용하여 학생에게 음절 단위별로 표시를 하도록 요청할 수 있다. 이러한 단계에서는 문제의 원인을 확인해야 한다. 검사결과에서 추정된 문제의 원인을 확인할 수 있었다면 이제는 그다음 단계인 R, 즉 결과 단계로 넘어갈 수 있다.

R(Results): 결과

이번 단계에서는 학생들이 선수지식을 습득했는지의 여부와 추정된 문제의 원인을 교사가 확인했는지의 여부를 검증하는 목적을 갖고 있다. 예상되는 문제점을 확인했다면 이러한 검증의 단계를 쉽게 수행할 수 있을 것이다. 앞서서 언급한 예시에서 학생에게 철자 검사를 실시하여 해당 철자를 읽게 한 후에 오직 마찰음에서만 어려움이 있었음을 확인했다면 교사는 마찰음과 관련된 교육을 제공하면 된다. 단어에 포함된 음절을 구분하도록 요구한 후에 학생들이 음절을 구분하지 못한다면 교사는 음절을 구분할 수 있는 교육을 제공하면 된다.

F.AC.T.R을 사용하여 행동 2-1을 성공적으로 수행했다면 이제 문제해결을 위한 마지막 단계만이 남아 있다. 마지막 단계는 CBE의 1단계에 해당되는 행동 1-2(문제점을 정의하기)를 다시 점검하는 것이다.

점검사항 E. 행동 1-2: 문제점을 정의하기

문제해결을 위해 이번 단계까지 다시 돌아왔다면 아마도 실패한 것으로 생각할 수도 있을 것이다. 하지만 여전히 문제점을 해결하기 위한 노력은 충분한 가치를 갖고 있다. 행동 1-2에서 우리가 주목해야 할 중요한 사항은 다음과 같은 세 가지 영역이다.

- 학생의 수행수준을 서술하기
  - 설명: 학생의 수행수준은 관찰 및 측정이 가능하도록 서술하기
  - 점검사항: 죽은 사람 검사(dead-man test), 준거 찾기 검사(so-what test), 타인의 검증검사(stranger test)
- 성취수준의 평가 준거
  - 설명: 중요한 평가 준거를 사용하기
  - 점검사항: 공통핵심교육과정(CCSS), 주(state) 혹은 교육청의 성취기준, 출간된 교육과정
- 교육과정의 성취기준과 학생의 수행수준 간의 차이
  - 설명: 차이를 검증하기
  - 점검사항: 성취준거(CAP), 벤치마크

학생의 수행수준을 서술하는 첫 번째 문제부터 답변을 찾아볼 것이다. 행동 1-2의 작업표(〈서식 7-5〉 참조)에 포함된 세 가지 질문을 재확인해 봄으로써 측정 및 관찰 가능한 학생의 수행수준을 서술했는지를 점검할 수 있다. 이전에 설명한 것처럼 질문에 답변

〈서식 7-5〉 행동 1-2(문제점을 정의하기)를 위한 작업표

1. 수행수준은 관찰 및 측정이 가능한가?	1. **죽은 사람 검사**: 읽다, 소리 내다, 계산하다, 쓰다, 철자를 쓰다, 만들다, 말로 표현하다, 증명하다와 같은 단어를 사용하여 학생의 수행능력을 설명하고 있는가?	예	아니요
	2. **준거 찾기 검사**: 충분히 가르칠 만큼 중요함을 증명할 수 있는 기준이나 기타 다른 참고자료에 포함된 교육내용인가?	예	아니요
	3. **타인의 검증 검사**: 기술된 학생의 수행수준은 학생을 모르는 낯선 사람이 읽더라도 가르쳐야만 하는 중요한 학습내용이며, 학생이 직접 수행할 수 있는 학습 내용임에 동의할 수 있어야 한다.	예	아니요
2. 성취기준은 의미 있는가?	1. 성취기준은 공통핵심교육과정(CCSS)에 포함되어 있다.	예	아니요
	2. 성취기준은 주 혹은 교육청의 성취기준에 포함되어 있다.	예	아니요
	3. 성취기준은 교과를 가르치기 위해서 사용되는 학교교육과정에 포함되어 있다.	예	아니요
3. 성취기준과 학생의 수행수준 간의 차이를 검증할 수 있는가?	1. 성취기준은과 학생의 수행수준 간에 측정 가능한 차이가 실제 존재한다.	예	아니요
	2. 연구결과를 통하여 차이를 판정하는 기준을 결정하였다.	예	아니요

출처: John L. Hosp, Michelle K. Hosp, Kenneth W. Howell, and Randy Allison(2014). 저작권은 Guildford Press에 있음. 이 책을 구입한 독자가 개인적인 목적으로 본 서식을 사용할 경우에만 복사가 가능함.

하기 위해서는 세 가지 유형의 검사를 실시해야 한다. 다음으로 성취기준의 중요성 여부와 성취기준의 준거가 명확한지를 확인하는 질문에 답변을 찾아야 한다. 마지막으로, 성취기준과 학생의 수행수준 간의 차이와 관련된 두 가지 질문에 답변을 찾아야 한다. 만약 질문에 "예"라고 대답한다면 다음 질문으로 넘어갈 수 있다. 만약 질문의 답변으로 "아니요"라고 응답했다면 절차를 멈추고 그 문제를 해결해야 한다. 만약 교사가 스스로 문제점을 확인할 수 있다면 다행이지만 그렇지 않을 경우에는 다른 동료에게 절차를 '점검받아' 보는 것도 좋은 방법일 것이다. 다른 동료는 새로운 관점에서 문제점을 관찰할 수 있으며, 문제를 해결할 수 있는 단서도 제공할 수 있을 것이다.

행동 1-2의 단계로 다시 돌아와서 문제를 해결하려고 노력했지만 여전히 무엇이 문제인지를 확인하지 못했다면 이제는 개인이 아닌 팀의 조언을 구해야 할 시기이다. 아마도 학생은 매우 특별한 특성을 지니고 있어서 특정한 학습내용을 이해하는 데 있어서 어려워할 수 있다. 우리 저자들의 경험에 따르면 매우 드문 사례로 일부 학생들은 효과적인 중재전략에서도 반응을 나타내지 않았다. 하지만 이러한 사례에서도 학생들의 학업 실패의 주된 이유는 마찬가지로 상위 개념 이해를 위해 필요한 선수지식을 확인하지 못한 오류 때문이었다. 이러한 학생들의 학습능력은 마치 구멍이 뚫린 스위스 치즈 모양처럼 다양한 영역에서 선수지식이 부족하지만 일부 영역에서는 선수지식을 습득하고 있을 수 있다. 그렇기 때문에 경우에 따라서 학습내용을 매우 잘 이해하고 있는 것으로 착각할 수 있다. 즉, 실제로는 상당수의 영역에서 선수지식이 부족함에도 불구하고 전반적인 선수지식에 있어서 문제가 없는 것으로 잘못 평가할 수 있다. 이러한 문제점을 해결할 수 있는 최선의 방법은 다양한 세부 학습내용을 포함하고 있는 평가를 실시해 보는 것이다. 다양한 영역의 능력을 평가하는 수학검사지나 다양한 해독기술을 포함하고 있는 철자 검사가 대표적인 평가의 예로 활용될 수 있다. 이러한 유형의 검사를 사용한다면 오류 유형의 파악과 함께 다양한 영역의 학습능력을 한 번의 검사로 간편히 평가할 수 있다.

요약

이 장에서 설명한 문제해결방안은 학생들의 학업능력을 향상시키기 위하여 악전고투함에도 불구하고 학생들에게 기대하는 결과를 얻지 못했던 교사에게 추천할 수 있을 것이다. 이러한 문제해결방안을 활용하는 교사들의 수가 증가할수록 학업에 어려움을 나타내는 학생들에게 적합한 교육적 서비스를 제공할 수 있을 것이다. 특별히 교사가 최선을 다했음에도 불구하고 여전히 학업에 어려움을 호소하는 학생들에게 효과적일 수 있다. 예를 들어, 우리 저자중 한 명은 학년말에 단어의 해독능력과 유창성 영역에서 뛰어난 진전도를 나타낸 학생을 가르친 경험을 갖고 있었다. 다시 학기가 시작되었고, 이전 학기에 사용했던 동일한 교수전략을 사용했지만 낮은 진전도를 얻게 되었고, 궁극적으로 더 이상 이전에 사용했던 중재전략이 효과적이지 않음을 확인하였다. 게다가 이전에 학습된 상당수의 학습내용들도 이해하지 못한다는 점을 확인하였다. 단순히 방학 동안에 교육을 제공하지 않아서 낮아진 성취결과만으로는 설명되기 어려운 현상이었다. CBE 전략을 다시 검토하기 앞서서 학생의 학부모와 상담을 실시하였다. 상담을 통해서 학생이 방학 초에 자전거 사고를 당했고 그로 인하여 심각한 뇌 손상을 입었다는 것을 알게 되었다. 이러한 사실은 선수지식의 평가와 중재전략을 결정하는 데 있어서 매우 중요한 정보로 활용되었다. 만약 이러한 사실을 알지 못했다면 뇌손상 이외의 다른 요인들에서 문제의 원인을 찾느라 많은 시간을 소비했을 것이다. 이처럼 예상하기 어려운 문제의 원인이 존재할 수 있기 때문에 교사는 항상 원인을 찾기 위한 질문을 제기해야 한다.

CHAPTER **08**
- - - - - - - - - - - - - - -

CBE 절차를 지속적으로 수행하기

지금까지 이 책에서는 CBE 절차의 중요성에 대해서 알아보았다. 이제는 일선 학교현장에서 이러한 절차를 적용하는 방법과 함께 어떻게 지속적으로 사용할 수 있을지에 대해서 고민해 볼 필요가 있다. 이 책의 저자들은 "우선 시도해 보세요. 생각보다 쉬워요."라는 진실된 조언을 하고 싶다. 하지만 우리는 또한 "학교현장에서 CBE를 적용하는 데 있어서 도움이 될 수 있는 중요한 비법들을 알고 있어요."라고 말해 줄 수 있다. 그러한 비법들은 CBE 전략을 사용하기 이전과 중간 그리고 이후의 과정에서 고려될 수 있는 사항들이다. 이 장에서는 CBE 전략을 처음 실시하는 방법과 이후에 어떻게 지속적으로 사용할 수 있는지에 대해서 설명하고 있다. 이 장의 마지막에서는 CBE 절차를 수행하는 데 있어서 도움이 될 수 있는 Q & A를 제공한다.

CBE 수행을 위한 계획 세우기

성공적인 학교 및 일상생활에서 필요한 학습내용은 무엇인지를 좀 더 잘 결정하기 위하여 CBE를 사용한다고 가정해 보자. CBE를 제대로 사용한다면 교사들은 CBE를 강력한 교수전략으로 사용할 수 있을 것이다. CBE는 정확한 질문을 제기하고, 정확한 데이터를 수집하고, 정확한 문제의 원인을 확인하고, 정확한 중재전략을 사용하며, 중재전략 사용 시 학생의 성장률을 측정할 수 있는 정확한 진전도 모니터링을 사용할 수 있는 실천전략을 제공할 수 있기 때문에 효과적인 교수전략으로 평가될 수 있을 것이다. 이러한 결과를 어떻게 얻을 수 있을까? CBE의 매 단계를 주의 깊게 설계한다면 가능하다. 중재전략 사용 전, 중재전략 사용 중, 중재전략 사용 후의 단계별로 필요한 CBE 전략은 무엇인지를 생각해 보고 조정이 가능한 사항에 초점을 맞추면 된다. 조정 가능한 사항들은 다음과 같은 아홉 가지의 단계별로 구분될 수 있다.

중재전략 사용 전

1단계: CBE 전략을 어떤 수준에서 적용할 것인가

담당자가 지닌 CBE의 경험과 지식수준에 따라 이번 단계는 달라질 수 있다. CBE를 활용하는 최선의 방법을 생각한다면 어떠한 수준에서 CBE를 적용해야 하는지 결정할 수 있으며, 이러한 결정으로 CBE를 최선의 조건에서 사용할 수 있을 것이다.

- **교실 수준**: 오직 교사 한 명만이 CBE에 관심을 갖고 있는가? 만약 그렇다면 교사는 학교나 교육청의 도움 없이도 CBE 절차를 수행할 수 있을 것이다. 하지만 도움을 받을 전문가가 없다면 여러 가지 어려움에 직면할 수도 있다.
- **학년 수준**: 오직 학년 수준에서 CBE 적용에 관심을 갖고 있는가? 만약 그렇다면 해당 학년을 맡고 있는 교사들은 CBE 절차를 배워서 해당 절차에 대해서 익숙해져야 하며 교사 간에 서로 도움을 줄 수 있는 방법을 알아야만 한다. 교사들의 노력

여하에 따라 대규모 네트워크를 구성할 수도 있으며, 이러한 네트워크를 통하여 CBE를 수행하는 데 있어서 큰 도움을 얻을 수 있다.

- **학교 수준**: 학교는 CBE 수행에 관심을 갖고 있는가? 만약 그렇다면 학교에 소속된 모든 교사들은 학생 개인에게 필요한 교육적 지원을 확인한 후에 서로를 협력하고 지원할 수 있는 방법을 알고 있어야 한다. 학교 수준에서 CBE 전략을 사용하면 유사한 교육적 지원을 필요로 하는 학생들을 선별할 수 있을 것이다. 이러한 학생들을 선별할 수 있다면 다수의 학생을 함께 교육할 수 있는 수업을 구성할 수 있을 것이다.

- **교육청 수준**: 교육청은 CBE 수행에 관심을 갖고 있는가? 만약 그렇다면 서로 다른 학교에 근무하고 있는 교사들을 지원하는 방법과 함께 특정한 중재전략을 사용할 수 있는 전문가들을 교육하는 전문성 개발이 매우 중요한 과제가 될 수 있다. 만약 다수의 학교에서 유사한 중재전략을 사용해야 한다면 교육청 관계자는 개별 학교에서 스스로 해결방안을 찾도록 요구하기보다는 동일한 교수전략을 함께 사용할 수 있는 방안을 고려할 필요가 있다.

2단계: 어떤 교과를 먼저 가르칠 것인가

학생들의 교육적 요구가 점차 다양해지고 있는 상황에서는 수학 혹은 행동수정과 같이 특정한 영역에만 초점을 맞추어 교육을 제공하는 것이 현명한 방법일 수 있다. 모든 교육적 요구사항을 한 번에 제공하려고 노력한다면 교사들은 절망감을 느낄 수 있으며 점점 의욕을 잃고 지쳐 갈 수 있다. 이러한 상황이라면 CBE를 적용할 확률은 매우 낮을 것이다. 따라서 교사들이 CBE를 능숙하게 적용할 수 있도록 우선적으로 충분한 연습의 기회와 시간을 제공할 필요가 있다. 또한 교사들이 CBE 절차를 배우고 있는 중이라면 최소한 반년 정도는 한 가지 교과만을 적용하여 CBE를 사용하는 것이 합리적인 방법일 것이다.

어떤 교과를 먼저 지도할 것인가? 다음과 같은 세 가지 사항들을 고려하여 교과의 우선순위를 선정할 수 있을 것이다.

- **대부분의 학생은 어떤 교과영역을 가장 어려워하는가?** 보편적 선별검사나 다른 평가검사의 결과를 검토한다면 교과별 최저 학업성취 기준을 넘은 학생수의 최대값 및 최소값을 확인할 수 있다. 예를 들어, 수학교과에서는 90%의 학생들이 최저 학업성취 기준을 넘은 반면에 읽기교과에서는 70%의 학생들만이 최저 학업성취 기준을 넘었다면 읽기교과를 먼저 교육하는 것이 타당하다.
- **효과가 검증된 중재전략을 갖고 있는 교과영역은 무엇인가?** 특정한 중재전략에 참여한 학생들의 진전도 모니터링 데이터를 수집하였다면 이러한 데이터의 결과를 바탕으로 효과적인 중재전략이 무엇인지를 선택할 수 있을 것이다. 즉, 선택된 중재전략은 학생의 성취를 극대화할 수 있는 교육방법일 것이다. 만약 이러한 진전도 모니터링의 결과를 갖고 있지 않다면 우선적으로 교사는 연구결과에 의해서 효과성이 검증된 중재전략이 무엇인지를 확인할 필요가 있다. 여기서 말하는 연구 결과란 이미 이전의 연구자들이 특수교육을 제공한 후에 학생의 향상 정도를 진전도 모니터링 데이터로 검증한 결과를 말

한다.

- **교사는 어떠한 교과영역에서 우수한 전문성을 갖고 있는가?**
  지금 근무하고 있는 학교에서 특정한 교과영역에 전문성을 갖고 있는 교사가 누구이며, 그들에게 도움을 요청할 수 있는가? 예를 들어, 지금 근무하고 있는 학교에는 읽기 전문가 혹은 코치가 있는가? 그리고 특정한 교수전략을 선정하고 수행하는 데 있어서 도움을 줄 수 있는 전문가는 누구인가? 해당 전문가들이 누구인지를 알고 있다면 CBE를 수행하는 데 있어서 도움을 얻을 수 있다.

3단계: 교사는 필요한 교육자료를 갖고 있는가

이번 단계에서는 CBE를 수행하는 매 단계에서 필요한 교육 자료를 확인할 수 있다. 매 단계별로 CBE를 수행할 때 필요한 교육 자료는 무엇인가를 알고 있다면 특정한 교과영역과 해당 학년에서 CBE를 수행할 준비가 되어 있다고 판단할 수 있을 것이다. 각 단계별로 필요한 교육자료는 다음과 같다.

- **CBE 1단계 교육자료**: 선별검사 데이터, 학습능력을 평가할 수 있는 준거, RIOT와 SCIL 정보를 나타내는 행렬표
- **CBE 2단계 교육자료**: 교육과정의 성취기준에서 우선순위를 확인하는 것, F.AC.T.R의 표, 각 교과영역에서 필요한 추가적인 평가도구(필요할 경우)
- **CBE 3단계 교육자료**: 특정한 교육내용과 관련된 중재전략들, 진전도 모니터링 검사도구, 진전도 모니터링 데이터의 그래프

4단계: 중재전략을 제공하는 시점은 언제인가

중재전략을 제공하는 시점은 매우 중요하다. 따라서 CBE를 시작하기 전에 미리 시작 시점을 계획하는 것은 교사에게 도움을 줄 수 있다. 중재전략을 제공할 정확한 시점을 찾기 위해서는 올바른 데이터를 수집해야 하는데 이러한 과정은 많은 시간이 소요될 수 있다. 따라서 다음과 같은 사항을 검토해 볼 필요가 있다.

- **가을학기(학기 초)**: 첫 번째 보편적 선별검사의 결과를 수집한 이후에 바로 확인할 수 있는 문제인가? 그렇다면 학기 첫날부터 시작할 수 있는 계획을 세울 필요가 있다. 하지만 학생에게 필요한 영역이 무엇인지를 아직 결정하지 못했다면 계획을 수립하는 데 있어서 어려움이 있을 수 있다.
- **겨울학기(학기 중간)**: 첫 번째와 두 번째의 보편적 선별검사를 실시하고 데이터를 수집한 이후에 문제를 확인할 수도 있다. 이러한 경우 교사는 특정한 개별 학생 및 학생 집단에 대한 데이터를 추가적으로 수집해야 한다. 하지만 이러한 자료를 수집한다면 심각한 수준의 장애를 갖고 있는 학생에게 적시에 교육을 제공하기 어려울 수 있다.
- **보편적 선별검사를 실시한 이후 진전도 모니터링의 일부 데이터를 수집한 시점**: 개별 학생을 평가할 수 있는 진전도 모니터링 데이터를 갖고 있는 상황이기 때문에 필요하다면 언제든지 중재전략을 바로 사용할 수 있다. 우리 저자들은 진전도 모니터링의 적용을 적극 권장한다.

1~4단계는 CBE를 사용하기 이전에 활용할 수 있는 전략들이며,

지금 살펴볼 5~8단계는 CBE를 수행하는 동안 활용할 수 있는 전략들이다.

중재전략 사용 중

5단계: 교육자료를 수집할 담당자는 누구인가

CBE의 전 단계를 수행하면서 다양한 유형의 자료들을 수집할 필요가 있다. 특정한 자료를 수집하는 담당자를 정해 둔다면 빠르게 자료를 수집할 수 있을 것이다. 교육자료를 수집할 수 있는 방법은 다음과 같다.

수집할 필요가 있는 데이터와 관련 정보들의 목록을 정리한 후에 각각의 CBE 단계별로 필요한 정보들을 분류하는 것이다. 특정한 영역의 자료 수집을 특정인에게 맡긴다면 일에 대한 부담을 분산시킬 수 있으며 다수의 사람들이 한 학생의 특성에 대해서 알 수 있기 때문에 학생에게 도움을 줄 수 있는 다양한 기회를 제공할 수 있다. 〈서식 8-1〉에서는 이러한 결정에 도움이 되는 간편한 체크리스트와 함께 참고할 양식을 제공하고 있다.

〈서식 8-1〉 CBE 업무를 수행할 담당자 목록

CBE 1단계: 사실 확인하기	
항목	업무 담당자
생활기록부(Cumulative folder)	
보편적 선별 데이터	
진전도 모니터링 데이터	
학기말/과목 검사점수(예: 국가학업성취도검사)	
건강, 시력, 청각에 관한 결과	
학업 성적표	
학습 결과물들(work samples)	
현재 혹은 이전 담임과의 인터뷰 결과	
부모와 학생의 인터뷰 결과	
교실 관찰	
중재전략의 계획과 결과 보고서	
외부 보고서(의사, 심리학자, 물리치료사 등)	
개별화교육계획, 개별화가족교육계획, 504계획	
RIOT/SCIL 행렬표	
해당 기술을 평가할 준거	
CBE 2단계: 수집해야 할 자료	
항목	업무 담당자
F.AC.T.R 작업표	
추가적인 평가(필요한 만큼)	
CBE 3단계: 수집해야 할 자료	
항목	업무 담당자
중재전략 제공	
진전도 모니터링 검사도구	
진전도 모니터링 결과를 그래프화하기	

문제해결방안	
항목	업무 담당자
진전도 모니터링 충실도 체크리스트 (〈서식 7-1〉)	
진전도 모니터링 체크리스트(〈서식 7-2〉)	
중재전략 수행에 대한 충실도 체크리스트(〈서식 7-3〉)	
중재전략 설계에 대한 충실도 체크리스트(〈서식 7-4〉)	
문제해결방안을 위한 작업표(〈서식 7-5〉)	

출처: John L. Hosp, Michelle K. Hosp, Kenneth W. Howell, and Randy Allison(2014). 저작권은 Guildford Press에 있음. 이 책을 구입한 독자가 개인적인 목적으로 본 서식을 사용할 경우에만 복사가 가능함.

6단계: 데이터를 요약하고 공유하는 일은 누가 담당해야 하는가

CBE를 수행하면서 필요한 데이터와 기타 관련 정보의 수집을 담당할 사람을 선정했다면 그다음으로 고민해야 할 사항은 데이터를 요약하고 그 결과를 공유하는 업무를 담당하는 사람을 결정하는 것이다. 해당 업무의 담당자를 결정할 때에는 먼저 이러한 업무를 수행하는 데 있어서 필요한 중요한 기술은 무엇인지를 생각해 볼 필요가 있다. 이러한 업무를 담당하는 사람은 데이터를 조사한 경험과 함께 다른 사람들이 쉽게 결과를 해석할 수 있도록 데이터를 처리할 수 있는 능력을 갖고 있어야 한다. 해당 업무의 적임자를 판단하고자 할 때 다음과 같은 사항들을 고려할 필요가 있다.

• **학생을 가르치고 있는 교사**: 직감적으로 학생을 지도하고 있는 교사가 정보를 요약하고 공유할 수 있는 사람이라고 생각할 수 있지만 이러한 교사들은 오히려 학생을 너무 잘 알고 있어서 다른 사람들의 입장에서 학생을 이해하는 데 도움이 되

는 정보들을 만들어 내기는 어려울 것이다. 때로는 새로운 관점에서 수집한 데이터를 공유하는 것이 도움이 될 때가 있다. 이러한 방법을 사용함으로써 교사는 학생을 도울 수 있는 새로운 방법을 고안하거나 새로운 관점에서 문제에 접근해 볼 수 있을 것이다.

• **사전에 학생에 대한 정보가 없는 전문가**: 학교 심리학자 혹은 교수전략 지도자가 이러한 전문가에 해당되며 이들은 자료를 공유하는 방법과 CBE를 적용하는 데 있어서 전문성을 지니고 있지만 학생과 전혀 안면이 없는 전문가일 것이다. 이러한 전문가는 학생에 관한 사전정보를 갖고 있지 않기 때문에 객관적인 관점에서 정보를 제공할 수 있는 장점을 갖고 있다. 실제로 이러한 전문가는 다른 교사들이 인식하지 못했던 이슈나 문제들을 찾아낼 수도 있다. 하지만 이들은 학생에 대한 사전지식이 부족하기 때문에 잘못된 관점에 초점을 맞출 수 있는 단점을 갖고 있기도 하다.

• **학생을 알고 있지만 현재 학생을 가르치지 않고 있는 전문가**: 학교 관리자, 이전 학년의 담임교사, 혹은 예전에 학생을 가르친 경험은 있지만 올해는 가르치지 않는 교사 등이 이러한 전문가에 해당된다. 이러한 전문가들은 학생의 배경정보를 잘 알고 있기 때문에 핵심적인 문제에 초점을 맞출 수 있는 장점을 기대할 수 있다. 하지만 오래된 학생의 정보를 참고하여 잘못된 정보에 초점을 맞출 수 있는 문제점도 발생할 수 있다. 이러한 단점은 CBE 수행을 지연시킬 수 있는 원인으로 작용할 수 있다.

정보를 요약하고 공유하는 일을 누가 담당하든지 간에 해당 업무를 담당하는 전문가들은 다양한 정보를 종합하여 요약할 수 있는 조직화 기술(organizational skills)의 역량을 갖춰야 한다. 정보를 조직화함으로써 전체 팀의 구성원은 좀 더 수월하게 학생에 관한 문제를 해결할 수 있다. 이러한 노력으로 인하여 시간을 절약할 수 있고 CBE를 수행하는 데 있어서 도움을 얻을 수 있다.

7단계: 중재전략을 제공할 사람은 누구인가

중재전략을 직접 학생에게 제공할 담당자를 결정하는 것은 중재전략을 선택하는 것만큼 중요하다. 가장 바람직한 원칙은 가장 경험이 많은 숙련된 교사가 학생의 교육을 담당하는 것이다. 학급 도우미 봉사자가 충분한 교육을 받지 않았다면 학생의 교육을 담당해서는 안 될 것이다. 중재전략을 제공할 담당자를 선택할 때에는 다음과 같은 사항을 검토해야 한다.

- 특정한 교과영역에서 최고의 전문성을 지닌 교사는 누구인가?
- 특정한 중재전략을 교육받은 교사는 누구인가?
- 중재전략의 효과를 나타내는 학생의 진전도 데이터를 갖고 있는 교사는 누구인가?
- 조직을 구성하여 학생이 참여할 수 있는 중재전략을 이미 사용하고 있는 교사는 누구인가?

8단계: 진전도 모니터링 데이터의 수집과 그래프 작성은 누가 담당하는가

데이터를 수집하는 행위는 학생이 응답한 횟수를 확인하고, 해당 정보를 하나의 그래프로 작성하는 것 이상의 의미를 지니고 있다. 숫자 정보는 학생의 실제 능력을 나타낸다. 그렇기 때문에 이러한 정보는 교사에게 있어서 학생이 할 수 있는 것은 무엇인지를 귀와 눈으로 직접 확인할 수 있는 기회를 제공한다. 이러한 기회는 교사가 교육한 내용을 학생이 실제로 수행할 수 있는지의 여부를 진전도 모니터링의 데이터를 수집하여 확인할 수 있기 때문에 중요하다. 중요성과 함께 자료를 수집할 전문가에게 다음과 같은 조언을 제공할 수 있다.

- **학생에게 중재전략을 제공하고 있는 교사**: 해당 교사는 지금 학생에게 제공한 교육프로그램이 실제로 학생에게 도움이 되고 있는지의 여부를 좀 더 빨리 확인할 필요가 있다. 만약 형성적 총괄평가 없이 학생의 현재 수행수준을 평가했다면 그 모든 결과는 추측에 의한 산출물에 불과하다. 그렇기 때문에 중재전략을 제공하는 교사는 진전도 모니터링 데이터를 수집할 필요가 있다.
- **교실 안의 전문가**: 해당 전문가는 정기적으로 학생의 진전도 데이터 결과를 공유하기 위하여 학생과 교사를 직접 만날 수 있는 사람이다. 담임교사는 해당 전문가가 자료를 수집할 때 학생을 직접 관찰할 수도 있을 것이다. 하지만 해당 전문가는 그래프에 포함된 숫자만을 교사에게 보고하기 때문에 교사는 학생이 어떻게 수행하고 있는지를 직접 관찰할 수 없는 문제점이 있을 수 있다.
- **교실 밖의 조력자**: 해당 전문가는 진전도 모니터링 데이터가 필요한 경우에만 학생을 만나게 된다. 이러한 조건에서 담임

교사는 직접 데이터를 수집하거나 데이터 수집을 관찰할 수 있는 기회를 놓치게 된다. 교실 밖의 조력자는 해당 학생에 대한 이해가 부족할 수 있기 때문에 현재 수준을 정확히 가늠하기 어렵다. 담임교사가 학생을 가르치는 동안 다른 누군가가 교실에 들어와서 대신 자료를 수집한다면 학생을 직접 지도하면서 얻을 수 있는 모든 추가적인 정보를 얻을 수 없을 것이다.

지금까지 1~8단계의 과정을 살펴보았다. 이제는 마지막 단계인 중재전략 이후의 단계를 설명하려고 한다.

중재전략 사용 이후

9단계: 문제해결방안을 누가 담당할 것인가

만약 계획과 달리 궁극적으로 문제를 해결할 수 없었다면 문제해결방안을 누가 실행해야 하는가? 다시 한번 기억을 되살려 보면 문제해결방안은 다시 처음부터 모든 단계를 시작하는 것이 아니다. CBE의 마지막 단계였던 진전도 모니터링 활동을 문제해결방안의 첫 번째 단계로 고려하게 된다. 바로 이 단계부터 시작하여 여러 중요한 사항을 점검하면 된다. 이 책에서는 이러한 문제해결방안을 좀 더 쉽게 수행할 수 있도록 도움을 줄 수 있는 여러 유용한 체크리스트를 제공하고 있다. 이와 함께 이러한 체크리스트를 활용하여 문제해결방안을 수행할 담당자를 결정하는 것도 중요하다. 〈서식 8-1〉의 마지막 부분에서는 이번 단계에서 필요한 체크리스트를 제공하고 있다. 처음부터 데이터 수집을 담당한 사람이 문제해결방안의 체크리스트도 담당할 수도 있다. 체크리스트를 사용하면 누가 무엇을 해야 하는지 쉽게 결정할 수 있으며, 해당 과제를 잘 알고 있는 사람은 누구인지를 파악할 수 있다.

CBE를 시작할 때 도움이 되는 조언

학급, 학년, 학교, 혹은 교육청 수준에서 CBE를 수행할 수 있는 수많은 방법들이 존재한다. CBE 수행을 위한 가장 효과적인 방법은 평가, 교수전략, 교육과정의 기준을 이해하고 있는 전문가와 교수전략에 관한 의사결정을 위하여 데이터를 분석해 본 경험을 갖고 있는 전문가들로 팀을 구성하는 것이다. 한두 명의 소수의 사람만으로 팀을 구성하기보다는 CBE라는 문제해결 틀 안에서 전문성을 발휘할 수 있는 다수의 전문가들로 구성하는 것이 바람직하다. 다음은 CBE를 수행하는 데 있어서 팀 구성원 간에 협력을 도모할 수 있는 유용한 팁을 제공하고 있다.

- 학교 관리자(들)은 CBE의 첫 단계부터 참여해야 하며 CBE의 절차를 확실히 이해하고 있어야 한다.
- CBE 절차는 학생의 문제점을 해결하기 위해 필요한 명확한 행동전략을 제공하고 있음을 이해할 필요가 있다.
- 데이터와 우수한 교수전략을 사용해야 한다(모든 전문가에게 두 가지는 중요한 사항이다).
- 특정한 분야의 전문가들 간의 협업이 이뤄지지 않는다면 협업을 할 수 있도록 격려할 필요가 있다.
- 특정한 학생 집단에게 효과적인 중재전략을 선택하는 데 있어

서 도움을 얻을 수 있는 정보를 수집할 필요가 있다.

- 특정한 중재전략을 받고 있는 학생들의 자료를 데이터베이스 화하여 중재전략의 효과가 지속되고 있는지를 조사할 필요가 있다.
- 학생 집단 혹은 학생 개인의 성공과 그러한 경험을 공유하기 위하여 서로 협력해야 한다.

CBE를 지속적으로 수행하기 위한 조언

사전에 계획을 수립하고, 특정한 분야에 전문성을 지니고 있는 전문가들을 확보하는 하는 것은 CBE를 효과적으로 수행하기 위한 필요 조건들이다. 또한 모든 전문가들이 참여하기 위해서는 관련된 지식과 제공되고 있는 교육에 관한 정보를 공유할 필요가 있다. 다음은 계획 수립 시 도움이 되는 사항들을 정리한 내용이다.

- 학교 관리자들이 CBE를 수행하는 첫날부터 참여할 수 있도록 계획해야 한다. 학교 관리자들이 CBE의 가치를 알게 된다면 CBE를 지속적으로 사용할 확률을 높일 수 있을 것이다.
- CBE 절차를 나타내는 일의 흐름도(flowchart)를 인쇄하여 모든 사람들에게 배포하거나 벽에 붙여 놓으면 도움이 된다. 더욱 좋은 방법은 벽에 도표와 함께 과제의 내용을 게시하는 것이다.
- 매주 함께 협업할 수 있는 시간을 사전에 결정할 필요가 있다. 학기가 시작할 때 CBE와 관련된 일정을 각자의 달력에 표시하

여 모든 참여자들이 스케줄을 잡는 데 있어서 어려움이 없도록 해야 한다.

• 학생을 지도하여 성공한 경험들을 동료들과 서로 공유해야 한다. 이러한 활동은 더욱 열심히 학생들을 지도할 수 있는 강화제의 역할을 할 수 있으며, 참여하기를 원하지만 용기를 내지 못하고 주저하고 있는 동료들에게 좋은 자극이 될 수 있다.

• CBE 수행에 관한 책무성을 서로 공유할 필요가 있다. CBE를 수행하기 위해서는 충분히 가치 있는 일들이 많이 요구된다. 이때 참여자들에게는 공정하게 일을 분배할 필요가 있다. 1년, 분기, 혹은 월의 기준으로 일의 업무를 서로 공정하게 분배할 필요가 있다. 담당 업무의 일관성을 확보할 수 있는 지침을 마련하여 담당 업무를 너무 빨리 변경하는 문제를 예방할 필요가 있다.

CBE를 계획하고 수행하는 과정에서 자주 질의되는 질문들

1. CBE 절차에서 포함된 모든 행동을 수행해야만 합니까?

대답은 "예"와 "아니요"이다. 유일하게 행동 2-3(제목에 "필요한 만큼"이라는 표현이 언급되어 있음)은 생략할 수 있다. 만약 이전의 행동으로 관련된 모든 평가 데이터의 정보를 충분히 수집하였다면 행동 2-3으로 추가적인 데이터를 반드시 수집할 필요는 없을 것이다. 이러한 조건이 아니라면 각각의 모든 행동을 정해진 방법으로 수행해야 한다.

2. CBE의 세 가지 단계 중 한 단계만 수행해도 될까요?

아니요. 학생에 관한 최선의 의사결정에 도달하기 위해서는 각각의 단계를 반드시 수행해야 한다. 일부 교사들은 중재전략을 수행하고 진전도를 모니터링하는 행동만을 하고 싶다는 의견을 표명하기도 한다. 만약 '소화기관'과 관련 없는 치료방법을 제공하는 의사가 있다면 당신은 이 의사를 만나러 갈 것인가? (심지어 위장병 전문의조차도) 그러한 방법을 추천하지 않을 것이다. 필요한 목적이 있기 때문에 각각의 CBE 절차를 실행한다는 점을 인지할 필요가 있다.

3. 학교에서는 CBE 절차를 사용하지 않더라도 특수교사인 제가 혼자서 사용해도 될까요?

사용 가능하다. 유사한 교육적 요구를 지닌 학생 집단이나 학생 개인을 교육하고자 할 때 교사는 개별적으로 CBE 절차를 사용할 수 있다. 학업부진 학생들의 교육적 요구를 적합한 방법으로 확인할 수 없다면 성공적인 학업성취를 기대하기는 어려울 것이다. CBE를 사용한다면 교사는 학생의 필요한 교육적 요구를 확인할 수 있을 것이며, 이것은 교사의 중요한 사명이기 때문에 교사는 CBE를 사용하는 경험을 가질 필요가 있다.

4. CBE를 학교에 적용하거나 혹은 교사 개인만이라도 사용할 수 있도록 학교 관리자를 어떻게 설득할 수 있을까요?

지금 교육현장에서는 교육의 책무성이 중요시하고 있으며, 교육의 성과를 검증하고자 하는 요구가 증가되고 있기 때문에 이러한 이슈에 관심이 없거나 학생의 성공적인 학업성취에 도움을 줄 수 있는 아이디어를 한사코 거부할 학교 관리자를 찾아보기는 어려울 것이다. 우리 저자들이 학교 관리자를 설득하는 한 가지 방법은 학생의 학업성취에 관한 데이터를 수집하고 결과를 나타내는 방법을 소개하는 것이다. 그럼에도 불구하고 CBE를 만족해하지 않는다면 다른 해결방안을 생각해 볼 필요가 있을 것이다.

5. **누구나 CBE를 사용할 수 있나요?**

누구나 사용하기는 어려울 것이다. CBE를 사용하기 위해서는 전문적인 기술과 교과 및 중재전략에 대한 지식, 특히 무엇보다도 중요한 사고력이 필요하다. CBE를 잘 알고 있는 전문가들이 참여해야만 CBE을 성공적으로 운영할 수 있다. 평가, 교육과정, 교수전략에 있어서 전문성을 갖고 있지 않고, 충분한 교육도 받지 않는 사람들에게는 CBE 사용을 권장할 수 없을 것이다.

6. **학업에 어려움이 있는 학생들의 학부모들이 집에서 CBE를 사용하는 것은 좋은 생각일까요? 아니면 단지 CBE는 학급에서만 사용해야 할까요?**

평가도구를 사용하여 결과를 분석하고, 교육과정을 사용하며, 적합한 중재전략을 사용할 수 있는 전문적인 기술을 감안한다면 전문가가 상주하는 학교에서 CBE를 사용할 때 최선의 결과를 기대할 수 있을 것이다. "집에서는 CBE를 사용하지 마세요!"라는 문구는 CBE의 주의사항이기도 하다. 하지만 학부

모들도 자신의 자녀들에게 제공되는 중재전략과 진전도 모니
터링을 실시하는 방법에 대해서는 알고 있을 필요가 있다. 또
한 학부모들은 가정에서 수행할 수 있는 중재전략에 관해서
도 숙지할 필요가 있을 것이다. 학부모들은 항상 자신의 자녀
에 관한 교육의 모든 과정을 알고 있어야 하며 그 과정에 참여
할 필요가 있다.

7. 3단계의 CBE에서 진전도 모니터링을 위하여 CBM만을 사용해야만 하나요?

그렇지 않다. 대신 다음과 같은 특성을 지닌 진전도 모니터링
검사를 사용해야 한다.

- 매일 혹은 매주 사용할 수 있도록 난이도가 동일한 검사지
를 충분히 제공할 수 있는 검사
- 학생의 변화를 민감하게 측정(일반적으로 기울기의 신뢰도를
계산함)할 수 있음을 증명하는 연구결과를 확보한 검사
- 검사를 채점하고 실시(일반적으로 5분 미만)하는 데 있어서
효율적인 검사

CBM은 앞에서 언급된 모든 특성을 만족하고 있기 때문에 CBM
을 진전도 모니터링 검사로 추천할 수 있다.

요약

CBE를 성공적으로 사용하기 위해서는 많은 단계들이 사전에 계획될 필요가 있다. 효율적으로 CBE를 사용할 수 있는 한 가지 방안은 CBE 사용 전, 사용 중, 사용 후의 단계로 구분하여 해당 단계에서 필요한 과제를 확인하는 것이다. 이렇게 단계별로 필요한 과제를 확인함으로써 해당 CBE 단계에서 수행되어야 할 과제들이 수행될 수 있으며 중요한 과제에 대한 우선순위를 선정할 수 있을 것이다. CBE 수행과 관련하여 제공할 수 있는 최선의 충고는 팀을 구성하여 CBE를 사용하라는 것이다. 팀을 잘 구성한다면 일에 대한 분담이 이뤄질 수 있으며 진정한 협력을 통하여 문제해결과정을 수행할 수 있을 것이다. 학생이 학교 및 개인의 삶에서 성공할 수 있도록 팀의 모든 구성원이 협력하여 필요한 정보를 수집하고 필요한 질문에 대한 해답을 찾는 노력을 기울인다면 서로를 통해서도 많은 것을 배울 수 있을 것이다.

CHAPTER **09**

결론

　　　　　　　이 책은 많은 아이디어와 교육의 실제를 다루고 있다. 이 책의 초반부에서는 교육의 배치 및 평가에 관한 개념들과 기본적인 아이디어를 소개하였다. 그다음으로는 효과적인 중재 전략 설계와 관련된 CBE를 소개하였으며 CBE를 교육분야에서 활용하는 방안을 설명하였다. 이 책은 또한 교사가 답변해야 하는 질문과 의사결정 수행에서 사용할 수 있는 데이터의 활용에 주된 초점을 맞추고 있다. 질문과 의사결정에 관한 사고를 바탕으로 교사들은 CBE의 절차에 참여할 수 있다.

　이 책은 여러 교과영역에서 어려움을 갖고 있는 학생들을 지도하는 방법(how)과 교육내용(what)을 결정하기 위한 목적으로 CBE를 활용할 수 있는 방법을 소개하고 설명하고자 노력하였다. 이 장에서는 좀 더 큰 틀에서 초점을 맞추어 CBE를 검토하려고 한다. 다음 두 가지의 질문은 이러한 목적과 관련되어 있다.

- CBE를 사용하고 싶은 이유는 무엇인가(혹은 동료들과 협력하여 CBE를 사용하는 이유는 무엇인가?)
- CBE를 실제로 어떻게 구현할 것인가?

　실제 교실상황에서 CBE를 정확하게 수행함으로써 교사가 진정으로 얻을 수 있는 것은 무엇인가? 모든 학생은 성공적인 교육을 받아야 한다는 사회적 요구가 있기 때문에 교사는 지속적으로 노력해야 하며, 이때 교사가 쏟을 수 있는 노력의 효과성과 효율성, 그리고 시간과 관련된 중요한 질문을 제기할 수 있을 것이다.

지금은 교육의 책무성을 강조하는 시대이기 때문에 그 어느 때보다도 만족스러운 학업성취의 결과가 중요하다. 오늘날의 교육에서는 학생의 배경변인과 관계없이 모든 학생들은 학업과 관련된 방해 요인을 극복하고 학업성취의 향상을 나타내야 한다. 그렇기 때문에 학업과 행동 영역에 관한 성취를 새롭게 강조하는 풍토가 조성되고 있으며, 학교와 교사는 그 어느 때보다 저성취 문제에 대한 높은 관심을 나타내고 있다. 또한 우리 사회와 국가에 미칠 수 있는 저성취 문제의 영향력을 인지할 필요가 있다[왜냐하면 저성취 문제는 고용, 직업 기술, 일상생활에 필요한 사회적 문해력(societal literacy)에 영향을 줄 수 있기 때문이다]. 그렇기 때문에 교육 시스템의 효과성은 점차 중요한 관심의 대상이 되고 있다. CBE는 교사, 학교, 교육청이 학생들의 성취를 향상시킬 수 있는 한 가지 교육방안으로 사용될 수 있을 것이다. CBE를 사용하여 모든 문제를 해결하는 것은 아니지만 기본적으로 가르쳐야 할 학생(즉, 심각한 학업의 어려움을 겪고 있는 학생들)은 누구이며, 가르쳐야 할 내용은 무엇인지를 결정하고자 할 때 필요한 정보를 제공할 수 있다.

교육분야에서 효율성은 매우 중요한 요인이다. 학생들에게 주어진 '유효한 교육기간'은 대략 13년이다. 유아교육과 함께 문해력의 핵심영역을 교육하는 효과적인 교수전략은 13년의 학령기 중에서 주로 초기에 제공되어야만 한다. 이 시기에 아이들은 교실 밖에서도 문자를 처음으로 배울 수 있기 때문에 관련된 교육을 제공하는 것은 매우 중요하다.

바로 이러한 이유로 인하여 오랜 세월 동안 조기중재전략과 사전에 문제를 예방할 수 있는 전략을 중요한 요인으로 고려하고 있다. 이러한 요인들은 (수많은 이유로 인하여) 학업준비능력을 제대로 갖추지 못한 학생들에게 특히 더욱 중요할 것이다.

동시에 (그리고 앞에서 언급된 이유들로 인하여), 최근의 교육당국은 교사들에게 학생들이 높은 수준의 능력/성취를 유지하고 획득할 수 있도록 더 높은 압력을 가하고 있다. 따라서 교육계는 다음과 같은 사항을 반드시 고려해야 한다.

- 학생들이 낮은 학업성취를 나타내는 원인을 이해하기
- 학생의 성공을 위하여 좀 더 효율적인 교육전략을 사용하기
- 새롭거나 좀 더 난이도가 높은 교육내용을 학교에서 추가적으로 가르치기

오늘날의 대부분의 교육상황에서 다음과 같은 가정을 거부하기는 어려울 것이다-교육에 참여하는 모든 사람들은 바쁘다!

모든 사람들은 배워야 할 것은 많지만 가르칠 시간이 매우 부족하다고 생각한다.

이러한 학교현장의 상황에서 무작위로 선택한 교육 제도 혹은 시스템으로 학습부진 학생을 가르칠 만한 시간적인 여유는 충분치 않을 것이다. 시간은 빠르게 흘러가고 있다! 그렇기 때문에 교사는 조직화되고 특정한 영역에 초점을 맞추면서 지속적으로 사용 가능한 방법을 필요로 할 것이다. 이러한 방법이라면 교실 안에서 모든 학생의 교육적 성취를 위해 사용될 수 있을 것이다. 하지만 모든 학생에게 동일하게 적용이 가능한 유일무이한 교육과정이나 교수전략은 존재하지 않는다. 따라서 학교는 효율성 및 효과성을 고려하

면서 특정 영역에 특화된 교육체제를 필요로 하고 있다.

예를 들어, 많은 학교는 현재 전문적 학습공동체(professional learning communities)에 참여하여 다양한 교육적 요구를 지닌 학생들을 교육하고 있다. 일부 학교의 경우 교수적 수준, 학년 수준, 학교 수준, 교육청 수준에서 학업성취 향상을 달성하기 위하여 데이터 분석 팀을 운영하고 있다. 이와 달리 일부 학교 및 교육청에서는 학습부진 학생뿐만 아니라 모든 학생들에게 핵심적인 교육을 제공하기 위한 목적으로 중재반응모형(RTI)이나 다층지원체계(MTSS)와 같은 시스템 수준의 해결방안(system level solution)을 적용하고 있다.

하지만 불행하게도 잠재적인 영향력을 가진 이러한 접근방법은 체계적인 교육전략에 기반을 두고 있지 않기 때문에 어떠한 수준의 교수전략을 제공해야 하는지를 결정하고, 대부분의 학생들에게 필요한 중재전략은 무엇인지를 확인하고, 향후 제공될 중재전략은 어떤 영역에 집중해야 하는지를 결정하기 위한 목적으로 사용되기에는 한계점을 지니고 있다. 미국 전 지역에서 일하고 있는 학교 관리자들은 연구에 기반을 둔 중재전략을 학교에서 수행할 중요한 전략으로 인식하고 있지만 추가적인/강도 높은 중재전략도 이와 마찬가지로 연구에 기반을 두고 있어야 한다는 점을 인식하지 못하고 있다.

'연구기반' 교육전략과 '효과적인' 프로그램의 수는 지속적으로 증가하고 있다. 따라서 이러한 프로그램, 전략 및 실제 교육활동은 학습에 어려움이 있는 학생들의 교육적 요구를 충족시킬 수 있다는 사실에 대해서는 의심의 여지가 없을 것이다. 대신 실제로 고민해야 할 어려운 문제는 독특하고 특별한 특성을 지닌 개인 혹은 집단에게 효과적인 중재전략이 무엇인지를 알아내는 것이다. 특정한 과제와 특별한 특성을 지닌 학생에게 효과적인 중재전략이 무엇인지를 모르고 있다면 연구에 의해서 효과가 검증된 중재전략을 사용하더라도 그 효과성을 장담하기는 어려울 것이다. 교육자들은 다음의 두 가지 사항들을 알고 있어야 하는데, 먼저 학생들이 배워야 할 교육과정이 무엇인지를 알아야 하며, 해당 교과내용을 가르치고자 할 때 필요한 가장 효과적인 중재전략은 무엇인지를 알고 있어야 한다. 또한 교육자들은 학생 개인이 정확하게 무엇을 알고 무엇을 모르고 있는지를 정확하게 파악할 수 있는 방법을 알고 있어야 한다. 학생들 중 이해하고 있는 학생과 그렇지 않은 학생은 누구이며, 특정한 교육을 필요로 하는 학생은 누구인지(그리고 목표에 도달했을 때 다음 단계로 넘어가는 시기는 언제인지)를 파악할 수 있는 정보가 필요하다.

학습의 과정을 분석하는 것도 매우 중요하다. 학습의 과정을 분석하지 않고서는 가르치는 방법을 알 수가 없다. 학습과정을 분석하는 것과 함께 교육과정과 교수적 절차를 분석하는 것도 매우 중요하다! 즉, 교육과정의 맥락에서 학업의 어려움을 파악할 수 있는 절차는 매우 높은 교육적 가치를 지니고 있기 때문에 중요하다. 만약 이러한 절차를 사용할 수 없다면 교사는 시행착오와 같은 실수와 실패에 직면할 수 있을 것이다. 교사는 예전에 효과가 있었을 것으로 추정되는 절차를 수행하거나 혹은 '올바른 것으로 추정되는' 절차만을 단순히 선택할 수 있는 오류를 범할 수 있다.

교육자, 교사, 학생, 학부모는 모두 교육적 문제해결과정을 통하여 신뢰할 수 있고 타당한 데이터를 얻을 수 있다고 생각한다. 하지만 이와 함께 학생의 교육적 요구사항을 파악하기 위하여 평가와 교수전략을 연계할 수 있는 능력이 필요하다. CBE와 CBE의 구체적인 일련의 조사과정은 빠르고, 쉽고, (그리고 가장 중요한 사항인) 정확하게 학습의 어려움을 해결할 수 있는 메커니즘을 제공하고 있다.

CBE는 (개인 혹은 집단을 대상으로) 학생의 어려움을 인지하고 확인할 수 있는 일련의 조사과정체계를 제공하고 있다. 교사가 학생의 문제점과 우려되는 사항들을 확인할 수 있다면 교사는 체계적인 교수전략으로 학생들을 지도할 수 있는 명확한 방법을 선택할 수 있을 것이다.

이 책에서 제시된 핵심적인 사항들을 잘 활용한다면 학업에 어려움이 있는 학생들의 학업성취를 향상시킬 수 있는 방법은 무엇인지와 같은 중요한 질문에 초점을 맞출 수 있을 것이다. 학생에 관한 유용한 정보를 갖고 있다면 교사는 좀 더 타당한 관점에서 향후 계획을 설계하고 의사결정을 수행할 수 있을 것이다. CBE를 사용한다면 교수전략의 효과를 극대화할 수 있기 때문에 학생들이 학업성취준거에 도달할 수 있도록 도움을 줄 수 있을 것이다. 이 책에서 설명한 CBE의 핵심적인 개념을 이용한다면 교사는 좀 더 수월하게 학생들의 교육적 요구사항을 파악할 수 있을 것이다. 또한 이러한 핵심적인 개념은 효과적인 교수전략을 계획하고 수행하고자 할 때 유용하게 활용될 수 있다.

교사들은 이 책의 초반부에서 설명한 두 가지 종류의 의사결정을 반드시 수행해야 한다. 이 책에서 제공된 정보들은 이러한 의사결정을 하고자 할 때 핵심적인 근거자료로 활용될 수 있을 것이다. 학생들을 지도하면서 교사들은 새로운 자극을 줄 수 있는 사람이나 새로운 자극이 필요한 시기에 항상 직면하게 된다. 학생을 교육하는 동안에는 다음과 같은 중요한 사항을 결정해야 한다.

- 가르칠 내용은 무엇인가
- 가르칠 방법은 무엇인가

　이 책은 독자들의 인생에서 혼란스럽고 어려웠던 의사결정에 관한 내용을 다루고 있다. 이 책에서는 교육을 계획하고 가르치는 방법, 진전도를 모니터링하는 방법, 학업성취 측정을 위해서 가치 있는 데이터를 활용하는 방법, 이미 존재하고 있는 지원전략들(예를 들어, PLCs, 데이터 팀, 혹은 RTI/MTSS 절차들)을 사용할 때 적용할 수 있는 로드맵을 독자들에게 제공하고 있다.

　우리 저자들이 교육자들에게 CBE가 중요하면서 필요하다고 주장하는 이유는 무엇일까? 독자 여러분들이 CBE를 사용한다면 한층 더 발전할 수 있는 성공적인 교사가 될 수 있을 것이다! 교육이란 학생을 위한 일이며, 미래의 성공적인 교육을 요구할 수 있는 학생들의 정당한 권리이기도 하다. 따라서 교사는 미래의 성공의 길로 학생을 인도할 수 있는 안내자와 같은 역할을 담당해야 한다.

주요 용어

RIOT: 평가 단계인 Review, Interview, Observe, Test의 각각의 첫 번째 철자로 만든 용어. 네 가지 각각의 단계는 교수전략을 설계하는 데 필요한 정보를 수집하기 위한 목적으로 사용됨.

SCIL: 평가 영역에 해당하는 Setting, Curriculum, Instruction, Learner의 첫 번째 철자로 구성된 용어. 각각의 영역별로 중재전략을 제공할 수 있음.

가변적(alterable): 변화가 가능한. 교수전략은 변화가 가능한 특성에 초점을 맞추어야 함. 변화시킬 수 없는 특성을 변화시키려고 노력하는 것은 무의미함.

가변적 변인(alterable variables): 교육자의 노력으로 충분히 변화 가능한 교육환경, 교육과정, 교수전략, 혹은 학습자의 특성

개념(concepts): 사물, 사건, 활동, 상황에서 도출된 공통된 요소를 종합적으로 정리하여 정의한 특성

개별화 교수전략(individualized instruction): 개인의 특별한 교육적 요구에 적합한 교수전략. 반드시 일대일 교수전략을 의미하지는 않음. 교사는 동일한 교육적 요구를 갖고 있는 학생들만을 추려서 집단으로 개별화 교수전략을 사용할 수 있음.

개별화 평가(individualized assessment): 특정 개인이나 집단에 대한 정보를 얻기 위하여 수행하는 평가 절차. 여기서 모든 개인에게 다른 평가 방법을 사용할 필요는 없음. 상황에 따라 개별화된 평가에서도 표준화된 절차와 검사도구를 사용할 수 있음.

관련된(relevant): 학생의 학업성취와 직접적으로 연관된

관찰(observe): 개인 혹은 환경을 주시하거나 기록하여 정보를 수집하는 평가방법

검사도구(instrument): 정보를 수집하기 위하여 사용된 모든 절차. 경우에 따라서 도구(tool) 혹은 좀 더 광의의 의미로 검사라고도 명명함.

검토(review): 이전의 결과물이나 서류들을 검토하는 평가 절차

경험에 기반한(empirically derived): 우수한 연구결과에 근거하여 결정된 교수전략의 특성

공통된 틀(heuristic overlay): 모든 수업 교재나 내용에서 공통으로 활용할 수 있는 일련의 평가 규칙과 전략들을 포함하는 방법

과제분석(task analysis): 학습자가 반드시 습득해야 하는 기술을 좀 더 용이하게 학습할 수 있도록 하위 기술로 쪼개어 분석하는 과정

교수(instruction): 학생의 학업성취를 위하여 수정이 가능한 교수전략의 특성

교육과정(curriculum): 수업시간에 가르치는 교육내용. 수업시간에 사용하는 상업용 교육교재나 교사가 사용하는 교수전략과는 다른 개념임.

교육과정 기반(curriculum derived): 학생을 가르칠 때 사용한 교육과정 자료에서 문항을 추출하여 만든 평가방법

교육과정 독립(curriculum independent): 학생을 가르칠 때 사용한 교육과정 자료에서 문항을 추출하지 않은 평가방법. 혹은 일반적인 검사지, 읽기 지문, 혹은 평가문항으로 명명하기도 함.

교육과정중심총괄평가(Curriculum Based Evaluation: CBE): 다양한 교과영역에서 교수전략을 선택하고자 할 때 공통적으로 활용할 수 있는 구조화된 의사결정과정의 틀. 이 책을 구입한 이유이기도 함.

교육과정중심측정(Curriculum Based Measurement: CBM). 표준화된 방법으로 학생들의 학업성취를 측정할 수 있는 증거기반전략. CBM은 변화에 민감한 특성을 갖고 있으며 전반적인 학업성취를 나타내는 지표

로 사용됨.

교육과정중심평가(Curriculum Based Assessment: CBA): 교육과정에 포함된 교육내용을 평가하기 위하여 정보를 수집하는 과정. 연속된 특정 과제를 어느 정도 정확히 수행하는지를 평가할 수 있는 의사결정방법

규준참조(norm referenced): 동료 혹은 유사한 집단과의 비교를 위한 목적으로 사용하는 검사도구의 유형

근접발달영역(zone of proximal development): 일정한 지도를 제공하여 습득할 수 있는 기술. 혹은 교수가능 영역(instructional range)이라고 명명하기도 함.

긍정적 행동중재와 지원(Positive Behavioral Interventions and Supports: PBIS): 증거기반전략을 사용하여 학생의 긍정적 행동을 향상시키는 체계적인 접근방법

능숙함(proficiency): 특정한 기술을 충분히 습득하여 다음 단계의 기술을 배울 수 있을 것으로 추정할 수 있는 최소한의 성취수준

다층으로 제공하는 중재전략(tiered instruction): 중재전략의 강도를 점차 증가시킬 수 있는 교수전략. 핵심적인 중재전략, 추가적인 중재전략, 집중된 중재전략이라고 명명하기도 함.

다층지원체계(Multi-Tier System of Supports: MTSS): 중재반응모형과 긍정적 행동중재와 지원을 모두 포함하는 체계적인 접근방법

데이터(data): 양적인 정보. 데이터는 복수를 의미하며 복수를 나타내는 'Datum'과는 동의어임.

데이터 빈곤(data poor): 학생의 학업성취와 관련된 중요한 질문에 답변을 하거나 의사결정 시 필요한 데이터가 충분하지 않은 상황

데이터 풍요(data rich): 사용 가능한 충분한 데이터를 갖고 있는 상황. 하지만 모든 데이터가 반드시 유용하지는 않음.

도구(tools): 평가도구 정의를 참조

도구기술(tool skill): 다른 기술을 습득하는 데 필요한 기초기술

동기(motivation): 특정한 목적을 달성하기 위한 행동이나 활동을 유발하
는 힘

목표(goal): 특정한 기간 동안 학생이 도달할 것으로 기대되는 성취수준.
목적, 학습목표 혹은 학습결과로 명명하기도 함.

목적(objective): 목표를 참조

목표선(goal line): 기초선 혹은 사전검사점수와 목표점수를 이어서 만든
선. 평균적인 성취수준을 시각적으로 표현한 선

문제분석(problem analysis): 한 가지의 문제를 하위 단위로 세분화하여 문
제를 해결하는 단계(과제분석과 직접적인 평가방법을 주로 사용함)

문제확인(problem identification): 문제해결과정에서 문제를 명확히 확인
하고 정의하는 단계

문제해결(problem solution): 문제분석 단계에서 확인된 문제의 원인을 극
복할 수 있는 전략을 실행하는 단계

문제해결방법(problem solving): 특정한 문제를 확인하고 적합한 해결방안
을 찾는 체계적인 접근방법. 문제해결방법에서는 주로 문제확인, 문제
분석, 해결방법과 같은 단계를 사용하고 있으며, 그 외 다른 단계를 추
가적으로 포함할 수 있음.

보편적 선별(universal screening): 학년 혹은 학교 단위로 사용할 수 있는
간편한 평가방법. 이러한 평가방법을 사용하여 학생들이 일정한 학업
성취를 달성하고 있는지의 여부와 추가적인 교육이 필요한 학생이 누
구인지를 결정할 수 있음.

불가변적(unalterable): 변할 수 없는. 변화가 불가능한 영역에 초점을 맞추
어 중재전략을 사용해서는 안 됨. 그러한 영역을 변화시키기 위하여
노력은 실패로 끝날 수 있기 때문임.

불일치 증거(disconfirming evidence): 기존의 가설이나 결론과 대치되는
정보

비근접발달영역(zone of distal development): 학생이 아직 습득하지 못한 기

술들. 혹은 교수불가능 영역(frustrational range)이라고 명명하기도 함.

빈도(frequency): 사건이 발생한 횟수. 일정한 기간 동안 어떤 행동이 발생한 횟수의 의미와 교수전략 또는 중재전략을 제공한 횟수를 나타낼 때 사용됨.

사실(facts): 독립적인 지식의 일부분. 사실은 추가적인 설명이나 의미를 제공하지 않아도 이해될 수 있음. 선언적 지식으로 명명하기도 함.

사전지식(prior knowledge): 성공적인 학습을 예측할 수 있는 중요한 독립변인. 사전지식이란 수업 이전에 학생이 특정 과제에 대해서 알고 있는 지식의 수준을 의미함. 학생의 현재 수행능력을 정확히 파악한다면 학생에게 필요한 사전지식은 무엇인지를 파악할 수 있음.

상황(setting): 학습이 일어나는 곳. 주변 환경 혹은 교수지원환경으로 명명하기도 함.

선수지식(prerequisite): 상위 개념을 이해할 때 반드시 필요한 기초 지식

성취(accomplishment): 목적을 달성하거나 획득하는 것

성취도달준거(criterion of acceptable performance): 교육을 이수한 이후에 반드시 도달해야 하는 성취기준

성취준거(standards): 학년 수준과 같이 일정한 시점에서 도달할 것으로 기대되는 수행능력의 수준

수행지향성(performance orientation): 목표를 달성했을 때보다는 과제를 마무리했을 때 성공을 경험한다고 생각하는 믿음

숙달도 측정(mastery measure): CBA의 한 가지 유형으로 특정한 기술이나 영역을 직접적으로 측정하는 검사방법. 특정한 기술의 숙달도 정도를 평가하고 짧은 기간 동안 해당 기술을 모니터링할 때 유용하게 사용됨. 장기간 동안의 진전도를 평가하기 위한 목적으로 사용되기에는 적합하지 않음.

연구기반(research based): 전체가 아닌 특정 요인의 중요성을 확인한 경험적 연구결과에 기반을 둔 중재전략이나 교수전략의 접근방법

유형(format): 교수전략을 전달하는 방법의 특성

의도적 접근방법(supplantive approach): 직접교수나 명시적인 교수를 사용하여 학생에게 지식을 전달하는 교수적 접근방법. 수동적인 교수전략을 의미함.

의사결정(decision): 이 책에서 결정이란 용어는 교수전략을 계획하거나 평가할 때 수행하는 선택을 의미함.

의사결정의 피로감(decision fatigue): 결정해야 할 사항이 많아질수록 점점 더 결정이 어려워지는 상황

인내심(perseverance): 목표 달성을 위하여 지속적인 노력을 하는 것

인터뷰(interview): 교육자, 학생 혹은 부모와 같은 대상자에게 질문하여 정보를 수집하는 평가방법

일치(alignment): 동일한 주제, 내용, 혹은 수행수준에 초점을 맞추는 방법이나 특성을 의미함. 교육과정, 교수전략, 평가 간의 일치란 세 가지 모두 동일한 내용과 특성에 초점을 맞추고 있음을 말함.

자동성(automaticity): 방해 요인이 존재하더라도 높은 수준의 정확도를 나타낼 수 있는 수행능력. 자동화란 일반적으로 높은 수준의 성취를 의미함.

적합한 성취준거(criterion of acceptable performance): 일정한 교육을 끝마친 학생이 수행해야 하는 일정한 수준(정확성, 빈도 혹은 질적 수준)의 행동기준

전문가(expert): 한 분야에서 특정한 기술이나 능력을 갖고 있는 사람

전반적인 성취측정(General Outcome Measures: GOMs): CBA의 한 유형으로 한 교과의 전반적인 학업성취를 나타내는 지표의 의미로 사용됨. GOM은 성취수준을 나타내는 지표이며 장기목표지점을 고려한 학업성취의 변화에 민감한 특성을 갖고 있음. 이러한 특성 때문에 GOM은 선별과 진전도 모니터링을 위한 목적으로 사용될 수 있음.

절차(procedure): 과제를 수행하고 관련된 규칙을 적용하는 일련의 과정

정밀교수(precision teaching): 응용행동분석에 기초한 교수방법. 이 교수방법은 직접적인 행동관찰에 초점을 맞추고 있으며 표를 이용하여 행동의 빈도를 그래프화하는 특성을 갖고 있음.

정보(information): 의사결정에서 기초 자료로 사용하기 위하여 수집되고 요약된 지식

종합평가(summative assessment/evaluation): 교수전략을 제공한 이후에 실시하는 평가 혹은 총괄평가. 이 평가를 통해 그동안의 학습결과를 요약할 수 있음. 학습평가(assessment of learning)로 명명하기도 함.

주요 용어(glossary): 어렵거나 처음 접하는 용어나 표현의 정의를 책의 부록으로 정리한 목록

죽은 사람 검사(dead-man test): 문제의 정의, 목표 혹은 목적을 실천할 수 있는 용어로 작성했는지를 평가할 수 있는 검사. 이 검사에서는 죽은 사람도 할 수 있는지의 여부로 적합성을 평가함.

준거참조(criterion-referenced): 검사점수를 다른 준거와 비교하기 위한 목적으로 사용한 검사도구 유형

준거 찾기 검사(so what test): 문제 확인, 목표 혹은 목적 진술의 타당성을 검증하는 방법. 가르칠 가치가 있는지의 여부로 중요도를 평가함.

중재반응모형(Response to Intervention: RTI): 학생의 교육적 요구와 일치하는 증거기반 교수전략을 사용하며, 의사결정을 위하여 보편적 선별과 진전도 모니터링을 사용하는 체계적인 교육지원 모형. 이 모형에서는 여러 단계별로 중재전략을 제공하며, 개별 단계에서는 학생들의 학업성취 정도를 지속적으로 평가함.

증거(evidence): 의사결정을 위해서 수집되거나 사용된 정보

증거기반(evidence based): 특정한 프로그램의 효과성을 검증한 경험적 연구결과를 고려하여 도출한 중재전략이나 교수전략의 접근방법

진단 결정(diagnostic decisions): 일정한 성취기준에 도달하지 못한 학생에게 필요한 교육은 무엇인지를 판단하는 결정

진전도 모니터링(progress monitoring): 일정한 기간 동안 학생들의 수행능력을 반복적으로 측정하는 평가방법

차별화된 교수전략(differential instruction): 개별 학생의 교육적 요구와 일치하는 교수전략. 유사한 교육직 요구를 갖고 있는 학생들은 집단으로 구성하여 필요한 교육을 제공할 수 있음.

초인지(metacognition): 자신의 생각을 통제하거나 인식하는 능력

초점(focus): 중재전략이나 교수전략에서 다루고 있는 주된 내용

총괄평가(evaluation): 교육자의 판단으로 의사결정에 도달하는 과정이며, 정보를 바탕으로 추론하거나 질문에 답변하기 위한 목적으로 사용됨.

추론(inference): 증거를 종합하여 결론을 도출하는 사고. 이러한 과정에서 사용되는 증거는 반드시 결론과 일치하지 않기 때문에 증거와 추정된 결과 간의 차이가 존재함.

추세선(trend line): 시간을 나타내는 X축과 학업성취를 나타내는 축으로 구성된 그래프에서 학생의 학습변화를 나타내는 기울기. 학생의 평균 진전도를 나타내는 지표

추정된 문제의 원인(assumed causes): 학업부진 혹은 문제행동을 일으킨 원인에 대한 가설

측정 변동(measurement drift): 개별 평가자가 오랜기간 동안 한 가지의 검사도구를 일관된 방법으로 사용하지 않는 문제점. 이러한 문제점은 평가자가 스스로 인지하기 어려움. 따라서 새로운 관점을 가질 수 있는 훈련을 제공한다면 평가자가 본인의 문제점을 인지할 수 있음.

측정(measurement): 일정한 규칙에 따라 사건이나 대상에 수량화된 가치를 부여하는 것

측정학적 적합성(technical adequacy): 의도된 목적으로 검사도구를 사용할 수 있음을 보여 줄 수 있는 검사도구의 특성. 측정학적 적합성은 일반적으로 신뢰도(혹은 일치성)와 타당도(혹은 정확도)로 정의됨. 인터뷰에서 참여자의 대표성도 측정학적 적합성에 해당됨.

크기(size): 수업에 참여하고 있는 학생의 수

타인의 검증검사(stranger test): 문제의 정의, 목표 혹은 목적을 명확하게 진술하고 있는지를 평가하는 방법. 타인에게 진술된 사항을 읽어 보게 한 후에 가르치거나 측정할 수 있는지를 평가하게 함.

탐색적 접근방법(generative approach): 학생 스스로 추론하고 결과를 일반화할 수 있는 기회를 제공하는 교수전략. 이 접근방법에서 교사는 조력자 혹은 안내자의 역할을 담당하게 됨.

판단(judgment): 도출된 결정의 수준. 현명한 판단을 한다면 일반적으로 긍정적인 결정을 기대할 수 있음.

평가(assessment): 총괄평가(evalution)를 위해 정보를 수집하는 과정. 학업성취물 검토, 인터뷰, 관찰, 검사 등의 방법으로 평가를 수행할 수 있음.

평가 질문(assessment questions): 정보를 수집하고자 할 때 답변해야 하는 모든 질문들. 이러한 평가 질문은 결국 평가의 목적을 의미함.

포화(saturation): 현명한 판단을 극대화할 수 있는 정보의 양을 충분히 확보한 것으로 추정할 수 있는 시점. 이 이후의 시점에서 수집된 정보는 의사결정에 큰 도움을 주지 못함.

표준화 처치 방법(standard treatment protocol): 중재반응모형에서 추가적인 교육이 필요한 학생들에게 일관된 중재전략들을 제공하는 모형

학습된 무기력(learned helplessness): 오랜 시간 동안 무기력한 행동을 하는 경향성

학습목표(learning target): 목표 참조

학습 선호도(learning preferences): 다른 학생들과 비교했을 때 특정 교수전략이나 교과영역을 선호하는 학생 개인의 성향

학습 유형(learning styles): 학습과 관련된 일부 능력은 개인차 존재한다는 잘못된 사고

학습자(learner): 교육을 받는 개인이나 집단을 의미하며, 이들은 학습을 통

하여 문제해결능력을 함양하게 됨. 학습자란 모든 학생을 의미함.

학습지향성(learning orientation): 목표를 설정하고 오랜 기간 동안 끊임없이 노력한다면 성공할 수 있다는 믿음

형성평가(formative assessment): 교수전략을 계획할 때 필요한 정보를 수집하기 위하여 실시하는 평가. 형성적 총괄평가(evaluation) 혹은 학습평가(assessment for learning)로 명명하기도 함.

확률(probability): 사건이 일어날 수 있는 가능성의 정도

효과 크기(effect size): 중재전략이나 교수전략의 효과성 정도를 나타내는 지표. 효과 크기의 종류에 따라 서로 다른 평가 기준을 갖고 있음.

추가적인 정보

Best Evidence Encyclopedia

www.bestevidence.org

Center on Instruction

www.centeroninstruction.org

Center on Teaching and Learning—University of Oregon

http://ctl.uoregon,edu

Evidence Based Intervention Network-University of Missouri

http://ebi.missouri.edu

Educational Research Newsletter

www.ernweb.com

Florida Center for Reading Research

www.forr.org

Intervention Central

www.interventioncentral.org/home

IRIS Center—Vanderbilt University
http://iris.peabody.vanderbilt.edu

Learning Point Associates (American Institutes for Research와 통합됨)
www.learningpt.org

National Center on Intensive Intervention (NCII)
www.intensiveintervention.org

National Center on Response to Intervention
www.rit4success.org

Reading Rockets
www.readinfrockets.org

RTI Action Network
www.rtinetwork.org

Vaughn Gross Center for Reading and Language Arts (Meadows Center
for Preventing Educational Risk)
www.meadowscenter.org/vgc

What Works Clearinghouse
http://ies.ed.gov/ncee/wwc

337

참고문헌

Adams, G. L., & Engelmann, S. (1996). *Research on direct instruction: 20 years beyond DISTAR*. Seattle: Educational Achievement Systems.

Ambrose, S. A., Bridges, M. W., DiPietro, M., Lovett, M. C., & Norman, M. K. (2010). *How learning works: Seven research-based principles for smart teaching*. San Francisco: Jossey-Bass.

Anderson, L. W., & Krathwohl, D. R. (Eds.). (2001). *A taxonomy for learning, teaching, and assessing: A revision of Bloom's taxonomy of educational objectives*. New York: Pearson.

Arter, J. A., & Jenkins, J. R. (1979). Differential diagnosis prescriptive teaching: A critical appraisal. *Review of Educational Research, 49*, 517-555.

Ashlock, R. B. (2009). *Error patterns in computation: Using error patterns to help each student learn* (10th ed.). New York: Pearson.

Ball, D. L., & Cohen, D. K. (1996). Reform by the book: What is—or might be—the role of curriculum materials in teacher learning and instructional reform? *Educational Researcher, 25*(9), 6-8.

Barbash, S. (2012). *Clear teaching: With direct instruction Siegfried Engelmann discovered a better way of teaching*. Arlington, VA: Education Consumers Foundation.

Black, P., & Wiliam, D. (1998). Inside the black box: Raising standards through classroom assessment. *Phi Delta Kappan, 80*(2), 139-144.

Bloom, B. S. (1980). The new direction in education research: Alterable variables. *Phi Delta Kappan, 61*, 382-385.

Borich, G. (2011). *Effective teaching methods: Research-based practice* (7th ed.). Boston: Pearson.

Burns, M. K., & Parker, D. C. (2014). *Curriculum-based assessment for instructional design.* New York: Guilford Press.

Cadwell, J., & Jenkins, J. (1986). Teacher's judgments about their students: The effect of cognitive simplification strategies on the rating process. *American Educational Research Journal, 23*, 460-475.

Campbell, N. R. (1940). *Final report, Committee of the British Association for Advancement of Science on the Problem of Measurement.* London: British Association.

Carbo, M. (1992). Giving unequal learners an equal chance: A reply to a biased critique of learning styles. *Remedial and Special Education, 13*(1), 19-39.

Carbonneau, N., Vallerand, R., & Lafreniere, M. (2012). Toward a tripartite model of intrinsic motivation. *Journal of Personality, 80*, 1147-1178.

Carter, K., Cushing, K., Sabers, D., Stein, P., & Berliner, D. C. (1988). Expert-novice, differences in perceiving and processing visual classroom information. *Journal of Teacher Education, 39*, 25-31.

Chafouleas, S., Riley-Tillman, T. C., & Sugai, G. (2007). *School-based behavioral assessment: Informing intervention and instruction.* New York: Guilford Press.

Chan, L. K. (1996). Combined attributional training for seventh-grade average and poor readers. *Journal of Research in Reading, 19*(2), 111-127.

Connor, C., Morrison, F., Fishman, B., Schatschneider, C., & Underwood,

P. (2007). The early years: Algorithm-guided individualized reading instruction. *Science, 315*(5811), 464-465.

Deno, S. L. (1985). Curriculum-based measurement: The emerging alternative. *Exceptional Children, 52*, 219-232.

Dev, P. (1997). Intrinsic motivation and academic achievement: What does their relationship imply for the teacher? *Remedial and Special Education, 18*(1), 12-19.

Dweck, C. (1986). Motivational processes affecting learning. *American Psychologist, 41*(10), 1040-1048.

Edwards, W. J., & Newman, R. J. (2000). Multiattribute evaluation. In T. Connolly, H. R. Arkes, & K. R. Hammond (Eds.), *Judgment and decision making: An interdisciplinary reader* (2nd ed., pp. 17-34). New York: Cambridge University Press.

Elbaum, B., Vaughn, S., Hughes, M., & Moody, S. W. (1999). Grouping practices and reading outcomes for students with disabilities. *Exceptional Children, 65*, 339-415.

Engle, R. A. (2006). Framing interactions to foster generative learning: A situative explanation of transfer in a community of learners classroom. *Journal of the Learning Sciences, 15*(4), 451-498.

Figlio, D. N., & Lucas, M. E. (2004). Do high grading standards affect student performance? *Journal of Public Economics, 88*, 1815-1834.

Flynn, L., Hosp, J., Hosp, M., & Robbins, K. (2011). Word recognition error analysis: Comparing isolated word list and oral passage reading. *Assessment for Effective Intervention, 36*, 167-178.

Fuchs, L. S., & Deno, S. L. (1991). Paradigmatic distinctions between instructionally relevant measurement models. *Exceptional Children, 57*, 488-501.

Geary, D. (1995). Reflections of evolution and culture in children's cognition. *American Psychologist, 50*, 1–38.

Gersten, R., & Dimino, J. (1993). Visions and revisions: A special education perspective on the whole-language controversy. *Remedial and Special Education, 14*(4), 5–13.

Giangreco, M. F., Edelman, S. W., Luiselle, T. E., & MacFarland, S. Z. C. (1997). Helping or hovering? Effects of instructional assistant proximity on students with disabilities. *Exceptional Children, 64*, 7–18.

Glass, G. V. (1983). Effectiveness of special education. *Policy Studies Review, 2*, 65–78.

Good, T., & Brophy, J. (2008). *Looking in classrooms* (10th ed.). Boston: Pearson.

Goodwin, J. S., & Goodwin, J. M. (1984). The tomato effect. *Journal of the American Medical Association, 251*(18), 2387–2390.

Greenwood, C. R. (1991). Longitudinal analysis of time, engagement and achievement in at-risk versus non-risk students. *Exceptional Children, 57*, 521–535.

Groopman, J. E. (2007). *How doctors think*. Boston: Houghton Mifflin.

Hemingway, Z., Hemingway, P., Hutchinson, N. L., & Kuhns, N. A. (1987). Effects of student characteristics on teachers' decisions and teachers' awareness of these effects. *Journal of Special Education, 11*, 313–326.

Hosp, J. (2011). Using assessment data to make decisions about teaching and learning. In K. Harris, S. Graham, & T. Urdan (Eds.), *APA educational psychology handbook* (Vol. 3, pp. 87–10). Washington, DC: American Psychological Association.

Hosp, J. (2012). Formative evaluation: Developing a framework for using assessment data to plan instruction. *Focus on Exceptional Children, 44*(9), 1–11.

Hosp, M. K., Hosp, J. L., & Howell, K. W. (2007). *The ABCs of CBM: A practical guide to curriculum-based measurement.* New York: Guilford Press.

Howell, K. W., & Morehead, M. K. (1987). *Curriculum-based evaluation for special and remedial education: A handbook for deciding what to teach.* Columbus, OH: Merrill.

Howell, K. W., Fox, S. L., & Morehead, M. K. (1993). *Curriculum-based evaluation: Teaching and decision making.* Pacific Grove, CA: Brooks/Cole.

Howell, K. W., & Nolet, V. (2000). *Curriculum-based evaluation: Teaching and decision making* (3rd ed.). Belmont, CA: Wadsworth.

Johnson, K., & Street, E. (2012). *Response to intervention and precision teaching: Creating synergy in the classroom.* New York: Guilford Press.

Kavale, K. (1981). Functions of the Illinois Test of Psycholinguistic Abilities (ITPA): Are they trainable? *Exceptional Children, 47,* 496-510.

Lakin, K. C. (1983). A response to Gene V. Glass. *Policy Studies Review, 2,* 233-239.

Landfried, S. E. (1989). "Enabling" undermines responsibility in students. *Educational Leadership, 47*(3), 79-83.

Laufer, A. (1997). *Simultaneous management: Managing projects in a dynamic environment.* New York: American Management Association.

Leader, C. A. (1983). The talent for judgment. *Proceedings,* 49-53.

Lipman, P. (1997). Restructuring in context: A case study of teacher participation and the dynamics of ideology, race, and power. *American Educational Research Journal, 34,* 3-38.

Marzano, R. J., Brandt, R. S., Hughes, C. S., Jones, B. F., Presseisen, B. Z., Rankin, S. C., et al. (1988). *Dimensions of thinking.* Alexandria,

VA: Association for Supervision and Curriculum Development.

Marzano, R., Pickering, D., & Pollack, J. (2004). *Classroom instruction that works: Research-based strategies for increasing student achievement.* Alexandria, VA: Association for Supervision and Curriculum Development.

Messick, S. (1989). Validity. In R. L. Linn (Ed.), *Educational measurement* (3rd ed., pp. 13-103). Phoenix, AZ: Oryx Press.

Nisbett, R., & Ross, L. (1980). *Human inference: Strategies and shortcomings of social judgment.* Englewood Cliffs, NJ: Prentice Hall.

Pashler, H., McDaniel, M., Rohrer, D., & Bjork, R. (2008). Learning styles concepts and evidence. *Psychological Science in the Public Interest, 9*, 105-119.

Schunk, D. H. (1996). Goal and self-evaluative influence during children's cognitive skill learning. *American Educational Research Journal, 24*, 359-382.

Seligman, M. (1990). A gifted ninth grader tells it like it is today. *Gifted Child Today, 13*(4), 9-11.

Shulman, L. S. (1986). Paradigms and research programs in the study of teaching: A contemporary perspective. In M. C. Wittrock (Ed.), *Handbook of research on teaching* (3rd ed., pp. 3-36). New York: Macmillan.

Simmons, D. C., & Kame'enui, E. J. (1990). The effect of task alternatives on vocabulary knowledge: A comparison of students with and without learning disabilities. *Journal of Learning Disabilities, 23*, 291-297.

Smith, P. L. (1992, April). *A model for selection from supplantive and generative instructional strategies for problem-solving instruction.* Paper presented at the conference of the American Educational

Research Association, San Francisco, CA.

Snider, V. (1992). Learning styles and learning to read: A critique. *Remedial and Special Education, 13*(1), 6-18.

Stahl, S. A., & Kuhn, M. R. (1995). Does whole language instruction matched to learning styles help children learn to read? *School Psychology Review, 24*, 393-404.

Stone, J. E. (1996). Developmentalism: An obscure but pervasive restriction on educational improvement. *Educational Policy Analysis Archives, 4*(8). Available at *http://epaa.asu.edu/ojs/article/view/631/753*.

Teddlie, C., Kirby, P. C., & Stringfield, S. (1989). Effective versus ineffective schools: Observable differences in the classroom. *American Journal of Education, 97*, 221-236.

Tobias, S. (1994). Interest, prior knowledge, and learning. *Review of Educational Research, 64*, 37-54.

Torgesen, J. K., Alexander, A. W., Wagner, R. K., Rashotte, C. A., Voeller, K. K. S., & Conway, T. (2001). Intensive remedial instruction for children with severe reading disabilities: Immediate and long-term outcomes from two instructional approaches. *Journal of Learning Disabilities, 34*(1), 33-58.

Ulman, J. D., & Rosenberg, M. S. (1986). Science and superstition in special education. *Exceptional Children, 52*, 459-460.

U.S. Department of Education, National Center for Education Statistics. (2012). *The condition of education 2012* (Publication No. NCES 2012-045). Washington, DC: U.S. Government Printing Office.

Vaughn, S., Linan-Thompson, S., & Hickman, P. (2003). Response to instruction as a means of identifying students with reading/learning disabilities. *Exceptional Children, 69*, 391-409.

Volpe, R., & Fabiano, G. (2013). *Daily behavior report cards: An evidence-based system of assessment and intervention*. New York: Guilford Press.

Vygotsky, L. (1978). *Mind in society: The development of higher psychological processes*. Cambridge, MA: Harvard University Press.

Waugh, R. P. (1975). The I.T.P.A.: Ballast or bonanza for the school psychologist? *Journal of School Psychology, 13*, 201-208.

Wanzek, J., & Vaughn, S. (2008). Response to varying amounts of time in reading intervention for students demonstrating insufficient response to intervention. *Journal of Learning Disabilities, 41*, 126-142.

Weinstein, C. E., & Mayer, R. F. (1986). The teaching of learning strategies. In M. C. Wittrock (Ed.), *Handbook of research on teaching* (pp. 315-327). New York: Macmillan.

Ysseldyke, J. E., Algozzine, R., & Thurlow, M. L. (2000). *Critical issues in special education*. Boston: Houghton Mifflin.

찾아보기

저자 소개

John L. Hosp, PhD. Hosp 박사는 현재 아이오와 대학교(University of Iowa) 교육학과의 정년교수이며 학장을 담당하고 있다. 주요 관심 연구분야는 중재반응모형(RTI), 특수교육에 참여하고 있는 소수인종 학생의 문제, 교수와 평가를 통합하는 방법이며, 특히 교육과정중심측정(CBM)과 교육과정중심총괄평가(CBE)에 관심을 갖고 있다. Hosp 박사는 읽기, CBM, CBE, RTI와 관련된 전국적인 워크숍을 다수 수행하였다. 그는 50편 이상의 논문과 다수의 책을 저술하였고, 최근 『The ABCs of CBM: A Practical Guide to Curriculum Based Measurement』(Michelle K. Hosp, Kenneth W. Howell 공저), 『Designing and Conducting Research in Education』(Clifford J. Drew, Michael L. Hardman 공저)을 저술하였다.

Michelle K. Hosp, PhD. Hosp 박사는 아이오와 읽기센터(Iowa Reading Center)의 디렉터로 일하고 있다. 문제해결전략과 진전도 모니터링 데이터 활용 분야에서 저명한 강사로 인정받고 있으며, 현재 국립 진전도 모니터링 연구센터(National Center for Progress Monitoring), 국립 중재반응모형 연구센터(National Center for Response to Intervention)에서 트레이너로 활동하고 있다. 또한 국립 중재전략 연구센터(National Center for Intensive intervention)에서는 전문가 위원으로 활동하고 있다. 관심 있는 주요 연구주제는 읽기, 자료에 근거한 의사결정, CBM, CBE이다. 다수의 논문을 저술하였으며, 주 단위와 전국 단위 수준에서 진행하는 다수의 워크숍을 수행하였다.

Kenneth W. Howell, PhD.   Howell 박사는 현재 웨스턴워싱턴 대학교 (Western Washington University) 특수교육과의 명예교수이며, 일반교사, 특수교사, 학교심리학자로 활동한 경험이 있다. 그는 학습과 행동에 어려움이 있는 학생(범죄 경험이 있는 청소년을 포함하여)에게 특별한 관심을 갖고 있다. Howell 박사는 CBE, CBM, 문제해결전략과 관련된 연구물을 주로 출판하였다. 지금까지 특수교육 전공서적, 논문, 다수의 책(『Best Practices in School Psychology』의 여러 장을 담당하여 저술함)을 저술하였고, CBE, RTI, 범죄학생지도, 사회적 기술과 관련된 수많은 국내외 워크숍을 운영하였으며, 강연자로도 활동하였다.

Randy Allison, MEd, EdS.   Allison은 현재 학교 및 교육청 담당자에게 다양한 상담 서비스를 제공하고 있는 교육문제해결연구소(Educational Solutions, LLC)를 운영하면서 아이오와 주립대학교(Iowa State University)에서 강의를 하기도 한다. Allison은 처음에 학교심리학자로 이 분야에서 활동을 시작하였고, 하틀랜드(Heartland) 지역 교육청의 학교심리학 장학사와 교육성과지원부서의 코디네이터로도 활동하였으며, 그 이후에는 특수교육과 장학관으로 활동하였다. 또한 아이오와 교육부의 자료에 근거한 의사결정 및 진전도 평가 부서의 상담가로도 활동한 경험이 있다. Allison은 11권 저서의 공동저자이고, 문제해결과정, RTI와 관련된 논문을 출판하였으며, 30개 주 이상의 지역에서 강의와 상담을 진행하였다.

역자 소개

여승수(Seungsoo Yeo)

미네소타 대학교(University of Minnesota at Twin Cities) 특수교육 전공, 철학
　박사(Ph.D)

현 부산교육대학교 초등특수교육 전공 교수

전 인제대학교 특수교육과 교수

　　인제대학교 인문사회과학대학 부학장

　　한국교육개발원 부연구위원

〈저서 및 역서〉

특수교육 평가의 이해: 이론과 실제(공저, 학지사, 2019)

특수교육학개론: 다양한 학습자와 함께하는 통합교육(공저, 학지사, 2019)

읽기 장애 조기 선별검사의 측정학적 적합성 연구(저, 집문당, 2018)

학습장애 및 학습부진 아동의 과학적 평가방법: 교육과정중심측정(CBM)의 이해
　(공역, 학지사, 2015)

과학적 근거에 기반을 둔 학습장애 교육(공역, 학지사, 2014)

학습장애 및 학습부진 학생을 위한

교육과정중심총괄평가
-효과적인 3단계 지도방법-

The ABCs of Curriculum-Based Evaluation:
A Practical Guide to Effective Decision Making

2020년 9월 10일 1판 1쇄 인쇄
2020년 9월 20일 1판 1쇄 발행

지은이 • John L. Hosp · Michelle K. Hosp · Kenneth W. Howell · Randy Allison
옮긴이 • 여승수
펴낸이 • 김진환
펴낸곳 • ㈜**학지사**

　　　　　04031 서울특별시 마포구 양화로 15길 20 마인드월드빌딩
대표전화 • 02-330-5114　　팩스 • 02-324-2345
등록번호 • 제313-2006-000265호

홈페이지 • http://www.hakjisa.co.kr
페이스북 • https://www.facebook.com/hakjisa

ISBN 978-89-997-2175-5　93370

정가 17,000원

역자와의 협약으로 인지는 생략합니다.
파본은 구입처에서 교환해 드립니다.

이 도서의 국립중앙도서관 출판시도서목록(CIP)은 서지정보유통지
원시스템 홈페이지(http://seoji.nl.go.kr)와 국가자료공동목록시스템
(http://www.nl.go.kr/kolisnet)에서 이용하실 수 있습니다.
(CIP 제어번호: CIP2020034539)

출판 · 교육 · 미디어기업 **학지사**

간호보건의학출판 **학지사메디컬** www.hakjisamd.co.kr
심리검사연구소 **인싸이트** www.inpsyt.co.kr
학술논문서비스 **뉴논문** www.newnonmun.com
원격교육연수원 **카운피아** www.counpia.com